权威·前沿·原创

皮书系列为

“十二五”“十三五”“十四五”时期国家重点出版物出版专项规划项目

智库成果出版与传播平台

中国管理发展报告（2023）

ANNUAL REPORT ON MANAGEMENT IN CHINA (2023)

组织编写／中国管理科学学会学术委员会
江苏敏捷创新经济管理研究院

主　编／张晓东

副主编／张　卫　夏　凡

社会科学文献出版社
SOCIAL SCIENCES ACADEMIC PRESS (CHINA)

图书在版编目(CIP)数据

中国管理发展报告. 2023 / 张晓东主编；张卫，夏凡副主编. --北京：社会科学文献出版社，2023. 10

（管理蓝皮书）

ISBN 978-7-5228-2575-5

Ⅰ. ①中… Ⅱ. ①张… ②张… ③夏… Ⅲ. ①管理学-研究报告-中国 Ⅳ. ①C93

中国国家版本馆 CIP 数据核字（2023）第 184767 号

管理蓝皮书

中国管理发展报告（2023）

主　　编 / 张晓东

副 主 编 / 张　卫　夏　凡

出 版 人 / 冀祥德

组稿编辑 / 祝得彬

责任编辑 / 吕　剑

责任印制 / 王京美

出　　版 / 社会科学文献出版社 · 当代世界出版分社（010）59367004

地址：北京市北三环中路甲 29 号院华龙大厦　邮编：100029

网址：www. ssap. com. cn

发　　行 / 社会科学文献出版社（010）59367028

印　　装 / 天津千鹤文化传播有限公司

规　　格 / 开 本：787mm × 1092mm　1/16

印 张：18. 75　字 数：242 千字

版　　次 / 2023 年 10 月第 1 版　2023 年 10 月第 1 次印刷

书　　号 / ISBN 978-7-5228-2575-5

定　　价 / 128. 00 元

读者服务电话：4008918866

《中国管理发展报告（2023）》
专家委员会

《中国管理发展报告（2023）》
编　委　会

主要编撰者简介

张晓东 江苏敏捷创新经济管理研究院院长，中国管理科学学会副会长兼秘书长，南京财经大学创新创业研究院院长、特聘教授。从事管理、信息化、数字经济、创新创业等领域理论与实践三十年，入选国家重大人才工程。

张 卫 江苏敏捷创新经济管理研究院副院长，中国管理科学学会学术委员会秘书长，江苏省产业教授，江苏省“333 工程”高层次人才。长期从事数据管理及信息化咨询、企业管理理论研究与实践。

夏 凡 江苏敏捷创新经济管理研究院副院长兼研创部主任，中国管理科学学会学术委员会执行秘书长，南京财经大学经济学院硕士生导师，注册咨询专家。主持管理、经济、人才等领域课题或项目十余项。

摘　要

《中国管理发展报告（2023）》是关于中国管理发展的年度代表性报告。本报告在选题上立足中国实践，总结中国管理的热点、理论或思想，分享管理实践，探索管理发展趋势。它由总报告、趋势篇、热点篇、案例篇、专题篇及两篇附录组成。

总报告通过专家和企业家访谈、案例跟踪研究、数据统计分析、专业媒体监测等研究方法，结合管理价值评价体系，对2022年至2023年6月中国管理发展进行了综合分析，在此基础上遴选出具有中国管理价值的年度人物、组织、案例，展现2022年至2023年6月中国管理发展的基本态势。

本报告展望面向未来的管理趋势。大变局下乌卡（VUCA）丛生，技术变革日新月异。不同于以分工协作为逻辑的工业，数业以融合创新为本质属性，正逐步展现出新生产力的样貌。如果说工业化是传统现代化的基石，数业化则正在成为新型的中国式现代化的物质基础。数业是新质生产力的具体体现。我们直面不确定，数业的逻辑将有助于我们更好地认识及走向未来。

本报告聚焦面向未来的管理热点。当前人类世时代面临气候极端变化、地区冲突加剧等多方面的冲击，严重影响了全球可持续发展的进程。在这一过程中，ESG【Environmental（环境的）、Social（社会的）、Governance（治理）】成为近年来金融市场兴起的重要投资理念和企业行动指南，构成了可持续发展理念在金融市场和微观企业层面的具象投影。ESG 不仅涉及企业（尤其是上市公司）的 ESG 实践（即将环境、社会、治理等因素纳入企业管理运营流程），还关乎投资的变革工具（一种关注企业环境、社会、治理绩效而非仅关注财务绩效的投资理念）。随着我国经济进入高质量发展阶段，绿色发展观逐渐渗透我国经济发展的各个方面。在“绿色金融”的政策体系中，ESG 的可持续发展理念逐渐被广泛接受与倡导。

本报告发现，“人工智能”“乡村振兴”“数字中国”“绿色转型”“科技自立自强”“制度创新”等成为当前管理研究的趋势与热点。本报告探讨面向未来的管理机制、模式、路径、对策等，这对提高经济效益和社会效益具有重要价值和意义。

关键词： 管理　中国式现代化　管理价值　数业

序言　中国管理　踔厉奋发　勇毅前行

王礼恒*

党的二十大报告指出，当前，世界百年未有之大变局加速演进，新一轮科技革命和产业变革深入发展，国际力量对比深刻调整，我国发展面临新的战略机遇。这一重大论断深刻洞察世界、时代和历史的变化，为我们正确认识社会发展规律和把握新的战略机遇提供了科学指引和应对策略。我们必须增强机遇意识和风险意识，准确识别变化，科学应对变化，并积极拥抱变化。我们既要把握、利用新战略机遇，又要善于将挑战转化为机遇，从当前所面临的挑战中寻找方向，为全面建设社会主义现代化国家踔厉奋发、赓续前行。

中国的高质量发展被誉为过去百年来的重大事件之一，其在世界历史发展长河中独树一帜。自中华人民共和国成立以来，中国经济飞速发展，中国经历了翻天覆地的变化，从一穷二白的落后国家向全面小康的中等富裕国家发展，出现了一批具有全球竞争力的世界一流企业，令人称奇的“中国奇迹”发生。人类发展史上从未有过如此庞大的群体在如此短的时间内实现大规模、快速的经济发展。

进入21世纪，中国的发展成就有目共睹。2009年中国成为世界第二大经济体，2010年中国成为世界最大出口国，2013年中国成为

---

* 王礼恒，中国工程院院士。

世界最大贸易国。经过改革开放40多年的努力奋进，中国在世界经济舞台上确立了自己的地位，通过实施社会主义市场化、开放合作等一系列改革措施，推动了经济持续快速增长。中国从传统农业大国转型为以高端制造业、高新技术产业和现代服务业为主导的现代化国家。

进入新时代，中国发展进入突破阶段。中国在工业化、信息化、智能化、城镇化、市场化和国际化方面取得了重大进展，推动重大结构性改革和创新，深入推进重点领域改革，加强供给侧结构性改革，促进数字经济发展，依靠创新推动实体经济高质量发展，加强污染防治和生态建设，积极参与全球经济治理体系重构。通过这些努力，中国进一步扩大在世界经济舞台上的影响力，并为以合作共赢为核心的全球经济治理做出了重要贡献。

中国企业的蓬勃发展与国家经济社会发展息息相关。中国企业不仅给世界带来了经济效益，还塑造了全球产业格局的新面貌。中国企业的领导者以智慧和远见，开辟了新的产业模式和战略路径，成为全球产业领域的重要力量。他们在市场竞争中展现的活力和创新精神，不仅对中国经济有巨大的推动作用，而且在全球化进程中起到了引领作用。无论是管理学者、企业领导者还是政策制定者，都难以忽视中国企业蓬勃发展的现状，更不能忽略中国管理所蕴含的巨大潜能。

当前，新一代信息技术、绿色能源技术、基因与生物技术、脑科学与类脑研究等领域的发展推动了新经济的迅速发展。前沿技术的兴起也促使管理领域的重大变革与创新，为中国的管理学学术体系注入新的活力。在管理学领域进行变革与创新是一项重要任务。管理学学者必须致力于将前沿科学技术与管理学相结合，发掘新的研究领域和解决现实问题的途径，通过与相关学科学者的深度对话与合作，打破传统的思维框架，为管理学的未来发展开辟新的道路。

管理学是一门理论与实践联系极为紧密的学科。经过几十年的不断探索、学习、借鉴和应用，中国管理学界经历了社会主义建设时期的探索与发展，从先后借鉴苏联和西方发达国家的管理经验和理论，到融合创新并逐渐形成中国特色管理体系的过程。企业管理也走过了从经验到科学、从传统到现代，最终步入管理现代化的发展道路。中国管理因时而变、顺势而变的演进之路从未停止。

中国管理科学学会作为中国管理学界智慧交流的平台，多年来致力于管理理论与实践的研究，吸收世界先进成果，结合中国国情，以科学的精神，深入研究中国管理问题，以形成中国管理理论体系，为管理实践服务。从 2014 年开始，“管理蓝皮书”总结中国管理热点、理论或思想，分享管理实践经验，探索管理发展趋势，为中国管理指引航向。《中国管理发展报告（2023）》以“中国·管理·现代化”为主题，在总结中国管理发展经验的基础上，面向中国式现代化的新征程，共同探讨中国管理的发展趋势和挑战，以变革的姿态迎接新机遇，推进管理体制和管理机制的改革与创新，实现管理水平和管理能力的现代化。

十年征程，建功新时代，未来可歌可贺！

目录

Ⅰ 总报告

Ⅱ 趋势篇

Ⅲ 热点篇

Ⅳ　案例篇

Ⅴ　专题篇

皮书数据库阅读**使用指南**

总 报 告

General Report

B.1

中国·管理·现代化

——中国管理发展的现状与趋势

中国管理发展年度报告课题组*

摘　要： 本报告通过专家和企业家访谈、案例跟踪研究、数据统计分析、专业媒体监测等研究方法，结合管理价值评价体系，对2022年至2023年6月中国管理发展进行了研究分析，在此基础上遴选出具有中国管理价值的年度人物、组

* 中国管理发展年度报告课题组成员兼执笔人为张晓东、张卫、夏凡、蔡国斌、翟果、任慧芝。张晓东，博士，研究员级高级工程师，江苏敏捷创新经济管理研究院院长，研究方向为数业经济、数据管理与安全、先进制造；张卫，博士，高级工程师，江苏敏捷创新经济管理研究院副院长，研究方向为数据管理及信息化、企业战略管理；夏凡，注册咨询专家，江苏敏捷创新经济管理研究院副院长，研究方向为技术哲学、数字经济、人才国际化；蔡国斌，江苏敏捷创新经济管理研究院高级咨询顾问，研究方向为大数据分析；翟果，江苏敏捷创新经济管理研究院研究员，研究方向为产业经济学；任慧芝，江苏敏捷创新经济管理研究院研究员，研究方向为金融学。

织、案例，并展现当前中国管理发展的基本态势。

关键词： 管理　中国式现代化　管理价值　价值评价

一　中国管理新征程

（一）以中国式现代化全面推进中华民族伟大复兴

从农业社会到工业社会、从资本主义现代化到社会主义现代化，涵盖经济、政治、文化、社会、科技等综合发展进程的现代化发展道路，已成为各国社会经济转型与文明进步的选择。现代化是中国共产党矢志不渝的奋斗目标。历经百年的探索和实践奋斗，在习近平总书记的引领下，党的二十大擘画了中国式现代化的宏伟蓝图，“中国式现代化是中国共产党领导的社会主义现代化……中国式现代化的本质要求是：坚持中国共产党领导，坚持中国特色社会主义，实现高质量发展，发展全过程人民民主，丰富人民精神世界，实现全体人民共同富裕，促进人与自然和谐共生，推动构建人类命运共同体，创造人类文明新形态”①。

中华民族伟大复兴是历史赋予的责任和使命，推进中国式现代化是其关键内容。全国人民在党的领导下，将坚定不移地朝着这一目标奋勇前进，为实现国家繁荣富强、人民共同富裕而不懈奋斗。作为世界现代化的重要组成部分，中国式现代化是基于中国经济社会客观条件、中华历史文化传统、现代世界格局演变以及人类文明发展进程形

---

① 《以中国式现代化全面推进中华民族伟大复兴》，中华人民共和国商务部网，http：//www. mofcom. gov. cn/article/zt _ 20thCPC/zywz/202211/20221103366903. shtml。

成的符合中国实际、特色鲜明、优势显著，具有普遍价值和世界意义的现代化道路。中国式现代化特有的历史演进性、主体自主性、时代创新性是中华文明历史逻辑、现实状态和未来趋势的集中体现。中国式现代化的全面推进不仅有利于中国发展，而且对世界发展具有重要意义。中国将继续发挥负责任大国的作用，坚定支持多边主义和自由贸易，促进国际秩序的公平正义，在全球合作中共同应对挑战，为构建人类命运共同体做出贡献。

（二）数字中国建设进入数据赋能经济社会高质量发展的新阶段

2023 年，中共中央、国务院印发的《数字中国建设整体布局规划》提出以数字化驱动生产生活和治理方式变革，为以中国式现代化全面推进中华民族伟大复兴注入强大动力。数字中国不仅带来了工作方式的改变，而且带来了管理思维的变革和治理智慧的提升。建设数字中国既是数字时代推进中国式现代化的重要引擎，也是构筑国家竞争新优势的有力支撑。

数字中国建设注重推动信息技术与实体经济深度融合，以数据驱动创新和发展，推动各行各业的数字化转型。通过构建智慧城市、智能交通、数字农业等领域的应用场景，数字中国建设为经济各领域的提速增效提供了有力支撑。随着数字中国建设进入新阶段，我们面临更多的机遇和挑战。随着数字化在中国社会发展的各领域、全过程的不断深入，以及与数字进程变化相匹配的社会经济运行体系与科技、经济、社会等领域的深度融合，数字技术带来的新的管理技术、管理手段和管理模式将在科研范式打造、产业创新活动保障、社会运行态势感知增强等方面引出新的议题。

（三）加快数字政府建设提升国家治理能力现代化水平

加快数字政府建设是中国推进国家治理体系和治理能力现代化所采取的重要举措，是应对数字时代浪潮和适应经济社会全面数字化转型的必然要求，也是实现新时代建设服务型政府的有力支撑。近些年，国家相继出台了一系列政策来引导和推动数字政府建设的进程。2022 年《国务院关于加强数字政府建设的指导意见》印发，全面开创中国数字政府建设的新局面，从顶层设计为推进新时代国家治理体系和治理能力现代化提供了根本遵循，对加快中国数字化发展形成极其深远的推动作用。数字政府是强化政府运行、决策、服务、监管能力的重要引擎，对创新政府治理理念和方式、形成数字治理新格局、推进国家治理体系和治理能力现代化具有重要意义。①

国家治理面临着愈加复杂多变的环境。推进国家治理现代化的第一要务是实现政府治理的现代化，中国应利用数字化技术重塑政府治理方式，建立协同一体、智能化的数字政府。数字政府的发展既是时代的要求，也是国家治理现代化的必然选择。当前，中国数字政府管理机制存在与新兴技术融合不充分的问题，现行管理手段比较单一，管理方式创新不足且不适应新技术、新业态迅速发展的需要。从组织架构、标准规范、绩效考核等角度进行体制和机制创新，形成全局谋划、职责明确的数字政府新格局，是促进政府职能转变、建设令人民满意的服务型政府的重要手段。

（四）全面推进乡村振兴，实现全体人民共同富裕

党的二十大报告指出，“中国式现代化是全体人民共同富裕的现

① 《国务院关于加强数字政府建设的指导意见》，中华人民共和国中央人民政府网，https：//www. gov. cn/zhengce/content/2022-06/23/content_ 5697299. htm。

代化”，将实现全体人民共同富裕明确为中国式现代化的本质要求之一，强调扎实推进共同富裕。而实现共同富裕最艰巨、最繁重的任务仍然在农村。全面推进乡村振兴与推动共同富裕是有机统一、密切相关的，全面推进乡村振兴对实现共同富裕有极大的推动作用。

共同富裕是乡村振兴的长期目标，乡村振兴是共同富裕的必然选择。促进乡村振兴需要统筹谋划、科学推进，应与中国管理现代化相结合，并且充分发挥管理创新的推动作用。我国应运用管理创新思维，在继承和借鉴的基础上解放思想，大胆创新，形成符合新世纪、新经济时代特点的新管理模式，将数字技术不断向“三农”体系渗透，推进农村一、二、三产业融合发展，把产业链延伸环节更多地留在乡村，推动农村生产力发展，把产业发展的增值收益更多地留给农民，着力缩小城乡差距、区域差距、收入差距。

（五）高水平科技自立自强引领现代化产业体系建设

习近平总书记强调，加快实现高水平科技自立自强，是推动高质量发展的必由之路。中国式现代化的关键在于科技现代化。中华人民共和国成立以来，中国科技事业在跟踪模仿中艰难起步，在引进、消化、吸收中发展壮大，在自主创新中加速前进。中国用几十年时间完成了发达国家几百年工业化历程的“弯道超车”实践，创造了经济快速发展和社会长期稳定的“中国奇迹”，为发展中国家独立自主探索现代化道路提供了可借鉴的宝贵经验。科技创新已成为国际战略博弈的主要战场。面对复杂激烈的国际竞争，在事关发展全局的战略性领域，中国要针对前沿科技和关键技术下好“先手棋”，抢占一批科技制高点，以点的突破引领、带动系统能力的跃升。

随着新一轮科技革命和产业变革突飞猛进，科技创新在广度、深度、速度、精度上都有显著增强。中国始终坚持把科技自立自强作为中华民族伟大复兴的战略支撑，全面加强科技创新能力建设，不断提高自主创新的水平和质量，为推动国家经济转型升级、打造世界科技强国做出积极贡献。科技自立自强离不开相应的体制机制和文化保障。中国应通过建立“顶层目标牵引、重大任务带动、基础能力支撑”的科技组织模式，促进项目、平台、人才、政策四方协同发力。中国还应打造科技与产业衔接互动机制，精准链接创新链与产业链布局，实现科技与产业双向赋能与迭代升级。高水平科技的发展将成为引领国家现代化产业体系建设的坚实保障，促进经济结构优化升级，提升国家竞争力和创新驱动力。

二　中国管理趋势洞察

处于时代变革的浪潮中，管理环境与模式正经历着新的转型与超越。随着科技的不断进步和全球化的加速推进，中国的企业、组织和机构都面临着全新的挑战和机遇。

（一）以数业构筑中国式现代化的物质基础

随着技术不断变革，人类社会不断发展。整个人类社会以生产力的革命性创造为标志，已历经农业革命、工业革命等。每一个革命阶段都对人类社会产生深远影响，并推动人类文明的演进。今天，以信息、数字、数据、智能等技术为驱动力的产业革命将推动人类社会进入我们称之为“数业”的崭新阶段。

《中国管理发展报告（2023）》趋势篇《以数业构筑中国式现代化的物质基础》提出数业化是一个长期、复杂的过程，深刻描绘了工业向数业转型的进程，认为数业是新生产力推动下的生产关系的全面升级，包括数智化科技、数智化产业、数智化治理、数智化社会，它们互相关联且相互促进，共同构成建设中国式现代化的物质基础。中国式现代化是全体人民共同富裕的现代化。中国在解决人民温饱、追求小康生活以及实现共同富裕的过程中，坚持以经济建设为中心。数业体系持续夯实推进中国式现代化新征程的物质基础。

（二）夯实管理哲学，促进中国管理理论方法创新

改革开放以来，我国的经济发展和管理实践取得了长足进步，但我国缺乏具有较高指导价值的原创性管理理论体系。2016 年，习近平总书记在哲学社会科学工作座谈会上的讲话中指出，哲学社会科学的发展需要具备继承性和民族性、时代性和原创性、系统性和专业性的特点，呼吁加快构建具有中国特色、中国风格、中国气派的哲学社会科学。近年来，国内管理学学者也日益意识到中国管理学的发展模式需要由“照着讲”向“接着讲”，以及发展“自主性”和“中国特色”的学术方向发展。继承优秀传统文化、直面本土管理实践，以及发展原创理论和方法论日益受到重视。

《中国管理发展报告（2023）》趋势篇中的《夯实管理哲学，促进中国管理理论方法创新》指出，管理知识体系是一个金字塔体系，具有层次性和复杂性，并强调我国需要夯实哲学基础，加强原创理论和方法的研究，系统推进管理基础研究，扎根本土文化和实践，深化自主管理知识的发展。在理论方面，优秀的价值观限定理论边界，基于价值观的理论的普适性随着价值观被接受的广度和深度的拓展而变化。文化价值观是社会现实的重要构成，也是中国特色管理理论构建的基础和来源之一。因此，基于特色，我国可以形成尊重彼此特色和差异的更普适的管理理论。特色才是普遍的，而普遍是特殊的。承认特色与普遍性的存在，就是一种共同认知，在这个基础上，我国可以构建尊重特色共存的价值观。未来，管理学学者需要更好地处理特殊性与普遍性的辩证关系，解决特殊性与普遍性的共存问题。同时，管理学学者需要直面复杂、系统的管理实践，基于整体论和组态视角，发展方法论，分析日益复杂动态的管理现象。

三　中国管理热点聚焦

随着社会经济的不断发展，许多新问题和新挑战不断出现。深入研究及分析管理热点和趋势的演变，以准确把握发展的特征和内在影响的关键因素，有助于推动各方力量加强协同合作，并形成整体合力应对挑战。

（一）农业技术创新："场景+链式"技术创新范式

农业技术创新是技术创新在农业领域的具体演绎，是一个复杂的综合系统，也是农业技术发明的商业化应用。农业技术创新不是一个纯技术概念，而是一个经济概念，覆盖从研发到应用再到产业化等农业全过程，通过农业技术发明的应用，解决当前的生产问题，支撑产业发展，并能进一步从科学问题出发，形成颠覆性技术和未来技术，引领产业，重塑产业。此外，农业技术创新还是一种复杂的社会经济现象，与政府、科研院所、高校、涉农企业、新型研发机构等主体深度关联，而且主体间相互分工协作，形成支撑农业技术创新的网络体系。

《中国管理发展报告（2023）》热点篇中的《基于"场景+链式"技术创新范式的科研组织方式及管理》提出，面对新理念、新技术向农业领域的不断融合渗透，农业产业形态、生产组织方式、经营方式等都发生了深刻变化，绿色化、工程化、品牌化逐渐成为未来农业的基本特征。为呼应未来农业产业与技术双重变革和消费结构变化，破解传统创新范式存在的问题，我国亟须按照全产业链、全要素、全过程技术创新及技术集成思路，探索构建"场景+链式"新型农业技术创新范式。"场景+链式"农业技术创新范式要基于整体思维和系统认知的技术创新模式，全面深入探究问题解决路径。我国要着眼产业整体发展，围绕全产业链技术需求布局并实施创新，构建从品种到创意营销的全链条“技术+商业”模式。在布局全链条产业技术创新后，各创新主体要注重创新，既要明确自身在产业技术体系中的坐标定位，并根据产业链总体布局，分别围绕全链条中的某一项关键技术、某一个学科问题开展创新研究、技术攻关，还要注重各环节的协同创新、整体推进，这样做既能攻克核心技术难题，实现“从 0 到 1”的有效突破，也能使创新成果发挥效用并得到全面应用。

（二）大型语言模型研究：进展与挑战

大型语言模型（简称大模型）既是人工智能研究的一项重要进展，也是人工智能的第一场重大社会实验，引起了学界、业界及社会各界的高度关注，其中一些紧迫课题已经被提上日程。目前，大模型研究属于工程技术层面的研究，亟须在基础理论层面回答一个基本问题——大模型到底是什么？只有解决这个基本问题，我们才能真正解决大模型技术、工程、应用和治理中的各种具体问题。现有文献指出了大模型底层原理的一种理论描述和四个主要性质：语元关联度是体现人类语言习惯的可自动提取的语言痕迹；关联度预测具有语境相关的统计性质；大模型的直观语义具有弱共识性；关联度预测是非概念化的。这些性质正是大模型不辨真假、不明是非的根本原因，并决定了大模型既不是完全可控的，也不是完全不可控的，这种不确定性对大模型的普遍应用造成的影响值得我们高度重视和深入研究。我们需要通过教育、技术、管理和法规等手段确保应用风险的可控性。

《中国管理发展报告（2023）》热点篇《大型语言模型研究的进展与挑战》提出，除了过去存在的用户隐私、算法公平、数据安全等伦理问题之外，大模型应用带来了一些新挑战。例如，大模型技术支撑的生成式人工智能可以进行真假难辨的深度伪造，在某些情况下会严重侵犯个人权益、破坏社会秩序。又如，大模型的某些大范围应用可能导致服务业的大量就业替代，从而对社会产生巨大冲击。为了应对这些新挑战，我们必须树立发展与治理相统一的思想，在这种思想的指导下才可以保障人工智能的健康发展。

（三）ESG 高质量发展：从监管合规到卓越驱动

随着我国经济转向高质量发展阶段，绿色发展观逐渐深入我国经济发展的各领域。在“绿色金融”的政策体系中，ESG 的可持续发展理念逐渐被广泛接受。

《中国管理发展报告（2023）》热点篇《从监管合规到卓越驱动——中国 ESG 高质量发展路径》提出，要实现 ESG 的中国实践从监管合规向卓越驱动的发展还需要生态体系的全面优化。政策监管部门应进一步加强顶层规划，明确监管模式和监管机构，完善披露要求、披露框架以及供给侧政策，制定可持续金融的相关业务规定和财税优惠等激励政策，引导政策性资金。在行业层面，相关行业协会等要推动 ESG 自律性倡议和行为规范的落实，在加强舆论倡导和外部监督的同时，要推动相关行业服务机构的发展，并联动有关社会组织共同参与企业 ESG 价值创新。投资机构要进一步推广影响力投资等投资策略，增加 ESG 资产配置，引导和促进企业的 ESG 实践和披露。当然，包括高校、研究机构、媒体等在内的广泛相关方也可以通过深入的基础研究、综合创新的人才培养、动态的实证案例研究以及科学的新闻报道来推动中国 ESG 实践的高质量发展。

四　中国管理价值评价

《中国管理发展报告（2017）》初次发布了中国管理价值评价体系。该管理价值评价体系从管理的功用层面、管理的协同层面以及管理的效益层面，对管理价值进行全面考量和评估，遴选并发布对经济、社会发展产生积极且显著管理效应的人物、组织和案例。在样本的初审环节，课题组充分考虑到了数据的时效性、创新性、经济效益和社会效益等方面的影响力。

《中国管理发展报告（2023）》继续沿用这套评价体系，严格遵循科学评价路径，对 2022 年至 2023 年 6 月在管理界产生相应效应的人物、组织与案例展开研究并发布。本报告在进一步完善样本遴选标准的基础上，根据中国管理价值评价体系评选并发布 2022 年至 2023 年 6 月在管理领域具有价值的人物、组织与案例。

（一）中国管理年度价值人物

本报告立足于管理功能、管理机能和管理效能这 3 个评价维度设定普测问卷。其中，管理功能需要体现有效性、系统性和科学性。管理机能需要体现创新性、敏捷性、协同性和聚合性。管理效能需要体现效益性、先进性、持续性和示范性。问卷形成后，课题组采用大样本普测，最终获得 5769 份在线问卷数据，选取累计得票数排名前 30 的管理人物。对入选的 30 位候选人物，研究组选取大同行评价评审得出排名前 10 的人物正式发布。大同行专家委员会由具有一定影响力的管理大家、知名学者、核心期刊主编、资深媒体人等组成。它评选出中国管理年度价值排名前 10 的人物，具体结果见表 1。

表 1　中国管理年度价值人物

序号	姓名	上榜关键词
1	陈　劲	创新驱动
2	陈利浩	数字化转型
3	陈晓红	科技自立自强
4	梅旭荣	乡村振兴
5	汪　滔	先进制造
6	王冰玉	体育强国
7	王传福	绿色转型

续表

序号	姓名	上榜关键词
8	王树国	未来教育
9	徐　立	基层治理
10	郁建兴	制度创新

注：以姓氏拼音为序。

资料来源：课题组自制。

借助代表公众意愿的普测问卷，结合大同行专家委员会的评价，课题组确定并公布中国管理年度价值人物。

1. 陈劲

创新既是民族进步的灵魂，也是国家发展的动力。党的十八大以来，创新在国家发展全局中处于核心位置。敢于创新、矢志创新、锐意创新是中国有效防范和化解各类风险与挑战，并在未来发展中抢占先机的关键。为实现中国式现代化，我国迫切需要发挥创新激励经济增长的乘数效应，依靠创新加速开辟发展新领域、新赛道，并且不断塑造发展新动能、新优势，持续向全球价值链中高端攀升。

清华大学技术创新研究中心主任陈劲长期致力于研究具有中国特色的技术创新理论与应用体系，是整合式创新、有意义的创新等创新范式的提出者，也是全面创新管理的核心研究者之一，率先在国内开展自主创新、开放式创新、协同创新研究，对中国创新驱动与未来发展提供了领先的理论指导与真知灼见。

2. 陈利浩

随着数字技术与经济社会的深度融合，数字化转型已成为全球经济增长的重要引擎，并持续不断地为数字时代重塑全球价值链带来变革动力。面向数字经济发展的浪潮，软件成为数字技术的关键载体和产业融合的关键纽带，并在数字产业化和产业数字化的推进中迎来产业链升级的新机遇。

远光软件股份有限公司创始人、董事长陈利浩长期从事管理软件的研究和开发，聚焦大型集团企业管理信息化，深耕行业三十余年，带领团队使远光软件股份有限公司发展成为国内主流的企业管理、能源互联和社会服务信息技术以及产品和服务供应商，为能源电力、航天航空、高端装备等大型集团企业提供全面的数字化转型解决方案和服务。

3. 陈晓红

世界变局加速演进，我国发展面临的国内外环境发生深刻且复杂的变化。科技创新成为各国博弈的主战场，围绕科技制高点的竞争空前激烈。我国经济社会的长期发展以及民生改善对科学技术解决方案提出了比以往更为迫切的需求。为实现高水平科技自立自强，我国必须进一步理顺科技领导和管理体制，更好地统筹科技力量攻坚克难，提升科技投入效能，在关键核心技术的攻关上取得新突破。

中国工程院院士、湘江实验室主任、湖南工商大学党委书记陈晓红带领湘江实验室加强对相关领域的“卡脖子”技术难题的攻克，已在多方安全计算大数据集成、并行智能计算、云际计算软件、一体化数智管控、智能制造全流程决策等方面取得了一批原创性引领性成果，为国家实现高水平科技自立自强做出重要贡献。

4. 梅旭荣

党的二十大报告提出“全面推进乡村振兴”“基本实现新型工业化、信息化、城镇化、农业现代化”等方针，为“三农”工作指明方向。深化农业科技创新，加强耕地资源保护工作，为我国多样化的耕地保护和盐碱地综合利用复杂问题提供有效的解决方案是全面推进乡村振兴、加快建设农业强国的重要内容，对确保国家粮食安全和重要农产品有效供给具有重大现实意义。

中国农业科学院副院长、党组成员梅旭荣长期从事我国北方干旱缺水地区农业水土资源利用的科学研究，开展盐碱地治理工作，优化完善盐碱地改良综合措施，实现更优的经济、社会和生态效益，为推进乡村振兴与农业现代化做出了重要贡献。

5. 汪滔

制造业作为立国之本，历来是大国博弈、国际产业竞争的焦点。先进制造业是制造业中知识密集、创新活跃、成长性好、附加值高、集现代科学技术之大成的产业领域，已逐渐成为国家经济高质量发展的重要推动力，是传统产业转型升级的主要方向。

大疆创新科技有限公司创始人汪滔辛勤耕耘、厚积薄发，带领团队以激极尽志、求真品诚的精神致力于技术突破与产品打磨，开展无人机应用领域的持续创新，使其公司晋级全球知名无人机制造商之列。大疆创新科技有限公司的创新发展不仅推动了无人机行业的进步，而且为中国制造业的崛起树立了榜样，并且促进了中国制造业的转型升级和全球竞争力的提升。

6. 王冰玉

国运兴则体育兴。体育是人类文明进步的重要标志，也是国民健康程度的标尺。近年来，人民群众对体育健身、健康的需求大大提高。体育强国不仅是民心所向，还是时代所需。体育发展正走向竞技体育、体育产业、体育文化共同发展的新时期，人民群众对于体育活动的多元化和高质量需求也日益显现，中国体育产业将迎来更加广阔的发展空间。

“中国冰壶运动的拓荒者”中国女子冰壶队前队长王冰玉带领中国女子冰壶队在短短 5 年里从业余水平的冰壶队迅速发展为世界顶级水平的冰壶队。退役后，她作为冰壶赛事的组织者和管理者，积极承担与世界冰壶联合会等国际组织沟通协调的工作，为赛事顺利进行提供保障和支持。从运动员到竞赛组织者、从参与者到管理者，王冰玉作为中国冰壶运动领域的标杆将持续推动中国冰雪运动不断发展。

7. 王传福

在 2021 年的全国两会上，“碳达峰”和“碳中和”首次被写入政府工作报告。中国开启了以碳中和为目标，带动能源系统、经济系统和科技创新系统全面转型的全新阶段。在节能减排的大环境下，储能、光伏风电、氢能的高速并行发展，将为新能源车、低碳技术等新兴领域提供更广阔的发展空间。

2023 年比亚迪股份有限公司（简称比亚迪公司）成为全球首家实现第 500 万辆新能源汽车下线的中国车企，印证了汽车强国梦正加速实现。比亚迪股份有限公司董事长、执行董事兼总裁王传福深耕汽车行业近 20 年。他以节能减排为品牌“梦想之源”，在绿色能源领域抢抓先机，提出太阳能、储能电站和新能源汽车“三大绿色梦想”的战略布局，为全球交通运输领域的绿色低碳转型做出积极贡献。

8. 王树国

第四次工业革命的冲击和数字经济的繁荣给教育带来了创新变革的要求。随着数字化进程的不断深入，人类知识正进入指数级增长的时代，学习知识的方式突破了时间与空间的限制，受教育的年限不断延长……面向未来，该如何培养时代所需要的人才将是大学人才培养所要面对的根本性问题。

2022 年 7 月 2 日，在西安交通大学的毕业典礼上，校长王树国寄语学生要仰望星空，追逐梦想，要去做生命里的强者，热爱生命，勇于拼搏，并指出生命的价值就存在于奋斗之中。他带领团队投身中国西部科技创新港建设实践，以开放的研究平台强化高校与社会、企业的结合，打开高校“围墙”，让大学教育深度融入社会与科技发展前沿，积极探索中国高等教育产教融合改革的新路径，彰显一流大学的责任与担当。

9. 徐立

基层治理既是实现国家治理体系和治理能力现代化的基石，也是

提升社会治理有效性的基础。基层治理是国家治理的“最后一公里”和人民群众感知公共服务成效的“神经末梢”。基层治理主体通过改善民生与创新社会治理，探索党建引领“多元共治”的基层社会治理新路径，健全城乡基层治理体系和乡村治理协同推进机制，推动高效能治理与高质量服务同频共振。

南京市雨花区西善桥街道党工委书记徐立通过街镇集成改革、集成发力，让各项改革集成配套、叠加耦合、相互支撑，推动改革由单项突破转向整体提升，将改革的成效延伸至西善桥街道基层治理的全领域，及时解决基层群众的问题与困难，切实做到居民有诉求、组织有回应，增强人民群众的获得感和幸福感，为基层治理体系和治理能力现代化贡献智慧力量。

10. 郁建兴

在习近平总书记系列重要讲话中，“制度”是高频词，牵动着治国理政全局。[①] 制度创新不仅是一个系统工程，而且是一个基础工程。“管根本、管长远”的制度源于长期实践的经验总结，也要满足未来长期发展的需要。在长期实践基础之上的制度创新让改革有法可依、让发展有章可循，增强了政府决策的稳定性、工作的连续性，提升了发展的质量与治理的水平，让人民群众更有获得感和幸福感。

浙江工商大学党委书记、浙江大学社会治理研究院院长郁建兴紧扣国家和区域发展战略，锚定制度创新源头，开展中国社会治理研究。他聚焦改革开放以来涌现的改革样本，寻找中国治理的“钥匙”，从“新浙江现象”中提炼中国制度创新发展的密码，持续为中国改革探路。

---

① 《站在“十三五”与“十四五”的交汇点上》，《经济日报》网，http://paper.ce.cn/jjrb/html/2020-10/26/content_430703.htm。

（二）中国管理年度价值组织

课题组通过大数据分析、专家访谈、媒体监测、案例分析等多种方式，在进行广泛调研的基础上遴选出具有代表性的 30 个组织。随后，课题组通过管理价值评价体系对入榜的 30 个组织进行专家评定，得出排名前 10 的中国管理年度价值组织，具体结果见表 2。

表 2　中国管理年度价值组织

序号	名称	综合得分
1	宁德时代新能源科技股份有限公司	1.618
2	国网冀北电力有限公司	1.595
3	沈阳新松机器人自动化股份有限公司	1.473
4	紫金山实验室	1.436
5	江苏中天科技股份有限公司	1.355
6	成都市青羊区苏坡街道清源社区	1.282
7	安徽省工业和信息化研究院	1.197
8	中国电建集团海外投资有限公司	1.086
9	中共国家能源集团党校	0.964
10	中国影响力投资网络［向光未来（北京）科技有限公司］	0.873

资料来源：课题组自制。

此次入榜的中国管理年度价值组织分别是全球新能源应用的领跑者宁德时代新能源科技股份有限公司，新型电力系统示范区建设者国网冀北电力有限公司，智慧赋能、创领未来的沈阳新松机器人自动化股份有限公司，为网络强国建设勇当开路先锋的紫金山实验室，战略性新兴产业领军者江苏中天科技股份有限公司，创新基层治理模式的成都市青羊区苏坡街道清源社区，把握经济发展新常态、探路产业发展新路径的安徽省工业和信息化研究院，秉承“开发绿色能源、投创美好生活”战略使命的中国电建集团海外投资有限公司，打造学习型组织、探索“智慧党校”建设的中共国家能源集团党校，凝聚

有温度的资本、成就美好未来的中国影响力投资网络［向光未来（北京）科技有限公司］。

管理创新是一种重要的变革思维和行动方针。它需要顺应时代发展的要求，提高资源配置效率和市场竞争力，勇于突破传统与束缚，推动经济发展走向高质量、可持续的轨道，为中国式现代化提供强大动力。面向中国式现代化新征程，榜单中所有入选组织从不同维度、不同量级和不同圈层贡献各自的管理智慧与价值，通过聚焦能源转型、先进制造、数字中国、基层治理等方面，在实践中用创新成果诠释管理的功能、机能和效能。

（三）中国管理年度价值案例

通过相同的研究范式，在大数据统计、专家访谈、媒体监测、案例分析和广泛调研的基础上，课题组遴选出具有代表性的 30 个案例。随后，课题组运用管理价值评价体系对入榜的 30 个案例进行专家评定，得出排名前 10 的中国管理年度价值案例，具体结果见表 3。

表 3　中国管理年度价值案例

序号	名称	单位	综合得分
1	“持续融合”创新管理模式与应用实践	中国石油天然气股份有限公司勘探开发研究院	1.797
2	基于主数据管理的航天“三位一体”数据治理体系建设实践	北京中天鹏宇科技发展有限公司	1.703
3	国网山东省电力公司“1233”司库管理体系的创新与实践	国网山东省电力公司	1.615
4	基于人工智能的冶金行业核心知识生产与管理平台	中国钢研科技集团有限公司	1.536
5	基于总部“放管服”的大型企业集团管控与运行模式优化研究	国网能源研究院有限公司	1.341
6	以冬奥权益赋能品牌建设，塑造中国联通差异化品牌形象	中国联合网络通信集团有限公司	1.209

续表

序号	名称	单位	综合得分
7	文化科技融合与产业生态构建	西安文化科技创业城股份有限公司	1.076
8	检验检测平台促进产业链现代化提升	江苏省泰州市市场监督管理局	0.954
9	工业危险废物全生命周期管理数字化解决方案	天津智慧城市数字安全研究院有限公司	0.913
10	乡村旅游促进民族地区脱贫攻坚同乡村振兴有效衔接的研究与实践	贵州财经大学	0.892

资料来源：课题组自制。

此次分值排名前10的实践案例基于当前数时代背景，面向未来的发展度量，聚焦管理层面，从价值、架构、模式、流程、路径、保障等多层面体现管理的效率、效益、效能。入榜的案例具有相同特征，即通过管理功能的创新驱动，形成管理机能的核心优势，获得管理效能的持久效益。

现从中选取部分代表性案例列举分析。

案例1："持续融合"创新管理模式与应用实践。采油工程的核心任务是建立和维护油气开采通道，构建油气田开发的生命线。采油工程面对的工作环境极其复杂，含油层系多套、储层高温高压、岩性与流体多变、井眼空间有限、井型结构多样，对技术精密性、适应性、可靠性等要求极为苛刻。采油工程技术进步在油田增产、稳产中一直发挥着重大作用。在中国石油天然气股份有限公司（简称"中国石油"）的主力油田进入"高含水和高采出程度"阶段，以及产量递减加快、新增油气储量劣质化趋势明显的开发背景下，以"持续融合"创新管理模式为指导，我国应以"四个一体化"推进攻关团队建设和技术创新，瞄准分层注采数字化、智能化发展前沿，不断突破基础共性核心技术，形成适应油田生产变化的系列先进注采工艺，提高井下认识和控制水平，实现老油田尾矿资源的最大化利用和生产管理模式的转型发展。

案例 2：基于主数据管理的航天“三位一体”数据治理体系建设实践。北京中天鹏宇科技发展有限公司是隶属于中国航天科工集团有限公司（简称“航天科工集团”）的三级单位，是中国航天科工集团有限公司信息中心基础数据专业技术分中心，肩负集团基础数据体系建设、技术研究、运营管理、应用服务等重大使命。中国航天科工集团有限公司是战略性、高科技、国家级创新型企业，通过基于主数据管理的航天“三位一体”数据治理体系的构建与实施，实现了集团级各类主数据的集中管理与分发，全面打通了各部门及业务系统之间的数据传输链路，使各类主数据与业务深度融合。航天科工集团建立完善数据治理体系，形成数据资源目录，确保数据的准确性、一致性、时效性和完整性；保证了管理经营和决策支持的数据源的准确性，有效发挥了数据效能，为数据资产化和要素化奠定基础；支撑企业数字化转型，并打造以数据为第二生产力的新型科技服务产业。

案例 3：国网山东省电力公司“1233”司库管理体系的创新与实践。随着电力市场化改革深入推进，能源互联网发展战略全面实施，在外部监管政策日趋严格、金融生态系统深化调整、国资国企改革对资金管控提出更高要求的背景下，国家电网有限公司（简称“国网公司”）做出构建“1233”司库管理体系的战略决策，开启了资金管理转型升级的新篇章。国网山东省电力公司认真贯彻落实国网公司“1233”司库管理体系建设决策部署，凝心聚力、攻坚克难，全力推进资金管理模式转型升级，以资金“安全、集约、精益、高效”为核心，全面深化运行“1233”司库管理体系，高质量运行资金集约中心，持续提升资金保障能力、运作效益、安全水平，走出了一条既符合总部要求，又契合山东省实际的司库管理变革之路。

《中国管理发展报告（2023）》的案例篇详细阐述了上述内容，以便更全面、系统地展现当前面向中国式现代化新征程的管理实践领域所呈现的态势、思想、模式、路径和方法，以期为面向未来的组织机构的高质量发展提供可借鉴的管理经验与启示。

五　2022年到2023年6月中国管理研究现状

调查报告的数据主要有三类：第一类数据来自国家自然科学基金及国家社会科学基金遴选资助的 48 种管理类刊物，这 48 种刊物代表了国内管理领域的学术水平；第二类数据来自专业网络数据库；第三类数据来自更广泛的网络媒体。

（一）管理类刊物统计概况

1. 基于管理类刊物的数据分析

课题组选择了国家自然科学基金及国家社会科学基金遴选资助的 48 种管理类刊物于 2022 年至 2023 年 6 月发表的论文，通过采集和有效性筛选，最终获得有效论文 10432 篇。统计数据见表 4。

表 4　国家自然科学基金及国家社会科学基金遴选的 48 种管理类刊物的论文统计情况

序号	期刊名	2022 年	2023 年 1~6 月	合计
1	《管理科学学报》	78	34	112
2	《系统工程理论与实践》	232	90	322
3	《管理世界》	181	91	272
4	《数量经济技术经济研究》	109	70	179
5	《中国软科学》	245	116	361
6	《金融研究》	132	44	176
7	《中国管理科学》	321	181	502
8	《系统工程学报》	60	25	85

续表

序号	期刊名	2022 年	2023 年 1~6 月	合计
9	《会计研究》	156	0	156
10	《系统管理学报》	99	50	149
11	《管理评论》	340	141	481
12	《管理工程学报》	130	82	212
13	《南开管理评论》	127	45	172
14	《科研管理》	279	137	416
15	《情报学报》	110	59	169
16	《公共管理学报》	54	28	82
17	《管理科学》	72	11	83
18	《工程管理科技前沿》(原《预测》)	75	24	99
19	《运筹与管理》	412	208	620
20	《科学学研究》	223	129	352
21	《中国工业经济》	121	67	188
22	《农业经济问题》	165	77	242
23	《管理学报》	194	107	301
24	《工业工程与管理》	141	64	205
25	《系统工程》	84	41	125
26	《科学学与科学技术管理》	120	62	182
27	《研究与发展管理》	85	40	125
28	《中国人口·资源与环境》	204	110	314
29	《数理统计与管理》	82	43	125
30	《中国农村经济》	97	54	151
31	《江苏社会科学》	147	77	224
32	《天津社会科学》	108	74	182
33	《浙江社会科学》	212	120	332
34	《中共中央党校(国家行政学院)学报》	94	29	123
35	《中国社会科学》	127	62	189
36	《财贸经济》	132	62	194
37	《经济科学》	65	39	104
38	《经济理论与经济管理》	90	45	135
39	《经济研究》	151	70	221
40	《南开经济研究》	116	52	168
41	《高等教育研究》	134	9	143

续表

序号	期刊名	2022 年	2023 年 1~6 月	合计
42	《经济管理》	131	64	195
43	《中国行政管理》	272	108	380
44	《财经问题研究》	153	69	222
45	《财经研究》	132	77	209
46	《经济评论》	61	41	102
47	《经济学家》	151	84	235
48	《审计研究》	73	43	116

注：《中国社会科学》《高等教育研究》《中共中央党校（国家行政学院）学报》《经济研究》等综合性哲学社会科学期刊可刊发管理学论文，所以也归入管理类刊物。

资料来源：课题组自制。

2. 基于专业网络数据库的论文分析

为了对管理领域的文献进行有效、可行的统计，课题组以中国知网数据库为基础，通过对经济与管理科学分类下文献按月下载量排名的方法，总计获取 2022 年至 2023 年 6 月的有效文献 33358 篇。

（二）管理类热词分析

通过关键词词频分析，对热度排名前 100 的词语进行筛选、合并后，课题组得出管理科学领域的热词排名结果，以了解目前管理科学研究的热点和趋势。

1. 对管理类刊物统计的结果

课题组对表 4 中 48 种管理类刊物在 2022 年到 2023 年 6 月发表的 10432 篇文献进行分析，总计获取关键词 44932 个，其中非重复关键词 26784 个。课题组进行词频统计、非管理相关词语筛选排除、相同概念词语的归并，再对排名前列的关键词进行文献数量统计，获得排名前 30 的关键词，见图 1。

对排名前列的热词生成词云图，见图 2。

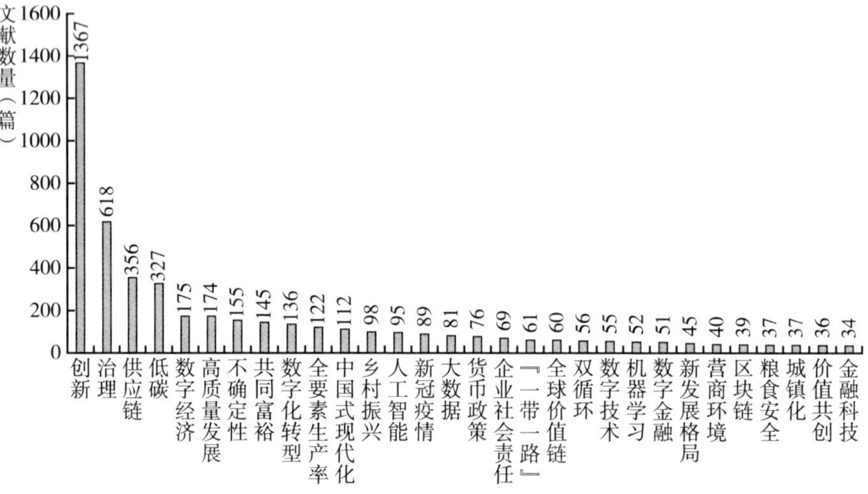

图 1　基于国家自然科学基金和国家社会科学基金遴选的 48 种管理类刊物的热词关联文献数量及排名

资料来源：课题组自制。

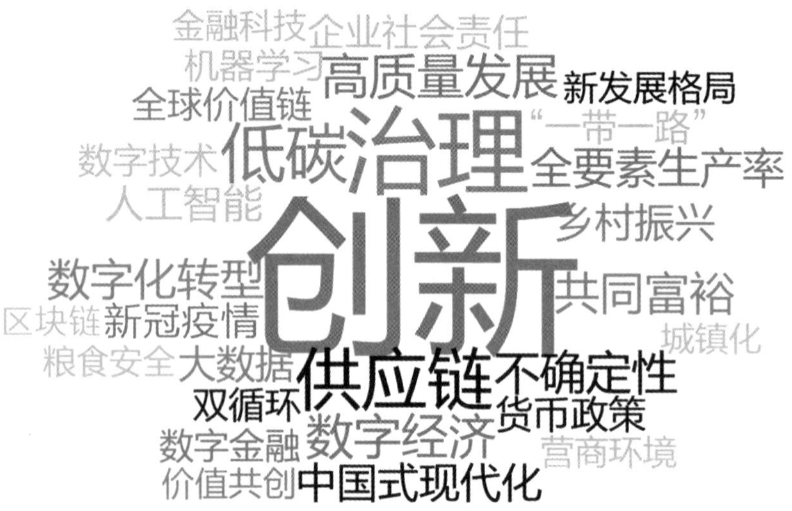

图 2　基于国家自然科学基金和国家社会科学基金遴选的 48 种管理类刊物的热词词云图

资料来源：课题组自制。

年度重要热词为中国式现代化。中国式现代化是中国共产党领导的社会主义现代化，不仅有各国现代化的共同特征，而且有基于中国国情的中国特色。对中国式现代化的相关研究论文进行分析，其主要关联热词见图 3。

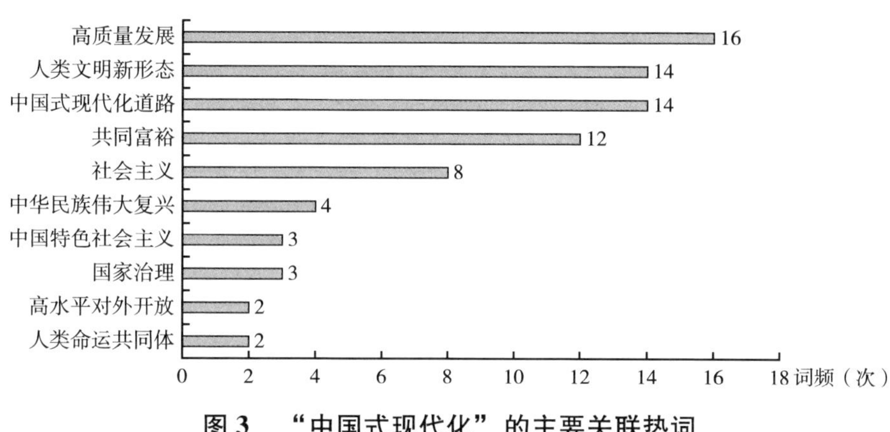

图 3　“中国式现代化”的主要关联热词

资料来源：课题组自制。

取上一统计周期热度与本统计周期热度进行对比，热度的定义为涉及文献的百分比，见图 4。我们通过热度增加值排名可以看出，年度管理热点主要集中在中国式现代化、共同富裕、低碳、数字化转型、数字经济等。

2. 通过专业网络数据库统计的结果

课题组通过对管理领域网络数据库 2022 年至 2023 年 6 月发表的文献进行月度高关注度采样，总计获取 32537 篇文献。通过对关键词的统计与分析，课题组总计获取 136815 个关键词，其中非重复关键词为 43125 个。课题组对这些词语进行合并、统计、筛选、归并后再进行关联文献数量统计后获得热词统计排名见图 5，热词的词云图见图 6。

2022 年至 2023 年 6 月核心热点集中在数字经济、低碳、乡村振

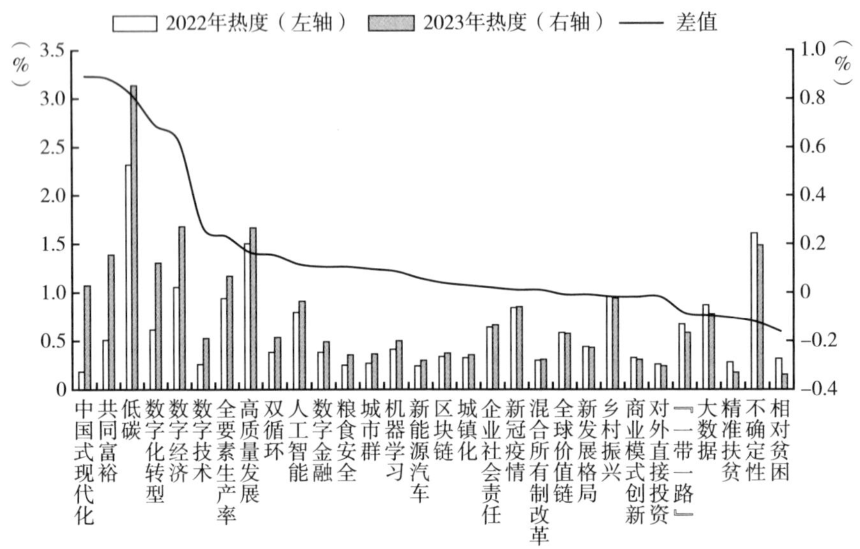

图 4　基于管理类刊物的热词热度同期对比

资料来源：课题组自制。

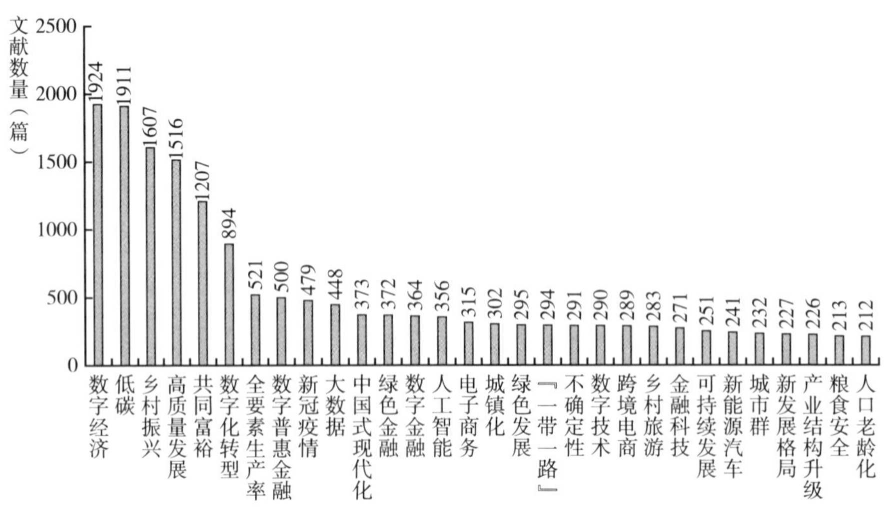

图 5　基于网络数据库管理类文献的热词排名（取每月热点 2000 条）及关联文献数量

资料来源：课题组自制。

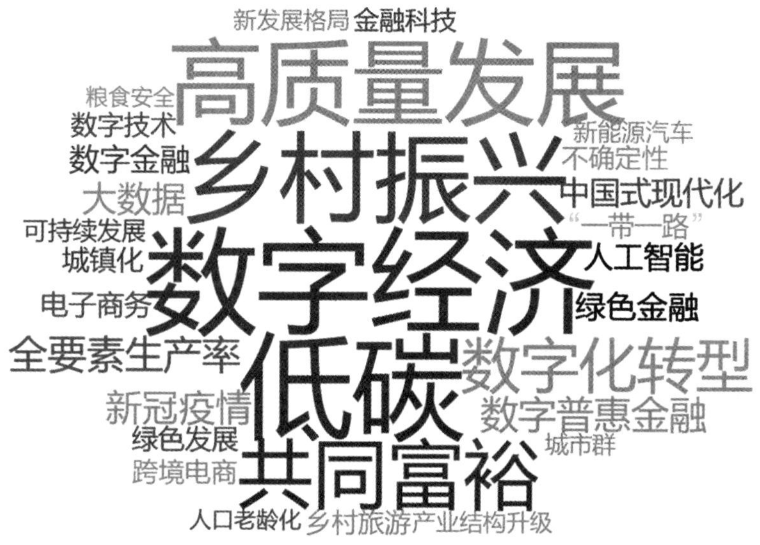

图 6　基于网络数据库管理类文献的热词词云图

资料来源：课题组自制。

兴、高质量发展、共同富裕、数字化转型等。年度上升最快的热词为中国式现代化。取数字经济、数字化转型、共同富裕、中国式现代化几个词做年度热度变化趋势图，见图 7。热词共同富裕的热度变化不大，数字经济和数字化转型的热度在 2022 年到 2023 年 6 月显著增加。“中国式现代化”一词是习近平总书记在庆祝中国共产党成立 100 周年大会上提出的重要论断。从图 7 中可以看出，自 2022 年 10 月后，中国式现代化的热度开始持续增加，这主要是因为在 2022 年 10 月的中国共产党第二十次全国代表大会上，习近平总书记代表第十九届中央委员会向大会做报告时宣告：“从现在起，中国共产党的中心任务就是团结带领全国各族人民全面建成社会主义现代化强国、实现第二个百年奋斗目标，以中国式现代化全面推进中华民族伟大复兴。”

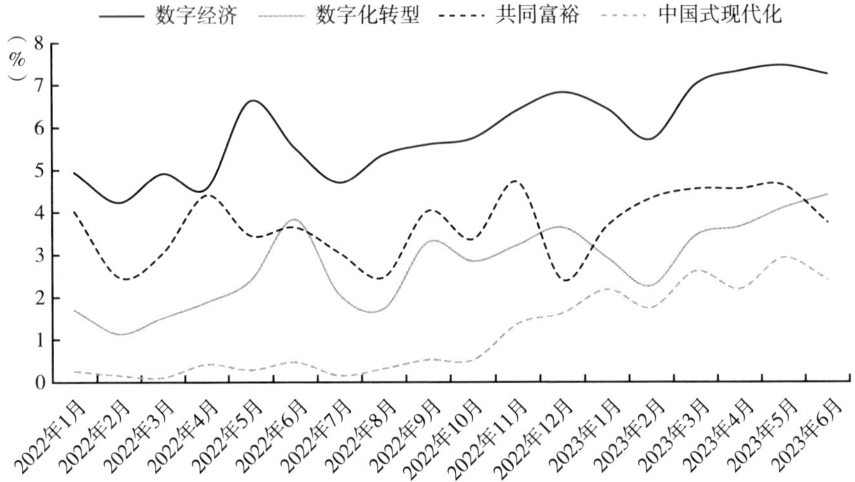

图 7　管理类网络数据库中的 4 个热词在 2022 年至 2023 年 6 月的热度变化趋势

资料来源：课题组自制。

（三）论文作者和合著情况

课题组通过对国家自然科学基金及国家社会科学基金遴选的 48 种管理类刊物在 2022 年至 2023 年 6 月发表的 10432 篇文献的作者进行统计，文献合著情况见表 5。

表 5　2022 年至 2023 年 6 月管理科学领域文献合著情况

单位：篇，%

作者人数	文章数	占比
1	1567	15.02
2	3334	31.96
3	3458	33.15
4	1611	15.44
5	326	3.13
6	91	0.87
其他	45	0.43

资料来源：国家自然科学基金及国家社会科学基金遴选的 48 种管理类刊物总计 10432 篇文献。

课题组对10432篇文献的第一作者进行统计，以其发表的论文数量为统计数据，整理出排名前20的学者情况，见表6，其中排名依据是第一作者发表的论文数量，在论文数量相同的情况下，以采集的论文的下载次数为排名依据。

表6　国家自然科学基金及国家社会科学基金遴选的48种管理类刊物论文作者排名

排名	姓名	院校及职务	排名依据	主要研究领域
1	何德旭	中国社会科学院财经战略研究院院长 中国社会科学院大学商学院院长	第一作者10篇 热度30617次	商业银行经营与管理 金融发展战略 金融风险与金融安全
2	宋科	中国人民大学财政金融学院副教授	第一作者9篇 热度48758次	货币金融理论与政策 金融科技
3	金亮	江西财经大学工商管理学院副教授	第一作者9篇 热度8722次	电子商务与全渠道运营 知识管理与技术创新
4	刘超	北京工业大学经济与管理学院院长	第一作者8篇 热度8604次	社会经济系统分析与计算机仿真技术 资本运营
5	解学梅	同济大学经济与管理学院教授	第一作者8篇 热度指数52499次	协同创新 创新生态 绿色创新 女性创业
6	夏西强	郑州大学商学院教授	第一作者8篇 热度14487次	供应链管理
7	周建亨	东华大学旭日工商管理学院教授	第一作者8篇 热度6065次	物流管理 纺织服装供应链运营及优化
8	陈晓红	中国工程院院士 湖南工商大学党委书记	第一作者7篇 热度指数67854次	决策理论与决策支持系统 大数据分析与智慧管理
9	杨子晖	南方科技大学商学院教授	第一作者7篇 热度指数23514次	金融经济学 货币经济学

续表

排名	姓名	院校及职务	排名依据	主要研究领域
10	蔡昉	中国人民银行货币政策委员会委员、中国社会科学院国家高端智库首席专家	第一作者 7 篇 热度指数 18593 次	农村经济理论与政策 劳动经济学 人口经济学
11	刘征驰	湖南大学经济与贸易学院教授	第一作者 7 篇 热度指数 16813 次	数字经济产业发展 经济大数据分析
12	苏屹	哈尔滨工程大学经济管理学院教授、副院长	第一作者 7 篇 热度指数 14538 次	科技创新 系统科学与组织行为学
13	王海花	上海大学管理学院副教授	第一作者 7 篇 热度指数 13202 次	创新 创业与知识管理
14	韩先锋	昆明理工大学管理与经济学院副教授	第一作者 7 篇 热度指数 8910 次	技术创新 数字金融
15	王昱	大连理工大学商学院副教授	第一作者 7 篇 热度指数 7928 次	区域金融发展 科技金融 数字经济 国际金融
16	张俊光	北京科技大学东凌经济管理学院教授	第一作者 7 篇 热度指数 3495 次	项目管理理论与实践 IT 及通信项目管理
17	洪银兴	南京大学人文社会科学资深教授	第一作者 6 篇 热度指数 33049 次	经济运行机制 宏观经济理论和政策
18	曹裕	中南大学商学院教授	第一作者 6 篇 热度 27112 次	企业可持续运作管理 移动互联网金融
19	江小涓	中国行政管理学会会长	第一作者 6 篇 热度指数 26605 次	产业政策
20	郁建兴	浙江大学公共管理学院教授、院长	第一作者 6 篇 热度指数 19518 次	政府管理与创新 社会组织与社会治理 社会政策

资料来源：课题组自制。

（四）热点研究领域相关高校和地区的活跃度统计

从国家自然科学基金及国家社会科学基金遴选的 48 种管理类刊物在 2022 年至 2023 年 6 月中国发表的 10432 篇文献中，课题组筛选出第一作者所属单位为全国普通高等学校的名单，并按照名单进行排序、统计等，获得识别出院校的论文一共 9419 篇，2022 年至 2023 年 6 月高校的管理领域论文发表情况见图 8。课题组对这些院校和院校所属地区进行排名，统计结果见图 9。2022 年至 2023 年 6 月排名前 3 的分别是中国人民大学、东北财经大学和南开大学，地区排名前三位的是北京市、上海市和江苏省。

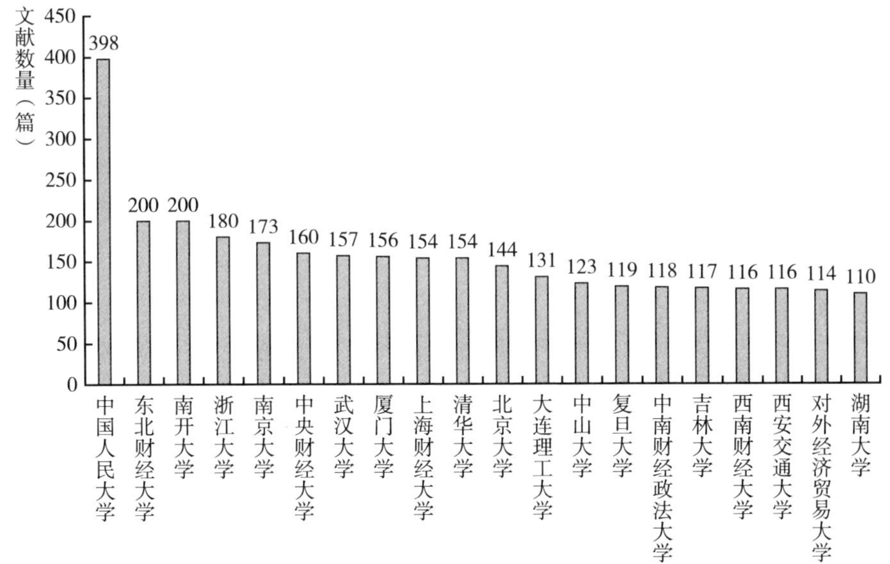

图 8　2022 年至 2023 年 6 月管理领域论文发表情况（部分高校）

资料来源：国家自然科学基金和国家社会科学基金遴选的 48 种管理类刊物。

课题组采集了 2022 年至 2023 年 6 月发表的 32537 篇高关注度论文，进行院校识别后的论文总计 27061 篇。院校和院校所属地区的管理热点研究领域的论文发表情况分别见图 10 和图 11，中国人民大

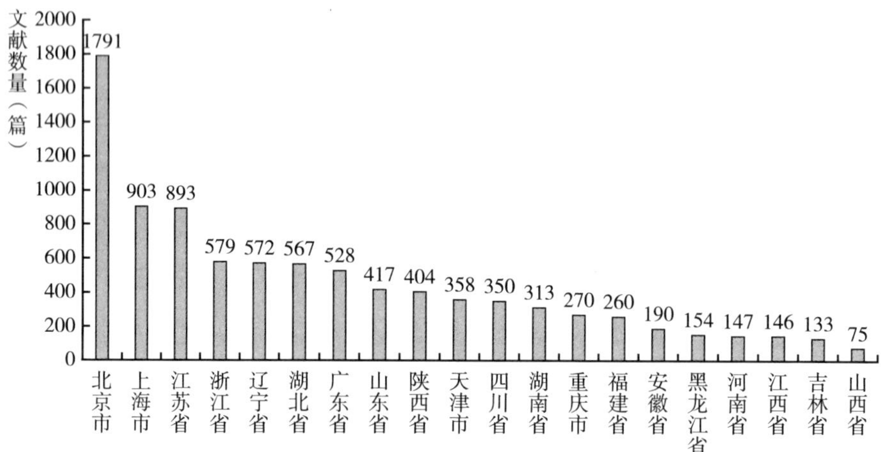

图 9　2022 年至 2023 年 6 月管理领域论文发表情况（部分地区）

资料来源：国家自然科学基金和国家社会科学基金遴选的 48 种管理类刊物。

学、南开大学、武汉大学排名院校前 3，地区排名前 3 的仍然为北京市、江苏省和湖北省。

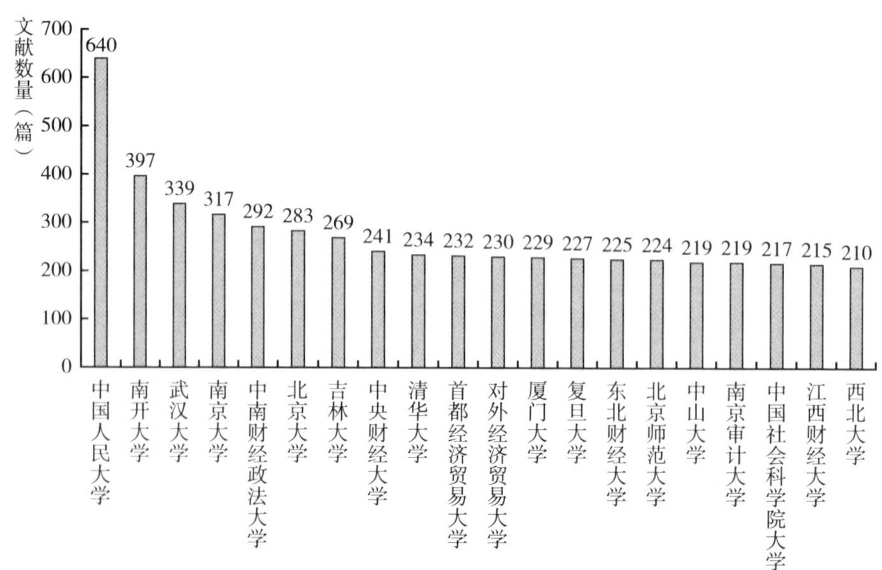

图 10　2022 年至 2023 年 6 月管理热点研究领域论文发表情况（部分高校）

资料来源：网络热点文献采集。

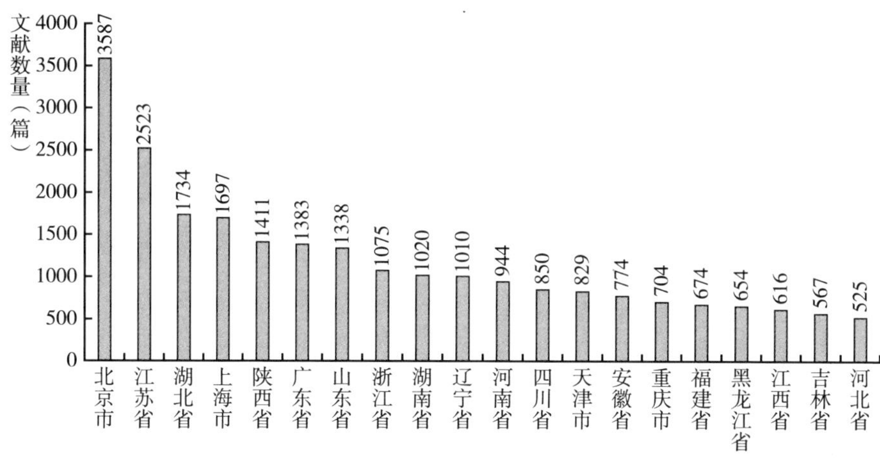

图 11　2022 年至 2023 年 6 月管理热点研究领域论文发表情况（部分地区）

资料来源：网络热点文献采集。

课题组对高校发表论文数量进行二维象限分析，横坐标取高关注度论文数量，纵坐标取管理类刊物发表论文数量，选取比较具有代表性的高校放置其中，见图 12。中国人民大学的管理类刊物发文数量和高关注

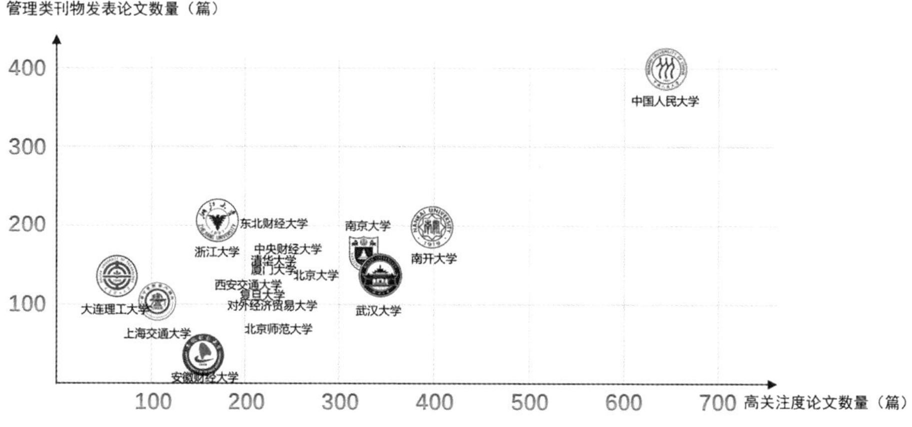

图 12　2022 年至 2023 年 6 月高校发表论文象限图

资料来源：课题组自制。

度论文数量远超其他院校；南开大学、南京大学、武汉大学处于第二方阵，在管理类刊物上发表的论文数量比较多，同时公众关注度高的论文数量也比较多，其中南开大学处于比较突出的位置；大连理工大学在管理类刊物上发表的论文较多，但高关注度的论文较少；安徽财经大学在管理类刊物上发表的论文较少，但高关注度论文数量比较多。

（五）企业管理热点统计

课题组筛选了以下 18 种重点研究企业和企业家的杂志，从这些杂志 2022 年至 2023 年 6 月发行的刊物上采集文献总计 10133 篇。采集杂志和文献数量见表 7。

表 7　企业和企业家杂志采集信息

序号	杂志名称	文献数量	序号	杂志名称	文献数量
1	《商界》	364	2	《商界评论》	134
3	《经理人》	364	4	《企业家》	447
5	《经营与管理》	567	6	《中国商人》	944
7	《21 世纪商业评论》	473	8	《中国企业家》	433
9	《新财富》	186	10	《董事会》	500
11	《中国商界》	1061	12	《企业管理》	915
13	《支点》	596	14	《商业周刊(中文版)》	1056
15	《管理之道》	260	16	《财经天下》	693
17	《中国品牌》	350	18	《中国金融家》	790

资料来源：课题组自制。

企业和企业家研究和关注的热词统计结果见图 13，高质量发展和数字化转型是研讨最多的热词，中国式现代化成为热点，同时综合近期趋势，ESG 热度持续增加。

课题组对 2022 年至 2023 年 6 月企业和企业家研究和关注的热点涉及的国内企业进行排名，排名情况见图 14。年度热点企业为比亚迪股份有限公司，其次是京东商城和深圳市腾讯计算机系统有限公司（简称腾讯）。

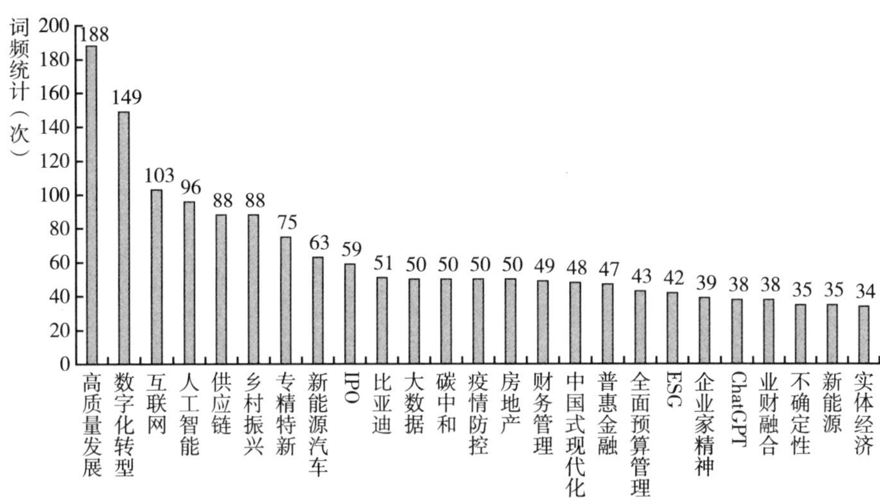

图 13　2022 年至 2023 年 6 月企业和企业家研究和关注的热词词频统计结果

资料来源：课题组自制。

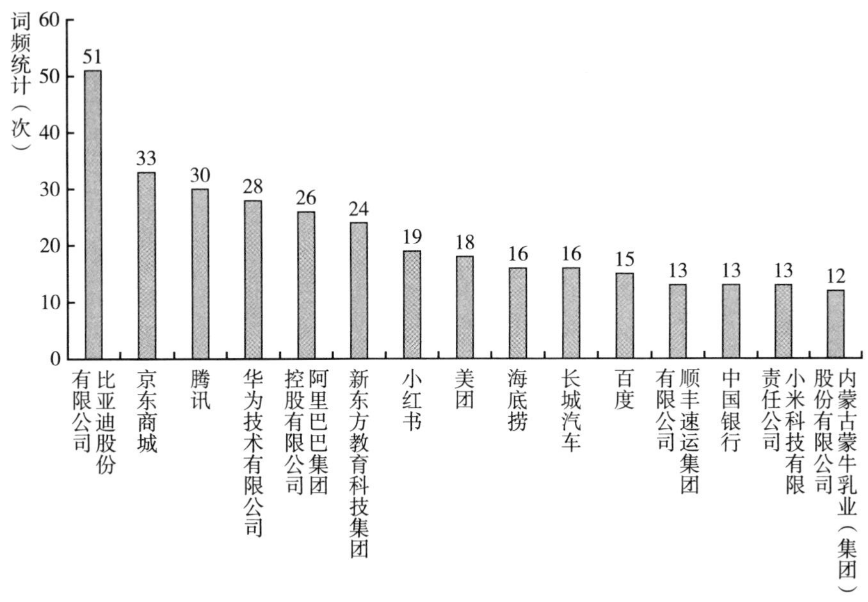

图 14　18 种刊物统计出的研究和关注热点排名前 15 的企业词频统计

资料来源：课题组自制。

课题组对2022年至2023年6月企业和企业家研究和关注的热点涉及的国内管理者进行排名，排名情况见图15，俞敏洪排名第一，任正非和雷军分列第二、三位。

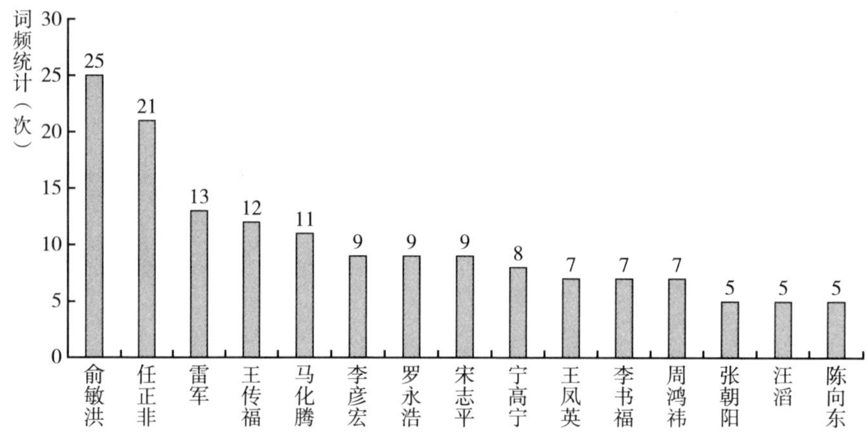

图15　18种刊物统计出的研究和关注热点排名前15的管理者

资料来源：课题组自制。

（六）2022年国家社会科学基金资助项目情况

2022年国家社会科学基金资助研究项目立项结果显示，重点项目371项，一般项目3177项，青年项目1127项，总计4675项。在这些项目中，管理学类项目430项，应用经济类项目363项，理论经济类项目189项，总计982项。

课题组对国家社会科学基金资助的管理类和经济类项目院校负责项目数量进行统计，统计结果见图16。排名前3的院校分别是山西财经大学、山东财经大学和浙江工商大学。

课题组对国家社会科学基金资助的管理类和经济类项目做关键词词频统计分析，统计结果见图17。“双碳”排名第一，数字经济、共同富裕、高质量发展、数字化转型等关键词词频排名前列。

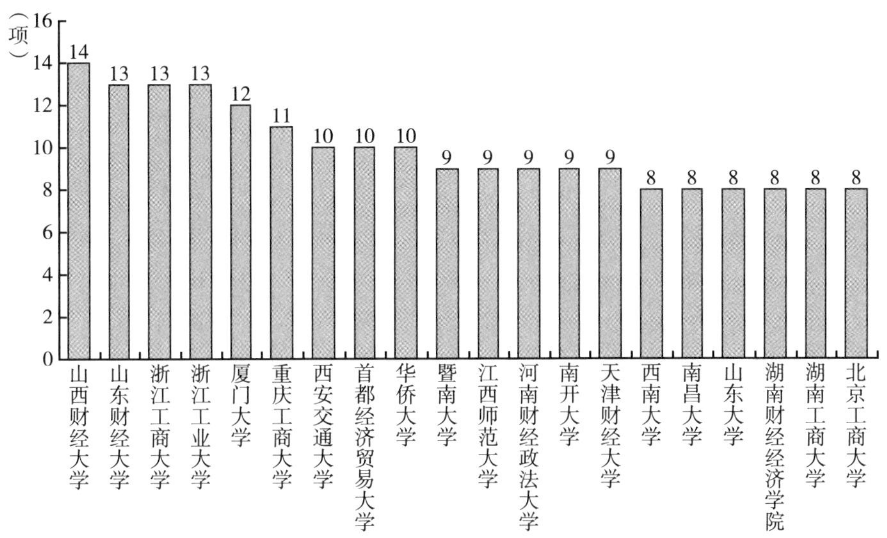

图 16　2022 年国家社会科学基金资助的管理类和经济类研究项目院校负责项目数量排名

资料来源：课题组自制。

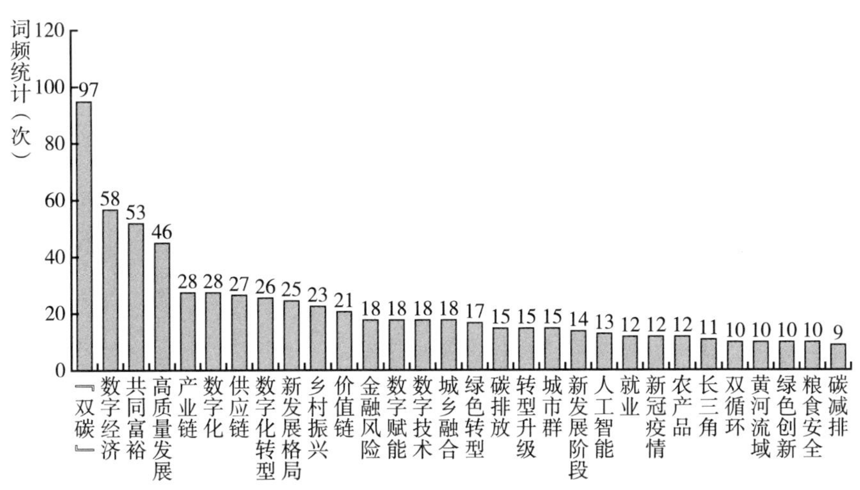

图 17　2022 年国家社会科学基金资助的管理类和经济类研究项目的关键词词频统计排名

资料来源：课题组自制。

（七）2022年教育部人文社会科学研究项目情况

2022 年教育部人文社会科学研究一般项目立项结果显示，规划基金、青年基金、自筹经费项目共 2616 项，西部和边疆地区项目 165 项，新疆项目 19 项，西藏项目 1 项，中国特色社会主义理论体系研究专项 30 项，高校辅导员研究专项 208 项，总计 3039 项。在这些项目中，管理学类项目 370 项，经济学类项目 316 项，总计 686 项。

课题组对 2022 年教育部人文社会科学研究一般项目中的管理类和经济类项目的院校负责项目数量进行统计，统计结果见图 18，排名前 3 的院校分别是西南财经大学、厦门大学和浙江财经大学。

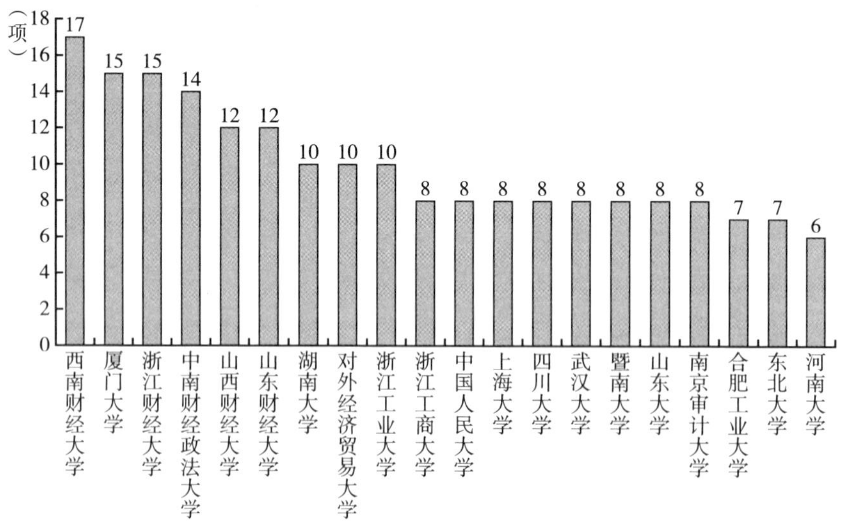

图 18　2022 年教育部人文社会科学研究一般项目中的管理类和经济类院校负责项目数量排名

资料来源：课题组自制。

课题组对 2022 年教育部人文社会科学研究一般项目中的管理类和经济类项目做关键词统计和分析，统计结果见图 19。供应链、"双碳"、数字经济、数字化转型等关键词排名前列。

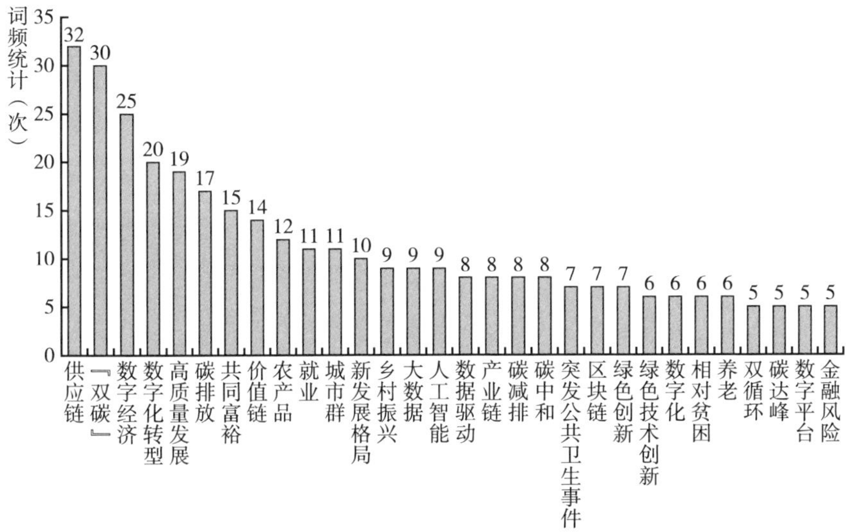

图 19　2022 年教育部人文社会科学研究一般项目关键词排名

资料来源：课题组自制。

综合国家社会科学基金和教育部人文社会科学研究一般项目，目前管理学和经济学领域的主要研究热点集中在"双碳"、数字经济和数字化转型领域。

（八）全国企业管理现代化创新成果分析

1. 全国企业管理现代化创新成果概述

全国企业管理现代化创新成果由中国企业联合会于 1990 年起审定发布，全国企业管理现代化创新成果需体现在管理理念、组织与制度、管理方式、管理方法和手段等方面，并具备创新性、实践性和效益性。在 2023 年发布的第二十九届全国企业管理现代化创新成果

(2022 年度)中，共有 237 项被审定为全国企业管理现代化创新成果，其中一等成果 34 项，二等成果 185 项。

2. 2022年全国企业管理现代化创新成果统计分析

(1)省区市统计分析

2022 年全国企业管理现代化创新成果按地区分布情况见图 20，北京市占获奖总数的 23%，排名第一，江苏省和山东省并列第二位。

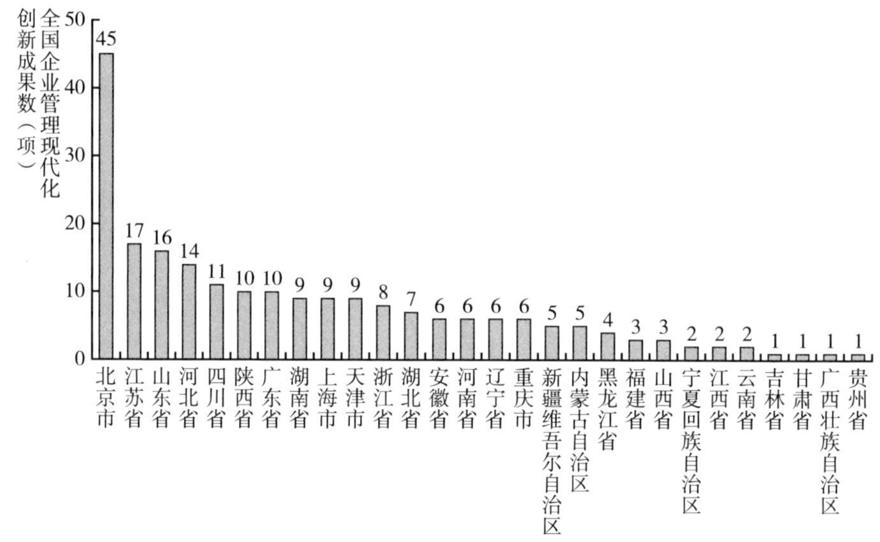

图 20　2022 年全国企业管理现代化创新成果（按地区分布）

资料来源：课题组自制。

(2)行业统计分析

2022 年全国企业管理现代化创新成果在各行业的分布情况见图 21，能源、重型装备制造和航空航天三大类的行业分布排名前 3，其中能源企业创新成果占获奖总数的 35%。

(3)关键词统计分析

2022 年全国企业管理现代化创新成果项目的关键词排名见图 22。数字化、运营管理、高质量发展排名前 3。

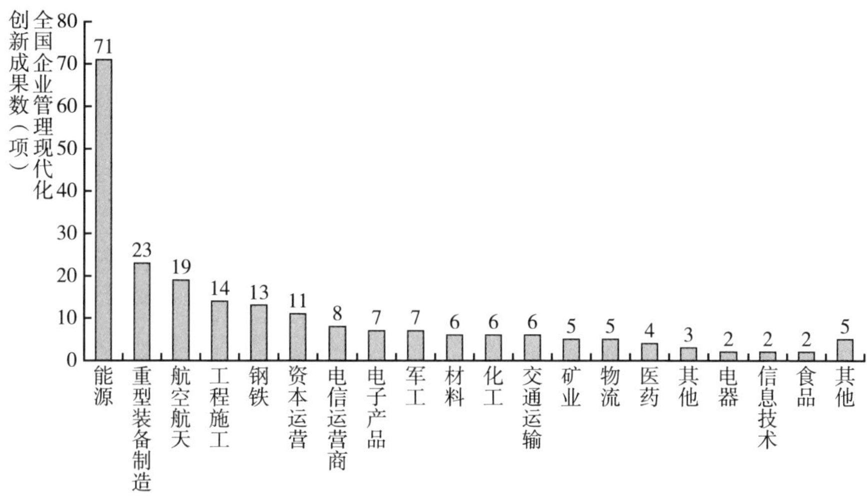

图 21　2022 年全国企业管理现代化创新成果在各行业分布情况

资料来源：课题组自制。

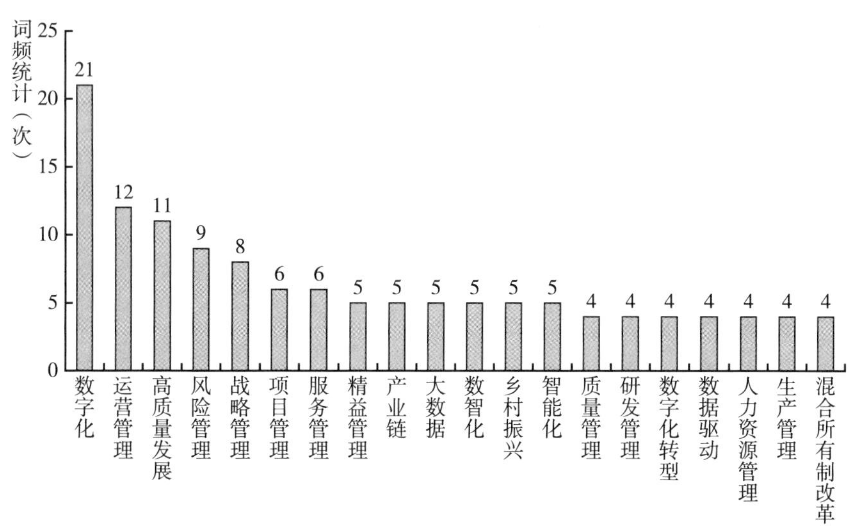

图 22　2022 年全国企业管理现代化创新成果关键词排名

资料来源：课题组自制。

（4）创新成果的趋势分析

数字化、智能化、绿色、低碳等关键词成为企业管理现代化创新的热词。对过去几届全国企业管理现代化创新成果项目分析显示，这些热词在申报企业管理现代化创新成果中的比例变化趋势。

对数字化、数字化转型和智慧/智能做分析，结果见图23。图23显示，与数字化相关的项目申报热度在持续增加。

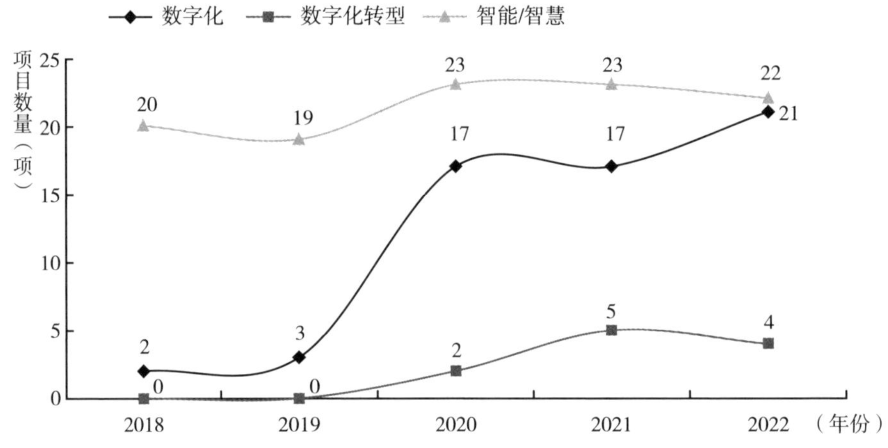

图23　2018~2022年全国企业管理现代化创新成果关键词历史趋势分析（一）

资料来源：课题组自制。

对绿色、低碳做历史趋势分析，结果见图24。该图显示，以绿色和低碳为目标的2022年全国企业管理现代化创新成果项目数量与2021年全国企业管理现代化创新成果项目数量基本相同。

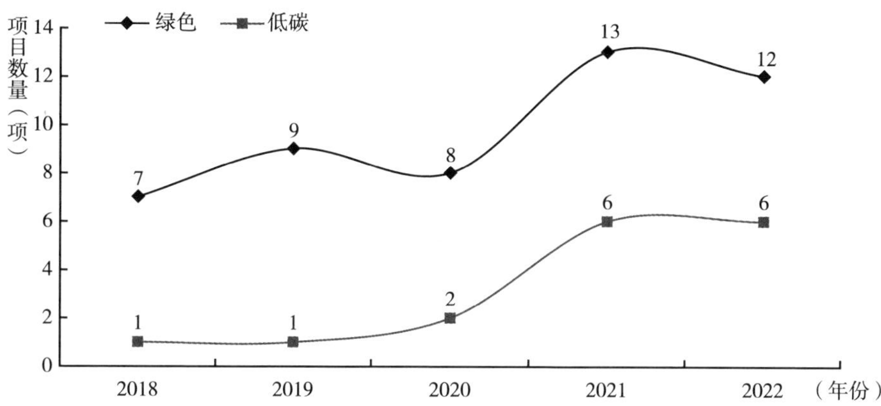

图 24　2018~2022 年全国企业管理现代化创新成果关键词历史趋势分析（二）

资料来源：课题组自制。

趋 势 篇

Trends

B.2 以数业构筑中国式现代化的物质基础

张晓东　夏 凡*

摘　要： 我们在乌卡丛生下感受大变局，在技术变革中体验日新月异。不同于以分工协作为逻辑的工业，数业以融合创新为本质属性，正逐步展现出新生产力的样貌。如果说工业化是传统现代化的基石，数业化则正在成为新型的中国式现代化的物质基础。数业是新质生产力的具体体现。我们直面不确定性，数业的逻辑将有助于我们更好地认识及走向未来。

关键词： 数业　中国式现代化　融合创新

* 张晓东，博士，研究员级高级工程师，江苏敏捷创新经济管理研究院院长，研究方向为数业经济、数据管理与安全、先进制造；夏凡，硕士，注册咨询专家，江苏敏捷创新经济管理研究院副院长，研究方向为技术哲学、数字经济、人才国际化。

一　大变局：挑战与机遇

（一）大变局下乌卡迭现

2018 年 6 月，中共中央总书记、国家主席、中央军委主席习近平在中央外事工作会议上明确指出："当前，我国处于近代以来最好的发展时期，世界处于百年未有之大变局，两者同步交织、相互激荡。"[①] 大变局意味着全球发展正历经重大变化和深刻转型，世界地缘经济与政治重心"东升西降"、国际体系主导权"南升北降"、中西互动趋于"平起平坐"、世界经济增长与科技创新动能新旧转换等特征日趋显现，乌卡正是促使这些特征显现的重要表现形式，裹挟着人类进入一场巨变的时代风浪中。

乌卡的英文 VUCA 由不稳定性（Volatility）、不确定性（Uncertainty）、复杂性（Complexity）、模糊性（Ambiguity）四个英文词的首字母组成，描述了当前全球社会经济环境的飞速变化、未知增多、系统复杂、信息模糊等特征。VUCA 概念最早源于美国的军事领域，用来描绘冷战结束后动荡不安的环境。在 2001 年 9 月 11 日美国遭受恐怖袭击后，人们对于世界复杂和模糊的感受更为真切，对 VUCA 概念的认知得到强化。如今，VUCA 术语的内涵已完全超出军事范畴，逐渐扩展至更多领域，尤其是在商业和组织管理中被广泛提及，用以描述现代社会和组织所面临的挑战和危机。

大变局下的政治、经济、科技、社会等领域产生巨大变化。2022 年 2 月，俄乌冲突爆发，并如同雾霾一般恣意扩散，从最初的俄罗

---

① 《习近平：努力开创中国特色大国外交新局面》，中华人民共和国中央人民政府网，https：//www. gov. cn/xinwen/2018-06/23/content_ 5300807. htm。

斯、乌克兰、美国等核心利益体，到现在的波兰、白俄罗斯、摩尔多瓦等国也不同程度地被卷入其中。未来局势将如何发展，我们对此无法下定论。这场由冲突而起的战争已经加剧了全球地缘政治冲突、能源危机、贸易壁垒、经济衰退等风险。2023 年 3 月，拥有 40 年历史的美国第 16 大银行——美国硅谷银行破产，更让颓靡的全球经济雪上加霜。2023 年 3 月，图灵奖得主约书亚·本吉奥（Yoshua Bengio）、加州大学伯克利分校教授斯图尔特·罗素（Stuart Russell）、埃隆·马斯克（Elon Musk）等多位人工智能（AI）学界和业界名人，联合签署了一封公开信，要求立即暂停训练比 ChatGPT-4 更强大的 AI 模型，认为具有人类智能水平的 AI 系统可能对社会和人类带来极大的风险。

在大变局下的乌卡时代，我们面临各种问题和困境，它们以变化速度快、不确定性高、复杂性强、信息模糊等特征困扰着个人与组织。在这样的环境下，个人和组织需要采取敏睿感知、明智决策、迅捷执行的策略与方法来应对人类文明演进过程中的危机与挑战。

（二）透视乌卡现象背后的原因

1932 年，马克思与恩格斯合著《德意志意识形态》，系统地阐述了历史唯物主义的基本原理，旗帜鲜明地论述了生产力与生产关系的矛盾是人类社会发展的根本动力。① 20 世纪 60 年代，第五次信息革命点燃了计算机技术、互联网和通信技术快速发展的引擎。随着信息的获取、处理和传输能力大幅提升，信息生产力飞速发展，为人类生产提供了强劲的发展动能，为社会高质量发展供给更多、更好的物质

① 中共中央马克思恩格斯列宁斯大林著作编译局：《马克思恩格斯全集》，人民出版社，2006。

产品与服务方案。当前，人类改造世界的能力逐步以信息生产力为主导，而随着数据成为新型生产要素，数字化技术工具与数据深度融合所释放的生产力能量是巨大的。例如，汽车制造业使用产业链上游智能电网技术，通过数据分析、人工智能等技术，找到资源和能源的优化利用方法，借助实时监测和智能控制，降低能源生产和供应的成本。产业链中游零部件制造的生产线上配置的工业机器人，通过数字化技术，实现实时监控、精确预测和智能调度，使生产过程更高效、生产速度更快。在产业链下游的市场营销环节，信息技术可提供更精准的数据和分析，以便更好地了解消费者需求和市场趋势，从而提升产品质量并快速响应市场变化。信息生产力已经逐步渗透、贯穿于整个工业生产全流程和全周期。

在人类社会发展的过程中，数字技术推动生产力迅速提高，然而生产关系的适应性改变相对滞后，其中原因是多方面的，具体如下。

一是转型升级投入成本过高。生产方式的变革通常需要引入新的技术工具和基础设施，以适应新的生产方式和升级需求，这涉及大量成本投入，甚至可能需要重新规划工厂、布置生产线、购买新设备、规划人员配置等。转型成本往往很高，转型过程需要消耗一个长周期。追求利润最大化的企业不会轻易投入转型变革。

二是市场需求和环境限制。生产关系的变革通常需要与市场需求和整体环境相适应。如果市场需求变化较慢或者整体环境的开放性不够，企业和组织需要较长的时间来适应和调整相应的生产关系。

三是对传统生产方式的依赖。随着城镇化和现代化的推进，传统生产方式需要进行转型以适应新的市场需求和可持续发展的要求。但由于人们对传统生产方式的依赖和习惯，以及对城镇化和现代化的担忧，传统生产方式转型的过程往往存在一定阻力。

以云计算、大数据、物联网、人工智能、移动互联网为代表的新兴信息生产力发展日新月异，然而技术和设施转型成本高、受市场需求和整体环境限制、传统生产方式的习惯性依赖等使生产力价值无法得到体现。人们应遵循生产力与生产关系适配性原则，加强各个环节的协作与合作，提升组织的灵活性和创新能力。它们是应对乌卡现象的关键策略。人们只有不断调整、优化、升级、重塑生产关系，促成生产关系与先进生产力的柔性适配，才能够更好地应对乌卡危机。

二　穿透不确定性迷雾

（一）中国式现代化开创人类文明新形态

中国式现代化是对中国人民艰辛探索历程的升华，既是重大的理论创新，也是恢宏的历史实践，是理论与实践的统一体，其中所蕴含的独特价值观是中国式现代化理论体系的一个鲜明特征。中国式现代化有别于以往被动式、外源式、单一式的以资本主义为底色、以工业化为基础的传统西方式现代化，是始终坚持以人民为中心，最终实现人的自由而全面发展的一种“人本化”的现代化，是贯彻创新、协调、绿色、开放、共享五大发展理念，实现经济、政治、文化、社会、生态“五位一体”的全面的现代化。中国式现代化是一条符合中国国情、顺应时代潮流、体现民心民意的正确道路，延展了人类走向现代化的新途径，开创了人类文明新形态。

（二）数业是人类社会演进的新阶段

伴随着技术的变革，人类社会不断演进。整个人类社会大致经历农业革命、工业革命，以及以“数字科技”为驱动力的数业革命几个重要的革命阶段。每一个革命阶段都会对人类社会产生深远影响，并推动人类文明演进。以信息、数字、数据、智能等技术为驱动力的产业革命推动人类文明进入数业这个崭新阶段。

农业革命出现在公元前 10000 年至公元前 5000 年。这一时期，农耕技术改进和农业生产制度建立，使人类从游牧狩猎的劳动方式转向定居耕作的生产方式。农业革命促进人口增长、城镇化和社会分工的形成，极大地改变了生产、生活方式和社会结构，对人类社会的发展产生了深远的影响。

工业革命于 18 世纪末至 19 世纪初开始于欧洲，机器化和工厂制造是其主要特征。这一时期，以蒸汽机为标志的机械化大生产日益壮大，能源（如煤）的广泛应用大大提高了劳动生产率。随着交通和运输工具的发展以及工业劳动者规模的扩大等，工业变革被推向社会化大生产的顶峰，促进了社会经济飞速发展。

数业是以“数”的科技等为代表的信息化、数字化、数据化、智能化乃至量子化和以基因技术为基础的生命科技等融合驱动的技术革命进程，是继农业、工业之后的新的经济、社会和文明形态。本文笔者之一张晓东曾在 2015 年举办的东沙湖论坛——中国管理百人会上提出“数业”的概念。它沿用至今。“数业”一词比“数字”更能体现当下的世代交替，也更能够严谨、准确、完整地概括出数据、数字、信息、量子、智能乃至基因等先进科技和它们所综合呈现的生产力及其体现的经济社会及文明形态。

当前，学界、业界还未有关于数业的研究。笔者根据文献检索发现，仅有海南大学副校长傅国华教授对该研究有涉猎，他提出“思维数源+算法+网络化平台场景=数业”的基本框架，并建立由“数业社会、数业经济、数业文明”组成的“三数理论”体系。他形象地把这个体系比作一棵树，其根是数源，茎是数业，干是算法，枝是硬核，叶是平台，花是新文明，果是数业社会。他还指出

“三数理论”可以推算经济体各种“超车”的途径及其实现的可能性。①

傅国华教授提出的数业理念与本文对于数业的界定存在较大差异。笔者认为，“数业”以数据为核心要素、以算法为主要驱动力、以算力为基础设施、以通信网络等连接，依靠数智科技形成新的生产力，推动业态转型，形成现代化生产生活关系及数智治理模式，开启人类数智化生产、生活方式，体现新生态的经济及社会新范式，开启人类文明的新时代。

（三）面向中国式现代化构建融合一体的数业体系

数业化是一个长期、复杂的过程，深刻描绘了工业向数业转型的进程，是新生产力推动下的生产关系的全面迭代升级。数业化的内涵涉及数智化科技、数智化产业、数智化治理、数智化社会等方面。数智化科技是支撑数业发展的主流生产力，数智化产业将构筑数业发展的经济基础，数智化治理是巩固数业上层建筑的关键所在，数智化社会是数业成形的重要特征。

数智化科技、数智化产业、数智化治理、数智化社会融合一体，彼此互相关联且相互促进，共同构成建设中国式现代化的物质基础。中国式现代化是全体人民共同富裕的现代化。我国在解决温饱、追求小康生活以及实现共同富裕的过程中，坚持以经济建设为中心，在奋进中以融合一体的数业体系，持续夯实推进中国式现代化新征程的物质基础。

---

① 《“数业社会、数业经济、数业文明的创新探索”——海南大学副校长傅国华莅临商院开展专题讲座》，莆田学院商学院官网，http://www.ptu.edu.cn/ptxysxy/info/1050/4527.htm。

三　数业为中国式现代化筑牢物质基础

（一）数业的逻辑将推动21世纪的变革与发展

从人类社会生产力、生产关系的发展来看，产业界和学术界认为数字经济更多是指数字科技的广泛应用带来整个经济环境和经济活动的变化，其中“数字”之内涵偏重于科技对经济的应用与作用，未能涵盖数据、信息、智能、基因、人体密码等与“数”有关并且已然活跃于当今经济生活中的体现经济形态的其他部分。笔者认为，目前所定义的数字经济是工业经济向数业经济转变的一个中间过渡阶段；数业经济是对应农业、工业、服务业的一种新的经济和社会形态范式的表征，具有涉及新发展阶段的行业范围、产业特征、社会形态的深层内涵。①

表 1　工业经济、数字经济、数业经济的对比

	工业经济	数字经济	数业经济
内涵及延展	产业→经济→社会→文明	科技→产业→经济	科技→产业→经济→社会→文明
动力和本质	机械化、电气化、自动化	数字化、网络化	万物皆数、万事皆算
生产要素	人力、土地、资金、能源	+技术、知识产权	+数字化、数据、信息、智能、编码、基因……
属性侧重点	产业属性	技术属性	全属性(综合性、系统化)

① 张晓东、夏凡：《数业经济背景下的管理学反思与超越》，载《管理》第 1 期，社会科学文献出版社，2021。

续表

	工业经济	数字经济	数业经济
工业经济、数字经济和数业经济三者的相互关系	19 至 20 世纪的主导经济形态	后工业	超越工业经济的新业态
狭义	机器化大生产	数智科技相关产业	
经济业态	传统经济业态	经济新业态	数智化(包含数字化、数据化、智能化等)业态
中文意蕴	与数业相对应	孤立概念	与农业经济、工业经济相对应

资料来源：笔者自制。

基于经济发展的视角审视，中国式现代化不断厚植于现代化的物质基础，不断夯实人民幸福生活的物质基础。数业经济对推进中国式现代化将发挥重要作用，具体如下。

一是促进经济高质量增长。被广泛应用的数字技术和实时产生的海量数据为数业的发展提供重要工具和丰富资源。数字技术正在逐渐渗透到传统行业，在农业、制造业、金融业、医疗等领域推动了生产方式和商业模式的变革，提升了生产效率和资源配置效益，为各行各业的高质量发展提供了新的动能。

二是提供更多的就业机会。随着数业经济的兴起，企业对专业技能人才的需求不断扩大。大量的就业岗位出现在互联网、软件开发、数据分析等领域，为亿万人口提供了丰富的就业机会。同时，数字化的商业模式也为小微企业提供了更多的创业机会，激发了经济增长的活力和创新的无限可能。

三是推动服务业转型变革。通过数字技术的应用和新商业模式的引入，服务行业得到了个性化、智能化的提升。例如，服务行业改善了在线支付、电子商务、在线教育等领域的消费者的体验并增加了他们的消费需求。数字技术与服务业的结合催生了新的产业形态和服务品类。例如，由于数字技术的推动，互联网医疗、在线教育、在线金融等领域为人们提供了更加便捷、灵活的服务方式。

四是驱动社会创新与进步。数字技术的应用提高了生产率和资源利用率，加快了商业创新与进步，为社会创新发展注入了新动力。通过互联网和物联网，人们可以方便地获取和分享信息，而大数据和人工智能使人们能够从庞大的数据中识别有价值的信息和洞见，并且使政府和组织可以更好地理解和解决社会问题，推动了社会治理方式的创新与进步。

数业经济推动了社会经济结构的转型和升级，提高了生产率和资源利用率，同时助力了创新发展和科技进步。随着数业经济不断发展，国家将继续在数字化、网络化、智能化的基础上推进中国式现代化建设，实现更加繁荣、可持续的经济发展。

（二）从工业到数业：底层逻辑的升级

工业经济靠“分工”产生效益，注重流程化、精细化、结构化、标准化、自动化。在工业生产中，汽车制造生产线是典型的，它是一个高度流程化、精细化的工业生产系统。汽车制造的整个生产流程被细分成多个环节，每个环节由专业的工人或机器完成，例如，一名工人负责安装引擎，另一名工人负责安装座椅，还有一台机器负责涂漆等。随着技术的发展，现在许多任务由工业机器人替代人工完成，机器人进行焊接、搬运和组装等操作，进一步提高了生产效率和工序精准性。这种有序分工可以使每个环节都遵循相同的标准化工作流程，每个环节都针对专属任务。这种分工保证整个生产过程的一致性，有利于提高生产效率以及控制产品质量。

工业经济的逻辑是分工产生效益。生产过程被拆分成多个细分环节，每个环节都由专班专员负责，实现分工合作。自动化技术的应用可以减少人力投入，提升速度和精度，并且极大地提高生产效率并保证产品质量。同时，企业通过建立和遵循一套标准化的工作流程和规范，可以确保生产过程的稳定性和一致性。工业的这些分工举措可以有效地提高生产效益和产品竞争力。

数业经济靠“融合”产生价值，是合的经济形态，注重数字化、网络化、融合化、平台化、生态化，鼓励不同行业跨越组织边界，共享资源、经验和技术，以寻找合作的可能并创造增量市场。通过合作和共生，数业经济实现资源的集约化利用和创新能力的整合式提升，形成更强大的创新生态系统，促进创新的快速迭代和各方共同受益。数业经济以融合创新为底层逻辑，实现跨界融合、开放合作、协同共生、创新生态，具有数据驱动、知识密集、服务升级、质效并举等特点。

从产业属性上看，在数业经济的生产要素中，数据、知识等软性要素凸显，数据被视为宝贵资源。数据的采集、处理和利用能力对数业产业的竞争力至关重要。数业经济强调知识的创造、传递和应用，注重技术、算法、模型，通过创新服务模式、提供个性化定制服务等方式，满足用户需求，改善用户体验，运用智能化技术和创新管理方法，提高生产效率、降低成本，确保产品和服务质量。

从市场属性上看，数业经济是以思想场景驱动取代以产品需求驱动为主导的经济模式，更注重情感需求、个性需求、社会需求和文化需求，除了发挥产品本身的功能外，还追求产品所带来的情感体验、个性化定制、社会关系和文化认同等方面的需求的满足。数业企业通过创造具有共鸣和情感连接的思想场景，引发消费者的共鸣和认同，从而促使消费者产生购买意愿和行为。

（三）工业思维主导数业经济发展之困境

党的二十大报告提出，建设现代化产业体系，推进新型工业化。新型工业化是现代化的必由之路，加快建设现代化产业体系是高质量发展的首要任务。传统工业思维的底层逻辑是分工产生效益，侧重大规模生产和标准化流程，然而在快速变化和高度竞争的数业市场环境中，创新速度和敏捷性是企业决胜的关键。企业如果无法及时适应市场变化，依旧坚持传统的工业思维，那么必然会在数字化洪流中被淹没。

“智改数转”是国家现代化产业体系高质量发展的必然趋势。各级地方政府深入贯彻战略部署，大力推进智能化改造和数字化转型行动。政策红利初期，企业积极响应国家政策，与地方政府同频共振，启动转型，但几年时间过去了，为何转型升级成效并不显著，甚至出现部分企业“不愿、不敢、不能”转型的情况？问题究竟出在何处？深层次原因是什么？

要探讨以上问题，我们首先要回溯“智改数转”的源起，即利用数智化技术推动企业锻造新能力、重构商业模式、重塑核心竞争力。“智改数转”不能仅仅停留在IT系统建设上，国家应该在战略、业务、组织和技术等多个方面进行系统性的设计和建设，这不是单点的突破，而是由点及面的融合创新过程。工业时代的惯性思维注重企业的规模经济和生产效率，因此“智改数转”仍然以业绩提升为转型升级的目标。如果“智改数转”的目标仅停留在流程改造所带来的业绩增长上，缺乏对于新型生产要素“数据”的价值认知，那么“智改数转”将无法实现数字经济时代的转型升级。“智改数转”的目标应是企业实现数智化技术与业务的结合。“智改数转”最终体现的就是业务的数据化、数据的业务化，再通过人工智能，最终实现数据智能推进业务智能，并且企业真正步入数业经济增长周期。如果政府和企业缺乏数业的思维与认知，那么所有的智能化改造和数字化转型都将是无效的。对于企业而言，建立全员认同的数字化愿景和思维认知是实现“智改数转”的基础和关键所在。

要实现科学、正确、见效的数智化转型目标，企业必须具备全局视野，并在数业思维下进行综合规划和思考判断。在工业时代，政府通常善于通过复制和推广成熟模式来促进发展。然而，“智转数改”是一种面向未来的创新事物。企业不能简单地套用传统工业的思路、方法和路径，需要不断学习和适应新的技术和思维方式，并且能够在快速变化的市场中保持竞争力。在考虑战略、业务和组织的同时，企业还应重视数智化技术的特点和规律，明确未来的战略方向，构建适应此方向的业务模式，并建立新型的组织生产关系，进而实现商业模式的重构和核心竞争力的重塑。

（四）以数业思维驱动创新发展的方向有效路径

数业思维是以数据为核心、以创新为导向、以交叉融合为特征的思维模型。自下而上、快速迭代、自然涌现是数业思维主导下的融合创新的具体表现。相比传统工业化思维主导的自上而下的决策方法，自下而上的思维方式更注重基于事实和数据的决策过程。快速迭代是一种全新的生产方式，个人和组织通过快速尝试、学习和改进不断优化解决方案，延伸出灵活性和敏捷性，并能够更快地适应变化和发展的现实。自然涌现是创新成果的呈现形态，个人和组织在大量数据和信息中寻找非显而易见的模式、趋势和机会，以实现创新性突破。我们应运用数据科学、人工智能和机器学习等技术，挖掘出以前未曾被发现的商业价值和机会。

案例 1：马斯克：企业数字化创新的开拓者

综观全球产业生态，埃隆·马斯克是一位充分遵循数业逻辑及规律，进行新产业路径探索的标志性人物。他通过一次次富有传奇色彩的实践展现出无与伦比的创造力。

1. 利用数据分析驱动决策。马斯克是特斯拉公司和美国太空探索技术公司（SpaceX）的创始人之一，在这两家公司的发展中，他都充分利用数据分析来指导决策，开展颠覆性创新并大获成功。在电动汽车设计中，特斯拉公司通过分析大量数据，理解消费者需求和市场趋势，并相应地进行产品规划和路径优化。同时，它还建立了大数据平台，收集和分析车辆运行数据，从而对车辆性能进行精益优化与改进。SpaceX 充分发挥数据支撑决策的作用，对火箭发射和回收过程进行了详细的数据记录和分析，通过分析数据发现并解决问题。例如，通过数据分析，它发现火箭一级助推器的燃料管路问题，从而进行了针对性的改进，显著提高了火箭发射的成功率。这种利用数据分析驱动决策的方式，使马斯克在数字产业的商业竞争中获得领先优势。特斯拉公司和 SpaceX 的成功证明了利用数据分析驱动决策，能够加速创新和业态升级，对于数字产业的发展具有重要意义。

2. 快速迭代和试错改进。马斯克是 OpenAI 公司的联合创始人。该公司开发的 ChatGPT 是一种人工智能语言模型，能够完成自然语言处理、文本生成、回答问题等任务，成为 2023 年一款现象级爆品。该公司于 2022 年 11 月推出 ChatGPT，第一个版本是 ChatGPT-1，随后在 2023 年 3 月推出了 ChatGPT-2，在 2023 年 5 月推出了 ChatGPT-3，而 ChatGPT-3.5 在 2023 年 7 月被推出，2023 年 9 月 OpenAI 推出了 ChatGPT-4，ChatGPT 几乎每 2 个月就会有一次脱胎换骨的跃升。快速迭代和试错改进是 ChatGPT 在短时间内取得巨大成功的关键因素之一。OpenAI 不断收集用户反馈，快速修复漏洞和更新模型，使 ChatGPT 得到不断改进和优化。ChatGPT 的试错改进策略使 ChatGPT 能够快速探索新的应用场景，发现和解决问题。ChatGPT 能把该策略迅速应用于各领域，如写作、绘画、代码生成等，通过快速实践来不断自我改进和优化模型。对于数业发展来说，快速迭代和试错改进是未来产品开发和提高产品质量的常态化路径。

3. 交叉融合和跨界合作。马斯克创办了 Neuralink。这是一家致力于脑机接口技术研究的公司，它通过将极小的电极植入大脑，利用电流让电脑和脑细胞“互动”。Neuralink 的目标是开发脑机接口技术，将人类大脑与计算机直接连接起来，分析神经数据和脑信号，以发现与人类认知和运动相关的模式和规律，为治疗神经系统疾病和提升人类认知能力提供基础。这种颠覆式创新技术在很大程度上改变了传统观念和解决思路。通过将神经科学、机器学习和工程技术等交叉融合，Neuralink 试图实现人与机器的紧密交互，从而在医疗、卫生保健和人机融合等领域产生突破。Neuralink 汇集了来自不同领域的顶级科学家和工程师，包括神经科学家、计算机科学家和电子工程师等。这种跨界合作的方式使得 Neuralink 能够运用各个领域的专业知识和经验，从而加速创新，推动多领域的发展。交叉融合和跨界合作创造出新的商业模式和解决方案，使得企业可以在竞争激烈的市场中脱颖而出，并为社会带来持续的实质性变革。

案例 2：赫尔辛基：城市数字化治理的实践者

赫尔辛基是芬兰的首都和最大的港口城市，也是芬兰的经济、政治、文化、旅游和交通中心，被认为是全球幸福感最高的城市之一，而且在芬兰的经济社会发展中拥有非常重要的战略地位，成为芬兰智慧城市建设探索的先行者。

1. 打造开创性的数字孪生城市。2016 年，赫尔辛基为推动数字城市建设，对城市 500 平方公里的范围内进行建模，发布了城市三维模型，旨在用三维的方式来呈现整个城市，并结合其他信息和数据，建立并完善数字孪生平台。[①] 赫尔辛基的数字孪生平台建设是由总体规划方、技术搭建方、数据服务方合作完成。赫尔辛基城市环境部负责总体战略规划，并承担子项交通、街道、土地开发、城市空间、景

① 《赫尔辛基——以人为本的数字孪生促进城市低碳发展》，上观网，https://sghexport.shobserver.com/html/baijiahao/2023/01/29/951307.html。

观绿化等规划任务。此外，该部门还负责城市调查、资产管理以及提供城市服务等工作。技术合作方 Helsinki 3d+公司负责创建赫尔辛基数字孪生平台的三维模型，并利用最新信息来维护数字孪生模型的完整性。此外，这家公司还致力于为新技术集成提供支持，以改进工作流程和提升服务质量。数据合作方是 Forum Virium Helsinki 公司，主要负责数据的开放。它与企业、大学、其他公共部门组织以及城市居民建立合作关系，旨在促进城市的发展和数字化进程。赫尔辛基数字孪生平台的成功建设得益于三方之间的紧密合作。通过充分协同努力，各方共同打造一个全面完善的数字孪生模型，使其能够充分发挥数字技术的潜力，促进城市发展并提供更加高质量的数字化服务，实现城市规划和建设的效益最大化。

2. “城市实验室”与敏捷试验。城市敏捷试验模式源于赫尔辛基市的 Kalasatama 住区项目。每次敏捷试验通常持续半年，旨在在真实环境中进行低成本测试以评估新兴技术或创新解决方案的可行性，并促进城市各角色参与者之间的协同合作。智慧住区的试验性项目主要依托初创企业与当地居民的紧密合作与反馈，以真实的城市环境进行快速测试。试验先后涵盖了智能停车、智能垃圾管理、智能电网以及“移动即服务”（MaaS）等多个领域。初创企业不断努力，利用现有城市场景积极开发创新解决方案。初创企业的项目在短期内得到了积极实践与验证。例如，Rentapark 是由 3 个初创企业主导的智能停车服务，使用户利用手机应用程序提前预订停车位并完成支付，缓解了城市停车难的痛点；初创企业 Parkkisahko 开发了智能电动汽车充电站，不仅利用本地产生的太阳能，还通过智能手机远程控制充电站。[①]目前，在赫尔辛基的各个“城市实验室”共有 50 余个敏捷试验，覆

① 《赫尔辛基：全球“最幸福”城市的包容式探索路径》，腾讯网，https：//new. qq. com/rain/a/20201118A0DHKJ00。

盖气候、教育、交通、居民生活等多个领域。赫尔辛基通过敏捷试验模式，探索各种城市创新方案的可行性和价值。

3. 城市数据开放与众创生态。自2011年起，赫尔辛基地区信息共享平台（Helsinki Region Infoshare，简称HRI）已经为公众提供赫尔辛基地区的公共数据服务（数据的生成、公开、分享和利用等）。任何市民、企业、高校、学术研究团体或市政人员都可以使用HRI。HRI提供了大量多类别的城市公开数据，这极大地激发了城市各方参与数据收集和利用的热情。例如，芬兰Aavixta公司基于HRI开放数据开发出一款寻找城市公共自行车的应用程序Find Bike Now；Hansel公司所开发的Tutki hankintoja应用程序源于赫尔辛基市政采购数据集，旨在为市民和企业提供详尽的市政采购信息，为他们提供分类和可视化的展示方式。[①] 借助该应用程序，市民可以方便地了解公共基金的使用情况，而企业能够实时了解市场动态。这一工具不仅使市民参与公共资源分配的透明化得以实现，同时为企业提供了更加方便和及时地了解市场需求和竞争态势的机会。

在赫尔辛基城市数字化治理的过程中，政府职能同步发生了转变。政府的角色从单一转变为多元，政府从居于职权中心转变为引导和赋能。它不仅作为在线实验室网络的建设方，提供开放数据和接口，还是服务的采购者，并且扮演着协同创新的合作伙伴的角色。此外，赫尔辛基的开放信息和创新氛围也在企业和组织之间形成了更广泛而良性的竞争，为众多初创企业提供了广阔的成长空间。正是因为政府高度包容和认同各方自发进行数据利用和开发的态度，赫尔辛基地区的智慧城市建设不是一个“自上而下”的概念传达的过程，而是顺应底层涌现的创意浪潮，让数据价值得到充分释放。

---

① 《赫尔辛基：全球“最幸福”城市的包容式探索路径》，腾讯网，https：//new. qq. com/rain/a/20201118A0DHKJ00。

B.3
夯实管理哲学，促进中国管理理论方法创新

杜运周*

摘　要： 本文针对中国自主理论和原创方法发展不足的问题，从认识论、理论及其边界和复杂系统管理等角度进行分析，指出社会科学与自然科学的不同，提出管理理论的价值观边界和文化相对真理决定了特色管理理论的存在。本文针对中国系统观念和复杂系统管理问题，提出需要突破传统方法的局限，基于整体论和组态视角，发展新的管理研究范式和方法。最后，本文提出了构建中国特色的管理学理论体系以及创新方法的基本思路。

关键词： 管理哲学　方法论　中国特色理论　价值观　复杂系统

改革开放以来，中国经济发展和管理实践取得了长足进步，但原创性理论和方法的发展还相对滞后。2016 年，习近平总书记在哲学社会科学工作座谈会上指出，哲学社会科学的发展需要具备继承性和民族性、时代性和原创性、系统性和专业性的特点，呼吁加快构建具

---

* 杜运周，管理学博士、教授、博士生导师，东南大学工商管理系主任、东南大学管理哲学与方法论研究所所长、中国企业管理研究会副理事长、中国企业管理研究会管理哲学专业委员会主任、中国管理现代化研究会第七届理事会理事，研究方向为管理哲学、OCA 及其混合方法、营商环境、创业与企业高质量发展等。

有“中国特色、中国风格、中国气派”的哲学社会科学。近年来，国内管理学者也日益意识到中国管理学的发展模式需要由“照着讲”向“接着讲”，以及朝“自主性”和“中国特色”的方向发展。继承优秀传统文化、直面本土管理实践，以及发展原创理论和方法论日益受到重视。

一　理论及其时空和价值观边界

近年来，国家大力推动基础文科学科专业建设，构建中国特色的哲学社会科学。“中国特色”“哲学”“社会科学”“基础原创”这几个关键词日益受到重视，同时引发了不少困惑。一直被传授的主流范式主张科学是普适的。管理学及其他哲学社会科学为什么要讲究特色，我们的管理理论究竟需不需要发展特色，如何发展特色，是最近一直困扰管理学界的问题。要回答这些问题，我们就需要从认识论、理论、方法等基本问题出发，认识管理知识、理论和方法的属性。

（一）管理知识具有综合性

根据柏拉图对知识的定义，知识是证立的真信念。这里包括三个关键词：信念、真理和证立。只有当我们提出的知识命题为真，我们才产生了对该现象的管理知识。关于知识如何产生，哲学家具有不同的观点。先验主义者倡导知识是先验的，主张知识来源于理性推理，强调逻辑在知识获取中的重要性。他们认为通过感官经验获得的知识是不可靠、不明确的，因为人的记忆、观察、听觉等都容易出现错误。先验主义的代表人物是笛卡尔和莱布尼兹等。笛卡尔声称，人依赖数学和逻辑的理性推理才可以建立确定的、普遍的知识体系。

与此相反，经验主义者认为知识来源于人的感官等知觉活动，除此之外不可能获得更确定的知识。他们遵循经验主义，在自然科学、社会科学中广泛运用经验来检验知识的真理性。科学哲学家库恩认为真理是相对的，存在不同的科学范式，特别是在人文社会科学领域，真理是相对于其文化而言的。不同社会的文化背景存在差异，也就产生了判断是非和行为正当性的不同价值标准。因此，伦理和文化规范具有相对真理的属性，它们与人的实践和体验高度相关，也是一种社会建构的经验知识。

简言之，知识具有两类来源：逻辑和经验。逻辑具有普适性，但是经验具有特殊性。而管理作为一种实践，既具有经验属性，也具有先验属性和社会建构性。管理知识具有综合性，它来源于逻辑、经验和社会建构及其组合。管理者可以从先验知识中习得逻辑并推理知识，从实践中获得经验知识，基于社会建构和诠释，想象和设计企业的未来。当管理者给经验插上逻辑和想象力的“翅膀”，就可以超越经验之所见，看得更远。我们通过回顾人类知识发展史可知，在 16 世纪西方出现科学革命前，中国是知识的主要贡献者。后来，中国落后了，因为知识来源的主导方式改变了。以前，知识由经验主导，后来逻辑的贡献更突出了，在数智化时代，逻辑对知识的贡献会更大。

（二）管理知识具有跨层次性

基础主义哲学观认为知识具有层级关系，应用知识建立在基础知识之上，层层累积形成一个“金字塔形”的知识结构。其中，基础的知识，如哲学、公理，是自明的、直接被确信的知识，它处于知识金字塔的最底层。它构成了整个知识大厦的基础，其他知识是由基础知识推论产生的。笛卡尔是最彻底的基础主义者，他认为知识就是确定性的真信念。基础主义知识观强调，知识创新要求人们首先发现确定性的基础知识（如自明的公理），并采用确定性的演绎逻辑推理，来确保其他非基础知识的确定性，构成一个知识金字塔。过去，国内知识创新存在一个误区，即人们上来就讲科学，不讲知识。人们不注重知识论，也不注重知识产生的规律。知识的起点就是科学，但人们忽略知识论等哲学知识。这是原创基础哲学理论难以产生的原因之一。20世纪发生了两次世界科技中心的转移，一次是20世纪初世界科技中心从英国转移到德国，代表性科学范式突破是相对论和量子力学的出现，解决了牛顿机械力学在解释一些重要现象中的危机。20世纪初期的德国成为新的世界科技中心。为何德国成为新的世界科技中心？中国科学技术协会原主席周光召院士认为首要原因是"哲学的突破和指导作用"。他说："德国从康德开始，一直到黑格尔等，在哲学上率先脱离机械论和绝对论的束缚。科学家都有很高的哲学素养。提出相对论和发展量子力学的过程涉及对认识论的哲学讨论。"①

关于管理知识的跨层次性，2000多年前，柏拉图就指出，只有哲学家才能做国王，而国王应该成为哲学家，即管理需要底层哲学思维。同时，管理也是复杂性实践，它需要具体的活动安排、组织架构、文化规范等来推动组织实现目的。因此，管理知识包含从哲学到具体的管理理论和方法工具等多个层面的知识。

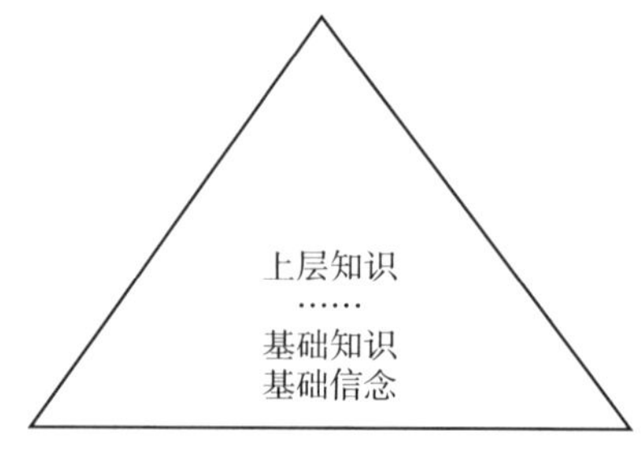

图1　知识金字塔

资料来源：杜运周等：《管理哲学》，清华大学出版社，2022。

① 刘全慧：《物理学需要形而上》，澎湃网，https：//m. thepaper. cn/baijiahai_12514839。

（三）管理知识具有工具性和目的性

亚里士多德的“四因说”讨论不同的因果关系。笔者认为，这也是区分自然科学与社会科学的一个维度。亚里士多德指出质料和形式是构成事物的两个组件，而事物的状态和变化是由四种因共同决定的，即质料因、形式因、动力因和目的因。质料因是指事物都有其构成的材料。例如，木头是构成桌子的材料。形式因是指事物具有的形式。如组织的结构、管理的模式等。动力因是指事物得以产生的驱动力。例如创新促进绩效。目的因是指任何活动所指向的目的。例如，管理活动是为了实现特定的目的。自然科学聚焦客观世界，更关注质料因、形式因、动力因的研究。社会科学研究各种社会现象，重视人的目的，带有目的因的社会科学必然需要关注“应该与否”的问题，包括运用自然科学积极的一面，控制自然科学对人类不利的一面，更好地服务于人类的延续和发展。

自然科学可以不以人的目的为出发点，去探索大自然的规律。但是在社会科学中，我们必须考虑目的以及实现目的方式和工具是否符合价值观。例如，企业应该服务于解决顾客的问题，以为顾客创造价值的方式实现自身的发展。因此，管理者常常需要从目的出发找原因（目的因）。简言之，管理学研究需要注重质料因、形式因、动力因，更要落脚于目的因。

（四）管理理论的物理边界（时空维度）和价值观边界

我们要弄清楚中国特色管理理论是否存在、特色是什么，还需要弄清楚什么是理论。所谓理论，是在有边界的假设和约束中，对概念之间关系的陈述。发展理论陈述是为实现高效的组织与清晰的沟通。理论具有物理边界（时间维度与空间维度）和价值观边界，前者是自然形成的，后者是人造的。

时间和空间是理论的物理边界。所谓时间，是指理论可以在特定的时期适用于对象；所谓空间，是指理论只适用于特定类型的对象，但可以应用于不同的历史时期。关于理论的价值观边界，哲学家库恩提出的文化相对主义与不可通约性为理论的这种文化价值观边界提供了论证。其实每一种涉及人的管理理论背后都有潜在的价值观，不同的价值观就限定了理论的适用范围，例如委托代理理论基于人性自私，管家理论基于人性利他。一种基于人性自私的理论，在利他型文化中会格格不入。委托代理理论和管家理论围绕公司治理提出了截然不同的观点。委托代理理论基于人性自利，认为人会利用一切机会干损人利己的事；而管家理论认为代理人具有利他主义，会把组织当作自己的家，在存在寻租空间时，也会干有利于组织委托人的事。学者基于不同的价值观发展出了不同的理论，假设的独特价值观分别限定了理论边界。巴卡拉克（Bacharach）将概念关系与理论边界整合起来，在构念之间形成命题，在变量之间形成假设，指出了理论的边界和有边界的普适性。

二　基于价值观构建中国特色管理理论

如上所述，理论都是有边界的，因为每个国家的优秀文化价值观具有继承性，不可能完全趋同。正如情境的建构主义所述，文化与价值观维度构成了不同国家在价值观情境上的差异。自然科学回答“存不存在”的问题，社会科学回答“应不应该”的问题。管理兼具工具性与目的性，需要统筹“科学+价值观”，单一的科学化不能保障科技为人类创造福祉。随着科技发展，数据安全与隐私泄露、由人工智能生成的虚构图像在社交媒体广泛传播等问题引发了人们对于虚假信息泛滥等问题的担忧。人们呼吁科技向善。中国从未提过特色自然科学，专提中国特色哲学社会科学。这体现了自然科学与社会科学的区别，正如自然人与社会人的区别一样，前者是更自然和普适的，而后者是有时空和价值观边界的。所以，对于管理学这种社会科学来说，文化价值观是其理论永存的边界。如果我们不理解社会科学的价值观边界，就很难真正理解特色为何会存在和被强调。中华优秀的文化和价值观是中国特色管理理论产生的基础。随着“特色”价值观的扩散，其理论边界也在扩大，中西方价值观的共性也会增多，但与西方价值观相比，中华文化自己的特色差异存在。归根结底，我们需要发展基于价值观的中国特色管理理论。承认特色就是彼此尊重价值观差异，我们应认识到价值观的继承性和动态性，更好地结合理论的价值观边界和时空边界，构建尊重特色价值观共存的更普适的动态管理理论。

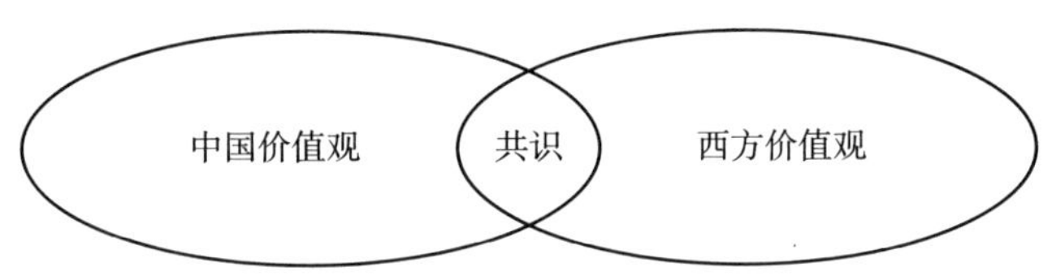

图 2　价值观与管理理论

资料来源：杜运周：《管理哲学与中国特色管理理论创新的思考——基于价值观的中国管理理论发展》，《上海管理科学》2023 年第 4 期。

三　基于整体论和组态视角，发展分析动态复杂系统的方法论

国家治理体系是一种复杂系统。党的十九届五中全会明确将“系统观念”确立为指导社会主义现代化建设的重要原则，指出“系统观念”是“基础性的思想观念和工作方法”，是“十四五”时期经济社会发展必须遵循的原则之一。党的二十大报告进一步指出：“必

须坚持系统观念。万事万物是相互联系、相互依存的。只有用普遍联系的、全面系统的、发展变化的观点观察事物，才能把握事物发展规律。”当今世界，数字经济高速发展。在数字经济时代，企业平台化、生态化现象日益普遍，管理实践普遍出现了从“线性管理”到“复杂系统管理”的现象。组织管理要素相互依赖、相互作用，呈现复杂动态的生态系统现象。随着数字化技术的快速发展，数字要素与组织要素组合，产生的复杂系统将更加多样，变化的动态性也提升，这给管理的复杂性实践带来了极大的挑战。面对系统观念和日益复杂的管理环境，我们需要找到新的分析范式，理清现象背后的复杂因果机制，把握事物动态演化的本质和规律，发展适应复杂管理系统的新理论、新方法和新范式。

而传统分析方法基于还原论和要素视角，假设整体等于部分之和，分析每个自变量的独立效应。这些分析方法聚焦分析前因与结果之间的对称关系，未能揭示复杂系统现象中多因并发的复杂因果关系。复杂系统分析的关键是从变化多样的组态中找到循环模式。因此，管理学领域的学者日渐意识到面对复杂系统管理问题，需要突破传统方法的局限，基于整体论和组态视角，发展新的管理研究范式和方法，分析要素之间并发互动的组态效应及其演化，揭示复杂因果关系。

四　中国管理理论方法创新的基本思路

如何构建中国特色的管理学理论体系与创新方法？关于这个问题，笔者认为有以下几点基本思路。

第一，综合逻辑、经验和想象力，系统发展管理知识。中国管理理论和方法有可能再次发生质的飞跃。中国人喜欢讲“实事求是”，但是我们应注意到逻辑上存在的可能世界和永远难以看到的世界以及未发生的“反事实”世界都是我们认识世界和产生知识的来源。我们需要认识和把握将逻辑作为知识来源的价值。现实世界远远小于可能的世界，在可能的世界中，人类可能通过想象把可能世界创造出来，变成可以看到的世界，比如数字时代的虚拟现实。认识到可能世界对于创造知识的价值，人类就可以挣脱物理世界和“眼见为实”的束缚，认识更大的世界，这在数字化时代尤其重要。我们还需要具有“反事实分析逻辑”，对未发生的“反事实”世界，通过推理加以认识。通过反事实分析，我们可以对一些可能产生负面方向的政策、做法和行为进行解释和反思，避免负面作用错到极端才被修正。发展管理知识的指导思想需要再突破，我们要综合经验和逻辑，才能超越看得见的世界，认识和想象看不到和未看到的世界。

第二，综合严谨性、有用性和层次性，夯实哲学和方法论等基础研究，全面发展管理知识。管理学过去强调严谨性和有用性，但是忽视了知识的层次性和深度。忽略管理知识的深度就会导致这些知识在知识的金字塔体系中处于从属的层次，使得管理学学者对研究现象的本质认识不足。管理学学者需要夯实哲学和方法论等基础研究，发展原创管理理论，在哲学、中层理论、上层管理知识等多个层次系统推进基础研究和上层管理知识研究。如果学者没有对世界最本质的哲学思考和认识，那么就很难提出原创理论。理论的形成有归纳和演绎两种主要方式。关于中国特色管理理论的构建，笔者认为特色归纳是行而有效的方式。我们还要重视发展方法论，著名物理学者普拉特（Platt）1964 年曾在《科学》杂志（*Science*）上提问：“为什么不同领域的发展速度会有显著差异？”他认为，主要原因是各领域在科学方法的发展和传播速度上存在差异。普拉特的观点间接说明了方法论的发展对于知识进步的重要支撑作用。2020 年 8 月，国家自然科学基金委员会管理科学部提出“管理与经济科学新理论、新方法和新范式”原创探索项目。这进一步说明了加强原创理论和方法的研究，以及系统推进基础研究的重要性。因此，2019 年 4 月在东南大学举办了首届“管理哲学、研究方法与中国管理实践”研讨会。随后中国企业管理研究会管理哲学专业委员会成立了，之后与之相关的管理哲学学术研讨会、教学论坛也活跃起来。笔者在 2022 年出版了《管理哲学》等著作，希望推动管理哲学和方法论的发展，夯实管理知识的金字塔体系。此外，我们需要区分期刊层次与知识层次，因为知识本身是分层次的。过去，我们只关注了期刊层次，很少关注知识层次，忽略了管理领域的基础理论和方法研究。大量的管理学研究是应用型实证研究。我们首先需要搞清楚概念，期刊层次与知识层次不是一回事。我们不能把顶级期刊的论文等同于基础研究成果，比如简单地把在《科学》、《自然》（*Nature*）、UTD① 等期刊发表的实证管理论文等同于基础原创作品，这不利于管理学的基础研究。

第三，综合管理知识的工具性和目的性，发展有利于提升人类福祉的管理知识。管理活动及管理知识必须服务于人的存在和发展这一根本目的，这就要求一方面管理要科学化，发挥工具的积极作用；另一方面管理要始终围绕服务于人的目的，比如，我们在利用各种科技和管理工具时，始终围绕服务于人类福祉这一终极目的。中国管理学学者还要立足本土实践，研究中国问题，回答时代问题，为中国民众服务。同时，中国学者需要把握好特殊性与普遍性的辩证统一关系。中国领先的管理实践也已成为孕育优秀管理思想的沃土。中国管理学学者应讲出、讲好中国故事，以中国特色向世界贡献新的管理学知识，造福世界。

第四，综合理论的价值观边界和物理边界，发展管理知识。各个国家的文化传统不同，自然条件和发展阶段也不一，我们需要综合考

① UTD 是美国德克萨斯大学达拉斯分校选出的最顶尖的 24 种商学学术期刊，涵盖管理科学、会计学、金融、市场营销、战略管理等领域。

虑价值观边界和物理边界在发展管理知识上的关键作用。世界上没有纯而又纯的社会科学，世界上伟大的哲学社会科学成果都是在回答和解决人与社会面临的重大问题中创造出来的。中国管理学学者需要扎根于本土的物理情境，根植于中华优秀传统文化，从中提炼出优秀价值观，解决社会问题，才能有力地推动中国管理理论的发展。同时，管理学学者需要融通中西方管理哲学和文化，在对比、批判、扬弃的基础上，创造出适用于中国管理情境、文化和解决重大管理问题的理论。

第五，在知识创新、评价、平台发展等方面需要变革。在知识创新上，我们要超越知识还原论，注重知识整体论。国内学界现在还简单地考核学者在什么级别的刊物上发表论文和论文数量。这样做就把知识评价原子化了，学界想当然地假设一篇篇论文加在一起就能形成系统知识。这种假设可能完全错误。因为知识整体不等于部分之和。从知识整体论角度来看，知识是一个整体，不能被分解为一个个单独的命题去接受检验。作为知识整体的组成部分，要结合在一起接受经验的检验。更大的知识创新是指系统地推动知识发展，产生跨领域的贡献。论文的排名和考核会误导中国的知识创新和发展。学者需要思考，如何基于知识整体论，系统地发展知识，而不是简单地罗列论文。

在知识评价上，我们不能简单依靠投票。创新首先不遵循大数定律。我们需包容少数人的创新。创新是由少数人率先突破既有知识边界，再改变多数人的知识水平和认知的过程，所以出现少数知识创新者的认知与多数人的认知不一致的情况是知识创新的常态。以苹果与果柄来比喻。多数人生活在同一个苹果世界里，苹果的边界就是一个普遍的认知边界。少数人通过知识探索突破苹果边界成为“果柄”，即产生一个阶段知识的最高水平。当扮演“果柄”的创新者成功改变世界的认知，带领世界集体扩张知识边界至“果柄”水平的时候，新的“更大的苹果”出现，构成人类新的知识边界。站在新的“苹果世界”里的少数人再次突破，不断带领人类扩张知识边界，推动社会进步。在这个过程中，少数创新者与多数人在认知上出现不一致乃至冲突是创新过程中必经的历程，这就要求我们包容创新，当少数创新者的认知与世界普遍认知冲突的时候，我们不能按多数人法则简单判断。创新不是多数人改变少数人，而是少数人改变多数人。我们似乎可以理解爱因斯坦那句名言：做有贡献的人，而非成功的人。我们需要认识到各种考核和工程也许可以造就“成功的人”，但是未必能造就“有贡献的人”。管理学中的大量原创学者发表原创成果的期刊恰恰是我们认为的“非顶级期刊”。这提醒学者首先应考虑贡献而不是成功。

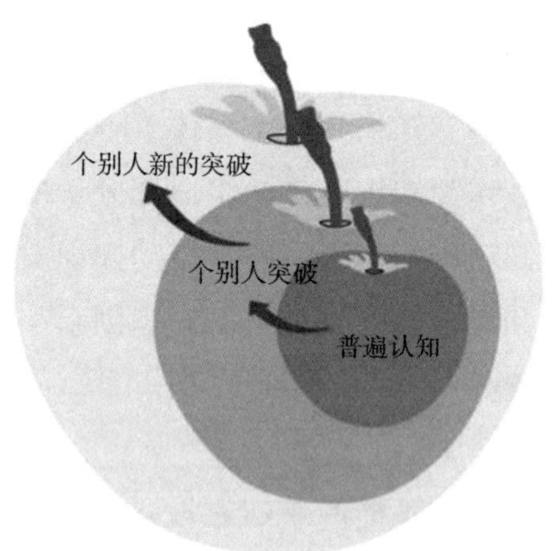

不断由少数人突破“苹果边界”，带动人类的“苹果世界”扩张!

图 3　“苹果世界”里的人与创新“果柄”

资料来源：笔者自制。

我们迫切需要优化评价机制和支持国内学术平台发展。具体来说，学者首先需要树立正确的知识观，不以发表论文为导向来评价研究，而要重视研究对知识的贡献程度；其次，学者不应被范式所固化，需要打破、反思某种范式，进而才有可能创造出新的范式；再次，我们应当鼓励在国内期刊发表高水平的学术成果。过去，学界长期把学术论文的发表引向“出口导向”，造成了“两头在外”的问题，即学者从国外论文中找研究问题，做完研究后再到国外发表研究成果。这在一定阶段的确发展了我国管理学学者的国际化能力，但是，过度的“出口导向”也导致了中国学者不能扎根中国实际找问题。学界还出现了唯外文导向、唯国外顶级期刊等问题。在这些“唯外”导向下，中国国内学术平台的建设反而被忽视了。外文管理类期刊远远多于中文管理类期刊，且享受了“超国民”待遇，这就造成了学者很难在国内期刊发表论文，国内学者也就自然而然地把论文投向发表难度较低、发表机会更多的外文期刊。比如，2018～2022年 UTD 发文量排名前 10 的美国高校的年均发文量为 50 多篇，而中国国内一个顶级期刊年发管理学论文数量甚至不到美国一家商学院一年发 UTD 论文的数量，这说明中国国内权威管理学期刊的数量和发文总量偏少，不足以支撑中国高校管理学的发展。而且，如果学者一味追求在外文期刊发表文章，那么在研究问题、对象、方法、内容等方面就会围绕在国外期刊发文去设计，久而久之，中国管理学的发展可能会陷入“接着走”的老路，中国就很难产生原创管理理论，并且很难成为世界科技中心。如果中国要成为世界科技中心，中文就要成为世界学术语言之一。如果中文要成为世界学术语言之一，相关考评体系如何建立？如何吸引国外学者用中文向中国国内期刊投稿？目前的中文期刊量显然是不够的。因此，提高国内权威期刊的数量和质量、优化评审机制以及支撑中国高校管理学原创理论和方法论发展势在必行。此外，为构建更科学的中外文管理学论文评价体系，在借鉴国外包括 UTD 以及欧洲一些优质期刊的最佳实践时，我们需要认识到这些期刊在原创知识和支撑本土实践上的不足，避免“出口导向”，以及发表的理论知识与国内读者脱节。如何平衡好国际化与服务于国家需求以支持原创管理学研究也是值得我们深思和探讨的问题。罗素认为，“如果给中国人自由，让他们从西方文明中吸收想要的东西，拒绝不好的东西，他们就有能力从自己的传统中获得有机生长，综合中西文明之功，取得辉煌成就。但如果要做到这一点，就要防止两种风险：一是中国可能完全西化，变得没有任何特色；二是中国人心态保守，强烈排外”。

我们应优化评估的周期和避免荣誉性评价功利化。我们应注意高质量基础原创研究的不确定性、长周期性特点，减少短期的功利性评价，让学者可以按照知识规律，自由探索，促进基础创新。基础创新需要“十年磨一剑”，甚至“一辈子干一件事”，但是过多的短期绩效评价体系不利于基础创新。基础研究论文的价值需要相当长的时间才能体现出来，这种知识的价值不是由期刊级别决定的，而且是难以预测的。比如，AI 源于一个基础研究：图灵测试。艾伦·麦席森·图灵 1950 年提出了一个哲学问题：机器能否替代人？他把相关成果发表在哲学期刊 *Mind* 上。这类基础研究在相当长时间内都没有现实价值，但是随着 ChatGPT 等的出现，它们的价值才被发现。可见，如果中国学术界继续过度依赖短周期、功利性评价，就很难产生这类基础研究，即使产生，也可能夭折。

五　结语

管理知识体系是一个金字塔形的体系，具有层次性和复杂性，推动中国管理学成为世界管理学的一极。我们需要夯实哲学基础，加强原创理论和方法的研究，认识逻辑作为知识来源的价值。我们要进行科研转型，还要系统推进管理基础研究，扎根本土文化和实践，深化自主管理知识的发展。在理论方面，优秀的价值观限定着理论边界，基于价值观的理论的普适性随着价值观被接受的广度和深度而变化。

文化价值观既是社会现实的重要组成部分，也是中国特色管理理论构建的基础和来源之一。因此，我们基于特色，可以形成尊重特色和差异的更普适的管理理论。特色才是普遍的，而普遍是特殊的。承认特色普遍性存在，就是一种共同认知，在这个基础上，我们可以构建尊重特色共存的价值观。未来，管理学学者需要更好地处理特殊性与普遍性的辩证关系，解决特殊性与普遍性的共存问题。同时，学者需要直面复杂的系统管理实践，基于整体论和组态视角，发展方法论，分析日益复杂动态的管理现象。

参考文献

杜运周、贾良定：《组态视角与定性比较分析（QCA）：管理学研究的一条新道路》，《管理世界》2017 年第 6 期。

杜运周、李佳馨等：《复杂动态视角下的组态理论与 QCA 方法：研究进展与未来方向》，《管理世界》2021 年第 3 期。

杜运周、孙宁：《构建中国特色的管理学理论体系：必要性、可行性与思路》，《管理学报》2022 年第 6 期。

杜运周：《管理哲学与中国特色管理理论创新的思考——基于价值观的中国管理理论发展》，《上海管理科学》2023 年第 4 期。

杜运周等：《管理哲学》，清华大学出版社，2022。

盛昭瀚、霍红等：《笃步前行，创新不止——我国管理科学与工程学科 70 年回顾、反思与展望》，《管理世界》2021 年第 3 期。

Holland，J. H.，*Complexity：A Very Short Introduction*，OUP，2014.

热 点 篇

Hotspots

B.4 基于“场景+链式”技术创新范式的科研组织方式及管理

易中懿*

摘 要： 当今世界正处于新一轮科技革命与知识经济迅猛发展时期，各学科领域深度交叉融合成为不可逆转的趋势。农业日益呈现绿色化、工程化和品牌化的基本特征，对技术的需求也由以往的点状散发向全产业链“场景式”技术解决方案转变，同时对产业要素的连接、科技资源的共享和创新主体的深度融合提出更高要求。本文首先剖析了对农业技术创新的基本认识，在研判农业技术创新面临转型的基础上，提出对未来农业“场景+链式”技术创新范式的构想，并基于这种新型技术创新范式，从构建多元化的农

* 易中懿，江苏省农业科学院院长、党委书记，管理学博士，研究员，长期从事管理和农业工程、农业可持续发展、农业经济领域研究。

业科技创新体系、协同型的农业科研微观组织模式、最优化的创新要素配置机制、自驱型的创新生态组织等维度，架构农业科研组织方式建设路径。

关键词： "场景+链式"　创新范式　科研组织方式

一　对农业技术创新的基本认识

（一）科学研究与技术创新的关系

人们常常把"科学技术"缩略为"科技"二字，实际上"科学"与"技术"是有区别的。

科学研究是以发现和认识规律为主，技术创新则是科学研究的应用与延伸。科学是人对客观世界的系统认识，主要反映事物发展的客观规律，侧重回答"是什么""为什么"，强调的是解决问题的思维过程，属于基础研究；技术则是将科学理论应用到生产中的改造世界的技能和方法，也是科学知识的实用形态，侧重回答"做什么""怎么做"，强调解决问题的方法、手段，属于应用研究。

为更好区分科学研究和技术创新，对两者进行进一步细化，人们将基础研究（科学研究）细分为自由探索类基础研究和应用基础研究，前者主要靠兴趣和求知欲驱动，后者主要靠特定目标驱动；将应用研究（技术创新）细分为战略性技术研发、探索性技术研发和支撑性技术研发，其中战略性技术研发侧重国家战略导向；探索性技术研发侧重前瞻性、方向性技术创新；支撑性技术研发侧重解决当前的产业发展需求（见图 1）。

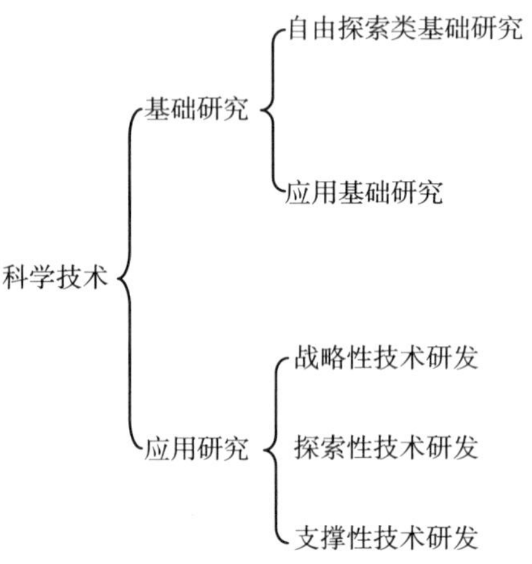

图 1　科学技术分类

我们从上述分类可以看出，科学的理论性强，并且科学是抽象的，离实际远一些，属于从“0 到 1”的创新。科学对经济的作用是隐含的且不太确定，有时需要较长时间才能发挥作用；而技术则更注重实用性，多是对科学理论进行应用研究后形成的知识体系、技术文本、生产工艺等，离实际近，属于从“1 到 100”的创新。技术对经济的作用比较确定、关系更直接。

表 1　科学与技术的关系

类别	本源	目的	特点	方式	状态
科学	发现和认识世界的知识体系	提高对世界的认识	用财富创造知识，“从 0 到 1”的创新	理论突破，揭示现象、规律	无人区
技术	创新，改造世界的工具	提高人与自然的交互能力	用知识创造财富和价值，“从 1 到 100”的创新	应用技术开发，属于经济活动范畴	场景化

（二）农业技术创新的特征内涵

农业技术创新是技术创新在农业领域的具体演绎，是一个复杂的综合系统，是农业技术发明的商业化应用。在理解农业技术创新的内涵前，我们首先要把握好三个关键要素。

一是农业生产的特性。农业生产是以有生命的动植物为主要对象，并面向复杂的开放环境，其产量、品质等，与地域、季节、自然条件等息息关联，并且农业生产过程具有周期长、连续性强和不可逆等特点。

二是农业技术的类别。农业技术可大致分为四类。措施类技术，如优质高产栽培技术等，这类技术生产投资不多但应用效益一般较好；可持续类技术，如绿色生产、生态循环利用技术等，这类技术一般以长期效益和社会效益为主，短期经济效益不明显；服务类技术，如农机技术推广等，这类技术一般推广工作量大、需要政府的支持多；高投入、高回报、高风险类技术，如设施农业节本增效技术等。

三是农业技术创新的性质。第一，从农业技术的分类，我们可以看出农业技术创新成果具有很强的通用性，且应用者多是生产规模小、分布分散的小农户，成果易被模仿。第二，农业功能的多样性决定了农业技术创新兼具更多的社会效益、生态效益职责。第三，农业技术创新受自然规律、生物规律、经济规律等多重约束，投入大、周期长、风险大，必须得到稳定支持，才能稳定队伍，持续进步。

由此可见，农业技术创新不是一个纯技术概念，而是经济概念，覆盖从研发到应用再到产业化等农业全过程，是通过农业技术发明的应用，解决当前生产问题，支撑产业发展，并能进一步从科学问题出发，形成颠覆性技术和未来技术，引领产业，重塑产业。与此同时，农业技术创新也是一种复杂的社会经济现象，与政府、科研院所、高

校、涉农企业、新型研发机构等主体深度关联，主体间相互分工协作，形成支撑农业技术创新的网络体系。

（三）未来农业技术创新面临转型

面对新理念、新技术向农业领域的不断融合渗透，农业产业业态、生产组织方式、经营方式等都发生了深刻变化，绿色化、工程化、品牌化逐渐成为未来农业的基本特征。

1. 农业产业业态日益多元

现代信息技术快速发展、商业模式创新的不断涌现合力驱动着农业各类要素耦合关联、产业链延伸、多功能拓展、绿色化转型、价值链提升，促进了一、二、三产业融合发展，催动农业传统产业形态不断发生“裂变”，并且逐渐呈现“农业+”的多业态发展格局。如，“农业+农业”催生了稻虾综合种养等循环型农业；“农业+加工”催生了中央厨房、个性定制等延伸型农业；“农业+体验”催生了创意农业、康养农业等体验型农业；“农业+信息”催生了电商农业、智慧农业。

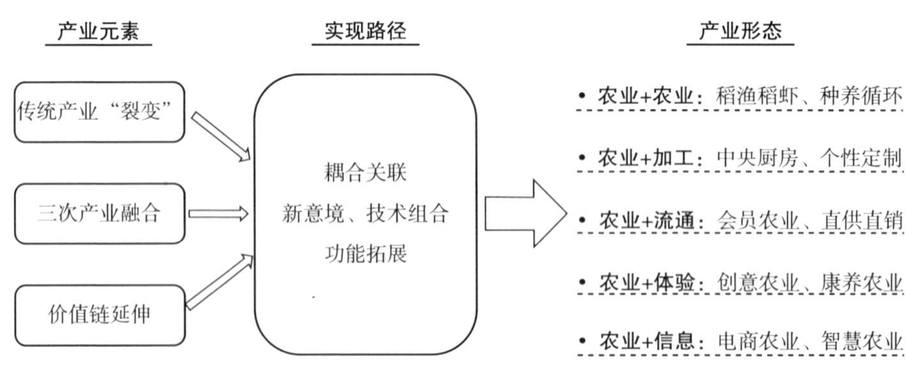

图 2　农业产业新业态

资料来源：笔者自制。

2. 农业生产方式加快转变

新理念、新科技、新农艺的不断涌现，促使我国农业生产方式逐渐向绿色化、工程化转变。绿色化就是要走出一条资源节约、绿色低碳、产品安全、环境友好的农业现代化道路。工程化，即参照工业化的理念思路，构建以现代生物技术、信息技术、装备技术和管理技术为主要技术体系的工程化生产技术体系，推动实现农业生产的规模化、标准化和精细化，并逐步引发少人化、无人化和智能化管理变革。

3. 对农产品品质需求不断升级

随着居民收入水平不断提高，消费需求已经从“吃饱”转向“吃好”，消费趋势从价格转向品质，再到营养健康，总体向品质化、品牌化方向发展。《中国农业品牌发展报告（2021）》显示，近年来我国农业品牌消费增长新格局加快形成，消费总单量、销售额、消费人数等均大幅增长，越来越多的消费者对农产品的安全、品质、健康营养等科技需求提出了更高要求。

4. 农业经营主体需求更加多元

随着适度规模经营和新型农业经营主体的快速发展，技术需求的内容、方式都发生了改变。一是对新品种、新技术的需求更加旺盛。新型农业经营主体大都已较好地掌握了一些传统、常规技术，新品种、新技术成为他们提升经营水平和效益的普遍需求。二是对综合性技术解决方案的需求更加旺盛。由于规模化、标准化生产速度加快，过去单一的、缺乏系统整合的技术已远远不能满足这种需求。三是对更有个性化、针对性的私人定制式技术的需求更加旺盛。新型农业经营主体迫切需要从终端用户采用角度探索农业科技创新与应用的一体化模式，缩短从创新到应用的周期，从而更好地引领农业高质量发展。

二　科技创新范式的变革

（一）传统科技创新范式的路径

传统科技创新范式的路径大致有两种：一种是从科学出发，另一种是从技术出发。

1. 从科学出发：从基础研究到应用研究再到成果转化

从科学出发，即从基础研究到应用研究再到成果转化的一种自上而下的路径，主要是靠国家意志推动，围绕科技成果转化进行资源配置的科技创新，一般需要在大规模技术实践背景下开展。美国是第一个将“从科学出发”作为主导战略的国家，其建立的“大科学”管理体制，有力提升了美国科技研发水平与科技创新能力。“从科学出发”也成为备受推崇的科技创新模式。

2. 从技术出发：从市场需求到技术研发再到基础科学

从技术出发，即围绕市场需求、受技术研发驱动，形成基础科学发展的路径，主要是按照“从定义重大需求到研发实现需求的技术路线再到支撑实现技术的科技计划”的方式配置资源，将科技创新重心放在解决好“卡脖子”问题方面，推动科技创新主体研发关键核心技术、突破前瞻性新技术。几乎所有国家都是“从技术出发”开展科技创新。

（二）布什模式与巴斯德象限带来对传统科技创新范式的思考

长期以来，基础研究和应用研究的概念及其关系一直是国内外学者关注、争论的焦点，其中布什模式和巴斯德象限便是其中极具代表性的两种观点。

1. 以布什模式为代表的基础研究与应用研究相独立

1945 年，美国科学研究发展局时任主任万尼瓦尔·布什（Vannevar Bush）向总统罗斯福提交了《科学——没有止境的前沿》，这份科学报告强调，基础研究是技术进步的先驱，科技创新总是沿着“基础研究到应用研究到开发再到生产经营”的步骤开展，即基础研究确立应用研究的方向。布什模式扭转了“重应用、轻基础”的历史取向，破解了美国对欧洲国家的技术依赖，但其过分强调基础研究的作用，忽视了科技创新中基础研究与应用研究的交互关系。

2. 以巴斯德象限为代表的基础研究与应用研究相交融

1999 年，唐纳德 · E. 斯托克斯（Donald E. Stokes）基于巴斯德微生物研究的案例，将布什的一维线性模型拓展为二维象限模型。他认为科学研究可以归结为“象限四重图”（见图 3）中的一个。第Ⅰ象限（玻尔象限）代表由纯粹好奇心驱动的基础研究；第Ⅱ象限（巴斯德象限）代表由应用激发的基础研究；第Ⅲ象限（爱迪生象限）代表追求应用目标而不探究基本理论的应用研究；第Ⅳ象限（皮特森象限）代表既不考虑发展基本认识也没有明确应用目的，针对某些特殊现象进行的系统性研究。巴斯德象限突破了布什模式，表明基础研究与应用研究之间并不是对立关系，而是在某种程度上可以达成一致，为解释科学研究与技术创新的关系提供了新的范式。

研究起因		以实际应用为目标：否	以实际应用为目标：是
以追求知识为目标	是	Ⅰ纯基础研究（玻尔象限）	Ⅱ应用激发的基础研究（巴斯德象限）
以追求知识为目标	否	Ⅳ系统性研究（皮特森象限）	Ⅲ纯应用研究（爱迪生象限）

图 3　象限四重图

资料来源：《基于二维象限模型的我国科技创新平台类型与特征分析》，网易，https：//www.163.com/dy/article/GD4B7U2P0511D98B.html。

3. 传统农业科技创新范式存在的问题

在巴斯德象限的启示下，从科学出发或从技术出发的两种传统农业科技创新范式在不同程度上存在以下问题。

一是创新链与产业链融合不够。在传统农业科技创新范式下，各领域、各环节相互独立、互不相融，从源头创新到产业化的全产业链未能有效打通，各要素资源在创新环节之间流通不畅，导致低水平重复和资源浪费等现象不同程度存在，大量科研成果难以成功市场化、商业化，甚至会陷入技术研发与市场应用的“死亡之谷”，被“束之高阁”。

二是各类创新主体协同创新不够。高校、科研院所、企业、社会组织等各类创新主体将自身陷于特定的“基础”或“应用”领域，采取单要素思维模式开展科技创新工作，不注重分工协作，缺乏跨界融合内生动力，平台化、共享化、一体化农业科技协同创新网络体系亟待构建。

三是传统农业科技创新范式与农业技术需求的适应性不够。面对未来农业技术创新的转型，我们必须在不同应用场景下对农业发展进行构思和分析，并随之构建出全产业链的技术解决方案，而传统农业科技创新范式均属于线式创新，很难实现或满足未来场景发展的技术需求。

（三）“场景+链式”新型农业技术创新范式的构想

为呼应未来农业产业与技术双重变革和消费结构变化，破解传统创新范式的问题，我们亟须按照“全产业链、全要素、全过程”技术创新及技术集成思路，探索构建“场景+链式”新型农业技术创新范式。

一是明确不同农业场景需要解决的问题。为创建“场景+链式”农业技术创新范式，我们要基于整体思维和系统认知的技术创新模式，全面深入探究问题解决路径。在创建“场景+链式”农业技术创新范式时，我们首先要明确不同农业场景需要重点解决的问题和实现的目标，例如要实现省工省力、节本增效、周年高产等目标，要在目标牵引下开展农业技术集成创新。

二是构建从品种到创意营销的全链条模式。我们要着眼产业整体发展，围绕全产业链技术需求布局并实施创新，构建从品种到创意营销的全链条“技术+商业”模式。除了开展技术创新外，我们还要通过品牌创建、创意营销、科普展示、文创宣传等方式延长产业链、市场链，构建一套基于场景实际的全产业链一体化生产技术模式和一套基于创新主体、生产主体和消费者之间供求关系的商业化赢利模式。

三是注重全产业链不同环节的“点”创新突破。在布局全链条产业技术创新后，我们要注重开展“点”创新突破，即各创新主体要明确自身在产业技术体系中的坐标定位，根据产业链总体布局，分别围绕全链条中的某一项关键技术、某一个学科问题开展创新研究、技术攻关，要注重各环节的协同创新、整体推进，既要攻克核心技术难题，实现“从 0 到 1”的有效突破，也要使创新成果发挥效用并得到全面应用。

案例 1：设施果蔬智能化生产应用场景打造

作为区域农业科研机构，江苏省农业科学院（下称江苏省农科院）2019 年起按照全产业链、全要素、全过程技术创新及技术集成思路，探索打造设施果蔬智能化生产应用场景。

该场景以设施番茄为研究对象，以集成设施果蔬智能化种植整体解决方案为目标，聚焦智慧农业生产“缺脑”“缺芯”“缺数”等关键问题，突破算法模型、硬件设施等技术难题，自主研发“智小农”设施果蔬智能化生产与知识服务云平台，形成一套集基质、种苗、肥液、装备、系统、服务为一体的设施番茄生产全程智能化生产技术模式，有效实现了生长数据实时动态感知、温光水气肥全程智能化管控、农事操作数字化管理、农产品质量全程真实溯源、专家“7×24”小时在线服务、产量品质标准化保障，以及设施农业生产的经验替代和少人化等目标。

目前，该模式已在江苏省推广应用，形成了套餐化商业推广模式和融科普教育、休闲旅游、创意营销等于一体的立体化运营模式，为农业产业“智改数转”提供了有益的思路借鉴。

三 基于“场景+链式”技术创新范式的科研组织方式及管理建设路径

为落实基于“场景+链式”技术创新范式，我们亟须全域下系统优化科研组织方式，探索构建多元化的农业科技创新体系、协同型的农业科研微观组织模式、最优化的创新要素配置机制，以及自驱型的创新生态组织，整合科研资源，激发创新主体活力，全面塑造农业科技发展新动能、新优势。

（一）构建多元化的农业科技创新体系

农业创新体系的整体效能取决于创新链各环节的有效性和各环节之间的有效连接，但现行的农业科技创新体系面临职责不清、难以协同、运转不畅等问题。要满足未来农业生产场景的全产业链技术需求，我们首先应对农业科技创新体系进行突破性改革。

1. 科学定位不同层级科研机构的创新角色

国内现行农业科技创新体系主要由“中央-省-地市”三级农业科研机构组成。为避免不同层级科研机构分工不明确、“上下一般粗”、协同创新不力等问题，各层级农业科研机构应有不同的角色定位。中央级农业科研机构主要承担前瞻性、基础性、探索性研究，通过实施重大科学计划和建设重大科学工程，主导我国乃至全球的农业科技发展方向，解决跨区域重大农业科技问题，统筹全国农业科技基础性、长期性工作。省级农业科研机构主要承担应用性、集成型、示范类创新任务，解决区域农业重大关键技术问题，培育具有区域产业特色的优势学科。地市级农业科研机构则应将主要力量放在适合区域产业特色的品种筛选、技术熟化示范推广以及长期性、基础性的农业科技工作上。同时，我们在创新体系中还要重点强化农业高等院校的作用，充分发挥其在原始创新、融合创新等领域的优势，培养创新型人才，开展重大原创性研究和前沿交叉研究，提升农业科技原始创新能力。

2. 建立以企业为主导的技术创新体系

我国应逐步建立以企业为主导的技术创新体系，发挥企业在技术创新中的主体作用。我国应采取以下措施：一是引导企业增加研发投入，自建研发队伍和试验平台，增强自身创新能力；二是在行业龙头企业建设工程研究中心等高水平创新平台，夯实技术创新的条件基础；三是鼓励企业与高校、科研院所合作，共享科技资源，并以企业为主体开展产品研发。对于农药、兽药、化肥等农业生产投入品以及农机装备等市场化程度较高的产品研发，相关企业受市场驱动可能已具备较强的研发能力，但其对机理原理等研究重视不够，故企业应充分依托高校、科研院所基础研究技术人才优势，摸清产品研发的原理机理，促使产品研发获得更大突破，提升核心竞争力。

3. 注重培育农业新型研发机构

新型研发机构兼具科技研发与成果转化、创新创业与产业孵化等多种功能，其在属性和功能上与传统科研机构存在较大差异，是推动技术成果、技术需求与产业发展实现多项互动和平向转移的重要载体，目前正发展成为技术创新服务产业发展的新生力量和强力引擎，成为创新体系中除高校、科研院所、企业外的重要力量。但由于当前我国涉农企业创新能力薄弱，农业新型研发机构以高校、科研院所为主导建设更为适宜，应由高校、科研院所主导设立，依托自身科技、人才和资源优势，整合地方和企业资源，衔接基础科研和应用研究，进行市场化运作，形成“政产学研资”一体化、“创新、创业、创富”一体化、“研究、开发、产业”一体化，实现创新链、产业链、资金链紧密融合，将研发活动与市场需求紧密连接，为农业技术创新、成果转化和产业孵化提供强有力的资金和硬件实验平台支持。

（二）构建协同型的农业科研微观组织模式

在这种新型创新范式下，以单项技术突破为特点的“点”创新正在向链式创新和场景驱动的“面”创新转变。我们亟须构建以团队为核心、异质性主体深度协同的科研组织方式。

1. 技术创新依靠团队

团队是从事农业技术创新活动的基本单元，也是创新成果产出主体。特别是面对现代科技创新不断交叉渗透，研发模式呈现网格化、体系化的特征和趋势，对于以应用研究为主的科研单位而言，促进创新团队的形成和发展更是至关重要。我们只有系统性、体系化地对科技活动进行组织和管理，打造一批真团队、大团队，才能很好地彰显创新属性，产出更多有价值的实用、管用的创新成果。江苏省农科院近年来启动创新团队建设，目的就是要全力打造“目标统一制定、任务统一部署、经费统一使用、产出统一安排”的真团队、大团队、优势团队。

2. 协同创新是未来技术创新的趋势

未来技术创新是场景驱动创新。在农业现代化发展中，乡村振兴、粮食安全就是两大场景，需要创新主体、创新要素的整合、互动、协调、配合，即围绕主导产业、生产场景，促进多学科、跨领域、跨部门的技术集成、综合交叉与相互支撑，形成完整的创新链条和互为支撑的学科生态。因此，在建设“大团队”“真团队”的基础上，我们要围绕全产业链技术需求，组建跨单位、跨学科、跨团队的创新集群，系统性、体系化对科技活动进行组织管理，通过“集团作战”，加速形成有价值、落地快的综合性技术解决方案，并构建完整的创新链条和互为支撑的学科生态。

案例 2：创新联合体

2021 年，江苏省农科院为探索实践目标明确、任务具体，产学研深度融合，且能长期稳定合作的协同创新模式，启动创新联合体建设，遴选 52 个优势科研团队和企业共建稻麦“种、药、肥”一体化、设施果蔬智能生产等 6 个创新联合体，并在运行机制上主动探索，构建“政府引导、企业出题、多方出资、科企共研、企业验收、成果共享”的管理链条。

1. 协同创新机制。联合体调研、梳理产业“卡脖子”技术问题，根据产业链技术问题清单，体系化布局创新链，并按照任务衔接、方向互补、成果集成的要求，明确各团队重点攻关方向，形成协同创新布局。

2. 项目形成机制。根据发展目标和定位，联合体整体设计“项目包”，制订年度项目申报计划，明确项目争取渠道、目标和责任团队。

3. 经费保障机制。通过项目经费争取、运行补助、股权合作、资本投入等方式，联合体建立项目经费池和绩效奖励资金池，提供充足且稳定的资金保障。

4. 利益分配机制。根据实际贡献，联合体科学分配成果转化效益，充分激发成员的创新积极性。

5. 知识产权共享机制。根据具体成果明确知识产权归属和权责利益，联合体成员拥有技术成果的优先使用权，但使用时必须在联合体的统筹协调下签订具体协议。

案例3：虚拟研究中心

水稻、小麦是江苏省乃至全国重要的粮食作物，为更好地统筹创新资源，提升科技创新效能，提供从种质到品种、综合防控等全产业链技术解决方案，江苏省农科院探索建设虚拟研究中心。

2022年，江苏省农科院立足小麦、水稻研究领域的创新资源，根据全产业链技术需求，打破专业所、农区所的行政界限，成立了小麦赤霉病研究中心与优质食味粳稻研究中心，并由首席科学家牵头开展全产业链科技创新。其中，小麦赤霉病研究中心覆盖5个专业所、农区所的相关创新团队，明确将种质精准鉴定与基因发掘、新品种选育、毒素综合防控等作为研究方向；优质食味粳稻研究中心覆盖7个专业所、农区所的相关创新团队，明确将水稻资源创新、新品种选育、复杂性状的遗传解析和基因克隆等作为研究方向。这两个中心探索实行以下运行机制。

1. 首席负责制。中心设行政首席、技术首席和技术副首席各1名，与此同时，聘请行业院士为中心学术顾问，并成立执行专家组，负责中心的重大决策。

2. 分工协同机制。中心以重大任务为牵引，从小麦、稻米产业发展的关键核心技术和全产业链科技支撑角度出发，整合院系统优势力量，合理分工，加强协作，并联合申报国家级重大项目，争取企业及地方等社会资源，多渠道筹措中心研究经费。

3. 成果共享机制。中心明确知识产权，共享研究成果；签订资源材料、技术、专利等知识产权的共享协议，对于合作完成的重大成果按形成过程中的参与度、贡献大小等因素综合考虑确定知识产权排名，要求学者发表论文时标注研究中心。

4. 绩效奖励机制。中心积极筹措奖励资金，对围绕中心重点任务取得重要进展的团队成员给予绩效奖励，并在职称和荣誉申报等方面予以优先推荐。

（三）构建最优化的创新要素配置机制

资源是产出的基础，直接关系产出的进程和效益。农业技术创新资源主要包括人才、投入、信息等，这些重要资源的深度挖掘、精准配置和高效利用是农业技术创新顺利实施的重要保障。

1. 完善资金投入机制

对于农业项目资金投入，我国立足农业科技创新公益性、稳定性的特点，探索构建国家稳定支持与竞争性经费科学互补的资助体系。我国应优化科技投入领域，强化对基础性研究、前沿技术、种源“卡脖子”、智慧农业、营养健康等领域的支持，加大对动植物及微生物资源、科学数据、长期观测监测、生物实验材料等领域的基础性、长期性工作支持力度。与此同时，我国应引导和鼓励科技型企业，设立产业孵化投资基金、众创基金等基金平台，推动企业成为农业技术创新投资主体。

2. 优化项目生成机制

长期以来，我国的项目生成普遍受到专家偏好、关注热点等影响，不同程度存在脱离产业需求、偏离科学规律、简单跟随模仿、立项目标模糊等问题，因此，我国亟须对现有的项目生成机制进行优化。项目立项时，我国要综合考虑科学、政治、产业、经济等因素，发挥政府、科学家、企业和产业等不同选题主体的协同作用，以实现科技投入收益的最大化，提高科技计划执行的协同性。在实际执行层面，政府既要发挥科技主管部门对科技战略、项目总体方案的把控能力，也要提高产业部门了解产业痛点和行业规律、参与项目策划的积极性；既要有面向重点科技领域的“点”上布局，也要有面向多数基础学科领域的“面”上部署；既要有关键核心技术的重点突破，也要有配套性共性技术水平的整体提升；既要有国家战略科技力量主力军的骨干引领，也要有国家创新体系各主体的协同创新。

3. 创新高层次人才培养机制

人才始终是“第一资源”，农业技术创新既需要顶天立地的“战略家”，也需要铺天盖地的科技服务人才。农业科研院校既要重视农业科技战略人才培育，即聚焦国家和省区重大需求和重大任务遴选培育战略科学家、领军人才和青年人才等，也要注重农业科技服务人才培养，通过各类科技服务人才培养计划，在区域和地方科研院所建设技术能力强、熟悉农业农村工作、对“三农”有深厚感情的科技特派员队伍。

（四）构建自驱型的创新生态组织

自驱型的创新生态组织具有自适应、自进化和协同共生的特点，在无须借助外界资源要素的情况下，也能展现出强大的内生动能和发展潜力。

1. 具备主动适应内外部环境的能力

自适应体现在意识和能力两个方面，即持续评估外部环境、有效预测客户需求、积极变革战略理念的意识；实现市场需求的主动应对、现代技术的快速应用和组织战略的快速回应能力。同时，组织的人员具有强烈的使命感，能够自我驱动，既能保持灵活敏捷，又能稳健地成长壮大。

2. 具备主动学习和自主进化的能力

当前，我们已进入一个充满易变性、不确定性、错综复杂性及模糊性的时代（乌卡时代），创新型机构应通过各种方式不断给科技人员的思想、言行、环境、能力等赋能，持续激发科技人员热情，打造能快速应对未来，勤思考、敢担当、勇创新的优秀团队，提升战斗力和竞争力。

3. 具备协同共生的能力

协同共生是满足未来“场景+链式”技术创新范式需求的基本生

存法则，没有任何个体可以独立于生态而存在。具体而言，以技术创新为主业的组织要具备两个机制，一是纵向跨学科融合机制，能贯通基础研究、应用研究、技术开发、技术集成乃至商业模式全产业链；二是横向跨部门竞合机制，认同每个团队都有合情合理的自我利益与共享利益，要能联通跨部门价值网络，打破行政壁垒，整合、参与、利用相关领域的优势资源，变“外部竞争”为“内部合作”，一起把“蛋糕”做大再合理分配，而不是在零和博弈的固定利益中垄断资源。

案例4：JAAS管理创新飞轮模型

江苏省农科院为最大限度地发挥管理效用，激活科研人员的首创精神和形成科研自发自主秩序，近年来主动探索构建自驱型的创新生态组织。特别是“十三五”以来，它结合省级农业科研机构的特征，分析促进科技创新的管理关键要素，并在充分借鉴普适的企业管理“飞轮效应”原理的基础上，创新性地植入驱动、稳定与助燃等构件，在国内首次探索构建具有农业科研单位特色、立体轴式结构的管理飞轮模型，即“JAAS管理创新飞轮模型”（见图4）。

江苏省农科院创建的“JAAS管理创新飞轮模型”的逻辑是以“创新”为轴心，研究找出“聚焦需求→构建体系→创新机制→加快产出→转化应用”因果衔接的循环流系统，构建飞轮闭环，促进飞轮持续迭代优化。

基于“JAAS管理创新飞轮模型”，江苏省农科院在管理理念、管理举措等方面进行了创新性变革，形成了四大系统、八大工法和36个创新点（见表2），架构出高效协同创新生态系统和院所治理体系，有效激发了科技人员创造活力，使创新质量、产出效用、对外合作、现代院所治理取得显著成效，为区域农业农村发展做出了积极贡献。

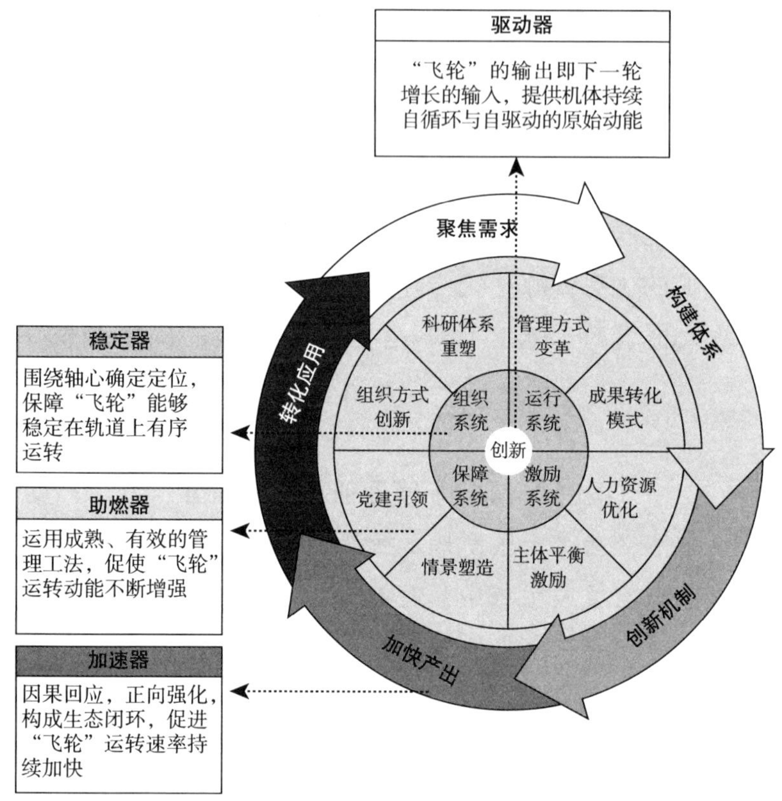

图 4　JAAS 管理创新飞轮模型

资料来源：笔者自制。

表 2　JAAS 管理创新举措

四大系统	八大工法	36 个创新点
组织系统	科研体系重塑	全省"一盘棋"科研体系
		优化学科布局
		创新平台
		服务平台
	组织方式创新	团队创培
		协同模式
		颠覆性项目

续表

四大系统	八大工法	36 个创新点
运行系统	管理方式变革	主题年+季度重点工作
		“1+N”工作机制
		管理重心下移
		工作闭环+督导督查机制
		服务外包
		数字化转型
—	成果转化模式	公益性:“亚夫”科技体系
		市场化:产权转让
		平台型:产业研究院
激励系统	主体平衡激励	研究所周期考核
		专业人员分类评价
		薪酬平衡与挂钩机制
		荣誉表彰体系
	人力资源优化	盘活人才资源
		博士后计划
		青年干部项目化
		干部三项机制
保障系统	党建引领	支部标准化建设
		特色党建项目
		党建讲师团
	情景塑造	“美丽农科院”
		知识赋能
		团队运动会
		创新文化与生态建设

资料来源：笔者自制。

四　结语

未来农业绿色化、工程化、品牌化的发展趋势迫切需要全产业链整体技术解决方案，使农业技术创新加快向“场景+链式”的耦合驱动创新范式转型。基于这一创新范式，江苏省农科院立足自身职责，从区域农业科研机构的视角出发，以有组织科研为目标，从构建多元化的农业科技创新体系、协同型的农业科研微观组织模式、最优化的创新要素配置机制、自驱型的创新生态组织等维度，对现行的科研组织方式提出了优化、变革方案，并介绍了一些落地实践的最新案例。实践证明，通过基于“场景+链式”技术创新范式的科研组织方式变革，江苏省农科院的科技创新能力得到大幅提升，对解决区域农业和农村发展的核心问题发挥了重要作用。

B.5

大型语言模型研究的进展与挑战

陈小平　刘贵全　赵　熙*

摘　要： 大型语言模型是人工智能研究的一项重要进展，也是人工智能的第一场重大社会实验，引起了学界、业界的高度关注。本文介绍大型语言模型的底层原理（关联度预测）、发展历程、应用进展与趋势、当前面临的发展挑战及对产业的影响。本文的分析表明，隐含的四种颠覆性给正确认识大型语言模型带来了极大的困难，强化了对人工智能的拟人化想象，这种想象会严重干扰人工智能的合理应用和有效治理。

关键词： 大型语言模型　关联度预测　技术伦理　数据治理

* 陈小平，中国科学技术大学机器人实验室主任，广东省科学院人工智能首席科学家，中国人工智能学会人工智能伦理与治理工委会主任，中国管理科学学会大数据管理专委会副主任，研究方向为人工智能理论基础、机器人关键技术和人工智能伦理；刘贵全，中国科学技术大学计算机学院副教授，中国人工智能学会人工智能伦理与治理工委会委员，研究方向为机器学习、自然语言处理和人工智能伦理；赵熙，中国科学技术大学计算机学院研究生，研究方向为机器学习和自然语言处理。

一　概述

（一）大型语言模型的底层原理

大型语言模型（Large Language Model，LLM，也称“大模型”）研究的基本目标是让机器具备自然语言人机交互的能力。如果这种交互让人觉得机器会“说人话”，用户就会乐于与机器交互，而且机器的这种交互能力可以为人提供很多有益的服务，并提高工作效率，改变一些行业的面貌。另外，让人感觉机器会“说人话”也具有严重的误导性，大大强化了人对人工智能的拟人化想象，让一些人误以为人工智能已经与人一样，具备了人的智慧、意识和情感等，其实这些是不切实际的想象。大模型不具备分辨真假、判断是非的能力，因此隐含着不可忽视的应用风险。简言之，大模型给人类带来了新的机遇和挑战。

让机器“说人话”是非常困难的。把握人的语言习惯是一个突破口。为此，大模型从人类规模语料中自动提取语言痕迹，并用于人机自然语言交互。这里的“人类规模语料”指的是整个人类积累的语料，例如互联网中的所有文本。

为了便于理解大模型的工作原理，这里做一个极大的简化：假设互联网上只有两个句子，它们出现的概率见表1。从语料出发，提取语言痕迹的第一步是切分语元（token），我们可以把它简单地理解为字词及标点符号。第二步是找相邻语元之间的关联度（见图1）。这种关联度就是语言痕迹的第一种形式。

在图1中，“我”是一个语元，“要”也是一个语元，它们之间的关联度是1，因为在假设的语料（见表1）中，任何句子中“我”的后面跟的都是“要”，没有其他可能。“要”的后面出现了两种可

表 1　两个句子及其概率[1]

语料(用于训练语言的材料)	概率
我要上网,请打开浏览器	0.6
我要听歌,请打开音箱	0.4

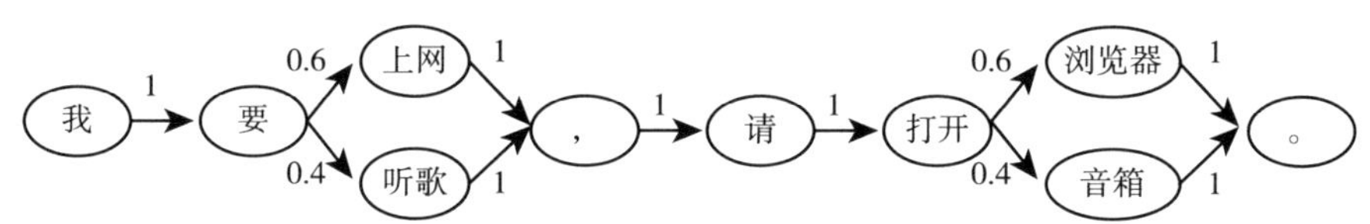

图 1　相邻语元之间的关联度

资料来源：陈小平：《大模型关联度预测的形式化和语义解释研究》，《智能系统学报》2023 年第 4 期。

能，“上网”或“听歌”，“要”和这两个语元之间的关联度分别为 0.6 和 0.4。依次类推，找出所有相邻语元之间的关联度，就得到图 1，即相邻语元关联度组成的大模型。

我们利用相邻语元关联度可以进行预测，也就是任给一个语元，预测下一个出现的语元是什么。例如，给定“我”，下一个出现的语元一定是“要”，这是确定无疑的。给定“要”，下一个语元是“上网”的概率为 0.6，是“听歌”的概率为 0.4，下一个语元存在不确定性。这时，无论如何选择，预测错误率至少是 40%。如果大模型是这样预测的，效果就会非常糟糕。

为了解决这一难题，大模型利用了远程关联度，即不相邻语元之间的关联度。例如，给定“打开”，预测它之后出现的下一个语元，看起来与“要”的情况类似，由于下一个语元存在不确定性，预测错误率过高。但是，在说到“打开”之前，其实已经出现了一些语元，这些语元对预测的作用都应该被考虑在内。假设之前说的是“上网”，而“上网”和“浏览器”之间的远程关联度为 1（见图

2）。也就是说，如果给定“上网”和“打开”两个语元，则下一个出现的语元一定是“浏览器”，不可能是“音箱”，所以预测错误率为0。同样，如果给定“听歌”和“打开”，下一个语元一定是“音响”（图2省略了对应的远程关联度）。由此可见，我们将远程关联度与相邻关联度综合起来进行预测，可以大大降低预测错误率。

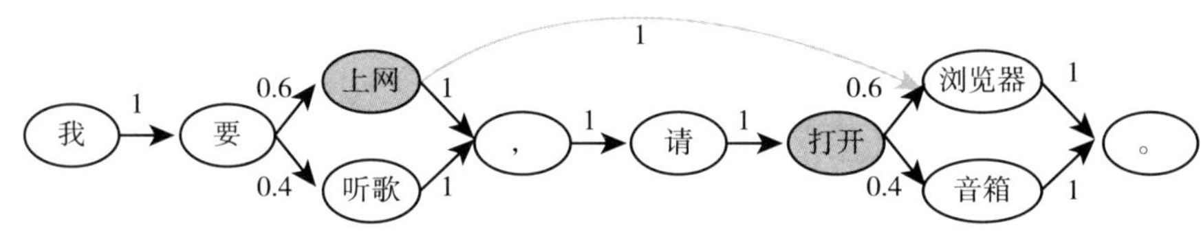

图2　远程关联度

资料来源：陈小平：《大模型关联度预测的形式化和语义解释研究》，《智能系统学报》2023年第4期。

实际上，大模型的预测利用了所有（相邻的和远程的）关联度。但是它有一个上下文窗口，只考虑窗口中的语元。ChatGPT的上下文窗口有4000多个语元，有些大模型的窗口更大，可达10万个语元甚至更多。大模型可以回看窗口中的所有语元，激活这些语元在大模型中存储的关联度，并综合这些关联度，最后依据综合结果进行预测。

大模型与用户之间的交互本质上是做预测，即针对用户的提问和提示，预测下一个、下下个……语元，直到产生一个回答为止。大模型的各种表现，包括优异的和奇怪的表现，在很大程度上是由关联度预测产生的。

大模型实际上分为两层，下面一层是基础模型，是通过预训练构建起来的，而预训练的目标就是提取人类规模语料中的语元关联度，正如上文介绍的那样。我们可以进一步展开想象：将互联网上所有能找到的数据，建成一个语料库，从中提取所有关联度，从而得到一个基础模型。有人认为，每个人掌握的语言痕迹都差不多，所以人类规模语料所包含的语言痕迹比个人的多不了多少。这个假设大错特错。与人类规模语料相比，个人掌握的语言痕迹少得可怜，个人能回答的问题也少得可怜，这是大模型的表现令人意外的一个重要原因。

大模型的上面一层是助手模型，是在基础模型之上又经过细调（fine-tuning，又译精调、微调）产生的模型。细调模型一般采取监督学习方法（又称有监督的学习），而基础模型的预训练采用自监督学习方法，所以它们的训练方法和训练数据都是不同的。细调模型现在仍然无法被解释，在很大程度上是一种“黑箱”。目前，细调训练的计算时间只占大模型总训练计算时间的 1%，而基础模型预训练的计算时间占大模型总训练计算时间的 99%。研究人员认为，基础模型的性能和行为是目前大模型的主体部分，而关联度预测是大模型的底层原理。

（二）大模型的发展历程

2018 年，OpenAI 提出了基于深度学习的第一代 GPT（Generative Pre-trained Transformer）模型，但并未引起关注。同一时期，谷歌提出的 BERT（Bidirectional Encoder Representations from Transformers）模型产生了轰动效果。随后，OpenAI 分别于 2019 年和 2020 年发布了 GPT-2 和 GPT-3 模型，其中 GPT-3 模型含 1750 亿参数，被称为大型语言模型。2022 年 11 月 30 日，OpenAI 推出 ChatGPT，短时间内全球超过 1 亿人注册试用，ChatGPT 很快引起了社会各界的广泛关注。OpenAI 于 2023 年 3 月 14 日发布了一个更强大的多模态模型 GPT-4，谷歌也推出了类似的 PaLM-2。

在国内，百度于 2023 年 3 月 16 日发布了基于文心大模型的文心一言，科大讯飞股份有限公司于 2023 年 5 月 6 日正式发布了星火认知大模型，《自然》杂志于 2023 年 7 月 6 日发表了华为云盘古大模型的有关成果。据不完全统计，国内已发布了 100 多个大模型。

自从人工智能的奠基人、创始人艾伦·麦席森·图灵于 1950 年提出图灵测试，自然语言处理一直是人工智能研究的一个核心领域和一项重大挑战。20 世纪 70 年代以来，语言建模（Language Modelling，LM）得到了广泛的研究。LM 旨在对单词序列的生成概率进行建模，以预测未来出现的（或缺失的）标记的概率。LM 的研究可分为 4 个主要发展阶段。

统计语言模型（SLMs）：SLMs 基于统计学习方法，建立基于马尔可夫假设的单词预测模型，如根据最近的上下文来预测下一个单词。具有固定上下文长度 n 的 SLMs 也被称为 n 元语言模型，如 2 元语言模型和 3 元语言模型。

神经语言模型（NLMs）：这种模型通过神经网络表征词序列的概率，引入了词的分布式表示，并建立了基于聚合上下文特征（即分布式词向量）的词预测函数。通过扩展学习单词或句子的有效特征的思想，研究人员开发了一种神经网络方法为各种 NLP 任务构建统一的解决方案。其中，word2vec 方法构建简化的浅层神经网络，用于学习分布式单词表示，被证明在多种 NLP 任务中是有效的。这些研究开创了语言模型在表征学习中的应用（超越词序列建模），对 NLP 领域产生了重要影响。

预训练语言模型（PLMs）：通过首先预训练一个双向 LSTM 网络（而不是学习固定的单词表示），然后根据特定的下游任务对 Bi-LSTM 网络进行精调，来捕获上下文感知的单词表示。研究人员后来提出了高度并行化的 Transformer 架构和自注意机制。BERT 则在大规模无标记语料库上预训练双向语言模型和特别设计的预训练任务。这些预训练的上下文感知词表示是一种文本语义特征，在很大程度上提高了 NLP 任务的性能标准。这也启发研究人员建立了“预训练+精调”的学习范式，该范式通常需要对预训练语言模型进行精调，以适应不同的下游任务。

大型语言模型：研究发现，扩展预训练模型的大小或训练数据的大小，往往会提高下游任务的模型容量和性能，这被称为扩展定律。例如，参数为1750亿的GPT-3和参数为5400亿的PaLM，与规模较小的预训练语言模型（如3.3亿参数的BERT和15亿参数的GPT-2）相比，表现出不同的行为，并在解决一些复杂任务时表现出令人意外的能力。又如，GPT-3可以通过上下文学习完成大量任务，比GPT-2的性能提升了很多。

二　大模型应用的进展与趋势

（一）大模型应用的若干典型场景

一是资料总结。资料总结是几乎所有行业必不可少的基础性任务，对专业性工作尤为重要。全面的资料总结需要涵盖所有相关情况，消耗大量时间和精力。例如在学术研究中，Semantic Scholar搜索引擎（一个基于人工智能的科学文献研究工具）已索引了2亿多份学术出版物，从中寻找相关研究论文并提取关键信息如同大海捞针。大模型如ChatGPT、文心一言、星火认知等，可被用作人工智能驱动的研究性阅读工具，帮助科研人员浏览大量的论文，并提炼其核心内容。在实际使用中，用户向大模型提出一个问题和一些提示，大模型就能够帮助用户找到相关的资料，并根据提示快速写出总结、综述、分析、解释等，甚至提出进一步的问题让用户思考，从而大大提升资料总结的效率和质量，进而有利于提升相关行业的生产力。

二是数据分析。在对数据进行分析之前，我们往往需要进行数据清理和重新组织，这可能会花费几天甚至几个月的时间，有时还需要花更多时间学习使用Python或R等编码语言。大模型在数据处理中的应用有望改变这种局面。例如，有人用ChatGPT完成了对10万名不同年龄和风险概况的医护人员的模拟数据集的数据分析，以帮助确定疫苗的有效性，大大提高了工作效率。

三是文案生成。大模型驱动的生成式人工智能技术正在带来文案生成的智能化和个性化，突破预定义规则的局限性，快速、便捷地输出更加丰富的数字内容。这项技术可被用于自动分析文案数据，学习用户的偏好和需求，生成更加符合客户需求的文案，使文案的语言表达更加通顺、准确、自然，提高文案的质量。它用于新闻报道，可实现智能新闻写作，提升新闻的时效性。它还可被用于影视作品创作，以拓宽创作素材来源、提升作品质量。

四是软件新生态中的自然交互。大模型可以根据自然语言描述去生成或分析代码、识别代码错误或提出改进建议，从而改变代码生产方式。例如，开发者可以用自然语言向 GPT-4-0613 和 GPT-3.5-turbo-0613 描述函数，大模型可以根据描述选择、输出包含这些函数的调用参数的 JSON 对象（一种轻量级的数据交换格式）。如果我们未来积累了充分的交互数据，则可能训练出更好的助手模型。它可将聊天功能与外部工具（如 ChatGPT 插件）和 API（应用程序接口）更加方便、高效地连接起来，从而大大降低软件开发的门槛和难度，提高软件开发的效率，甚至帮助不懂软件的用户通过大模型方便地使用软件。

五是教育。在传统课堂环境中，教师是知识的来源，学生是知识的接受者；在课堂之外，学生被要求完成教师布置的作业。大模型可以显著地改变师生互动方式，提供丰富的资源来帮助教师和学生创建个性化辅导和自适应学习平台，根据学生的兴趣为他们推荐合适的课程、项目和出版物，帮助学生理解概念、解答习题，引导学生提出问题、自己找到答案，也可被用于课程材料的设计和评价，从而彻底改变教学范式。例如，在一些案例研究中，教师利用 ChatGPT 引导学生进行互动对话，帮助他们学习一门新语言。ChatGPT 也被用于设计法律课程中的课程材料，生成课程大纲、讲义和练习题。ChatGPT 还可以作为一种评估和评价助手，被用于对学生的自动评分。目前，大模型对学生学习方式的影响已引起高度关注。一项由 Study. com 进行的民意调查显示，89%的学生将 ChatGPT 用于家庭作业，48%的学生将它用于家庭测试或测验，超过一半的学生使用 ChatGPT 写论文，22%的人使用 ChatGPT 来创建论文大纲。研究人员正在对这些现象进行分析评估，探索合理的应对方案。

六是头脑风暴。大模型可以帮助人们获得初始想法，而初始想法是解决复杂问题（如科学研究）的先决条件。实验发现，ChatGPT 可以在头脑风暴中发挥多种作用，从激发创造力、产生新想法到提供建议、扩展现有想法，帮助用户发展发散性思维和创造性思维。例如，ChatGPT 可被用于引导不同的“思维视角”。

（二）大模型的典型案例

ChatGPT 是目前最有影响力的大模型，2023 年 1 月末活跃用户数突破 1 亿人，成为史上增长最快的消费者应用。ChatGPT 被设定为聊天软件，具备跨领域多轮对话能力，而且能够撰写邮件、视频脚本及文案，还能完成翻译、简单代码编写、辅助文学艺术创作等任务。ChatGPT 是通过对 GPT-3. 5 的细调生成的，细调中使用了人类反馈强化学习方法（Reinforcement Learning from Human Feedback, RLHF），其中的人类反馈反映了人类的指导和偏好，这种方法是基础模型预训练数据中没有的。细调使 ChatGPT 的输出更接近用户的需要，并与人类的伦理道德达到一定程度的“对齐”，即输出尽可能符合道德准则并拒绝不怀好意的提问和请求。一旦 ChatGPT 发现用户输入中含有恶意，如暴力、歧视、犯罪等倾向，将拒绝提供答案。虽然 ChatGPT 的“对齐”效果被认为是目前最好的，但仍然没有彻底改变大模型不辨真假、不明是非的原理性局限，所以研究人员需要为所有大模型的应用设置相应的行业规范和技术标准。

PaLM 是谷歌 2022 年提出的 5400 亿参数的大模型，采用了类似于 GPT 的只含解码器的单向自回归模型结构，使用谷歌提出的 Pathways 系统，在 6144 块 TPU v4 芯片上训练完成。测试表明，PaLM 在一系列指标上的性能得到了大幅提升。2023 年 5 月，谷歌发布了 PaLM-2，训练数据几乎是前一代的 5 倍，它在处理长文本和多语言任务方面取得新进展，能够执行更高级的编程、数学和创意写作任务。

BLOOM 是 BigScience（一个围绕研究和创建超大型语言模型的开放协作研讨会）中数百名研究人员合作设计和构建的 1760 亿参数的开源大模型。BigScience 同时开源了 BLOOM－560M、BLOOM－1.1B、BLOOM－1.7B、BLOOM－3B、BLOOM－7.1B 五个参数规模相对较小的模型。BLOOM 是一种只使用 Transformer 解码器的语言模型。它是在 ROOTS 语料库上训练的，该数据集包含 46 种自然语言和 13 种编程语言（总共 59 种）的数百个数据来源。实验表明，BLOOM 在各种基准测试中都取得了有竞争力的表现，在经过多任务提示细调后取得了更好的结果。针对当前多数 LLM 由资源丰富的组织开发并不向公众公开的现状，开源可以促进 LLM 的研究与应用的普惠性。

文心一言（英文名 ERNIE Bot）是百度研发的大模型，也是文心大模型家族的新成员。它能够与人对话互动、回答问题、协助创作，高效便捷地帮助人们获取信息和灵感。文心一言基于飞桨深度学习平台和文心知识增强大模型，持续从海量数据和大规模知识中融合学习，以达到百度提出的知识增强、检索增强和对话增强的特色和效果，助力金融、能源、媒体、政务等行业的智能化升级。

Alpaca① 是斯坦福大学基于 Meta 开源的 LLaMA－7B 模型，经过

① http：//github.com/tatsu-lab/stanford alpaca.

指令遵循（instruction-following）细调而得到的语言模型。在受学术预算限制的情况下，作者利用 OpenAI 的 text-davinci-003 模型，以自学（self-instruct）方式生成 52K 指令遵循样本数据，利用这些数据以有监督的方式训练 LLaMA-7B 得到 Alpaca 模型。在测试中，只有 70 亿参数的轻量级模型 Alpaca 的很多行为表现与 text-davinci-003 的类似，并且 Alpaca 的性能可媲美超大规模语言模型 GPT-3.5 的性能。

三　大模型面临的挑战

（一）训练成本

由于参数量巨大，大模型的训练需要海量的高质量数据以及强大的算力支撑。下文根据已公开的数据，以 ChatGPT 为例，分析大模型的训练成本。

训练 GPT-3 的数据量是 45TB（相当于整个维基百科英文版数据的 160 倍），这些数据往往需要预处理以适应模型训练；ChatGPT 的规模比 GPT-3 的大，需要的训练数据量必然会更大。此外，据华泰证券测算，训练 1 次 ChatGPT 模型需要的算力约为 27.5PFlop/s-day，即以 1 万亿次每秒的速度进行计算，需要耗时 27.5 天。这些算力主要通过 GPU 卡完成，1 张 GPU A100/800 卡的算力为 19.5TFFLOPS（19.5 万亿次浮点运算每秒），1 台 GPU 服务器可插 8 张 GPU 卡，因此 1 台服务器的算力为 156TFFLOPS。1 张卡的功耗是 400W，1 台插满 GPU 卡的服务器的功耗大致为 4000W。专业人士据此测算，ChatGPT1 次模型训练的成本大约为 1200 万美元。

（二）数据的获取与质量控制

与小规模语言模型相比，LLM 的模型预训练对高质量数据的需求更强，模型能力在很大程度上依赖于预训练语料库的质量，进而涉及数据采集和数据预处理。

1. 数据采集

开发 LLM 的关键之一，是从各种数据源中收集大量自然语言语料，如各种公共文本数据集的混合，以形成训练语料库。预训练语料库的数据来源大致分为两类：一般数据和专业数据。一般数据如网页、书籍和会话文本，由于其庞大、多样和可访问的性质，被大多数 LLM 使用，以增强 LLM 的语言建模和泛化能力。也有研究将预训练语料库扩展到更专业的数据集，如多语言数据、科学数据和代码，从而赋予 LLM 特定的任务解决能力。按照大模型目前对数据的依赖方式和程度，研究人员无法确定其未来能否获得足够的数据以支持大模型的发展。

2. 数据预处理

在收集了大量文本数据后，对数据进行预处理以构建预训练语料库至关重要，尤其是去除噪声、冗余、无关和潜在的有害数据，这些数据可在很大程度上影响 LLM 的容量和性能。LLM 预处理预训练数据的典型流程如下。

（1）质量过滤。为了从收集的语料库中去除低质量的数据，研究人员通常采用两种方法：基于分类器的方法和基于启发式的方法。第一种方法基于高质量文本训练选择分类器，研究人员利用它来识别和过滤低质量数据。通常，这些方法被用于训练一个二元分类器，研究人员将精心策划的数据（例如维基百科页面）作为正实例，将样本候选数据作为负实例，并预测衡量每个数据实例质量的分数。不过，基于分类器的方法可能会导致方言、口语和社会方言中的高质量文本被无意删除，从而引起预训练语料库中的偏见，并削弱语料库的多样性。基于启发式的方法通过一个集合来消除低质量的文本。

（2）降重。语料库中的重复数据会降低语言模型的多样性，可能导致训练过程变得不稳定，从而影响大模型的性能。因此，研究人员有必要对预训练语料库进行去重处理。重复数据消除可以不同的粒度执行，包括句子级别、文档级别和数据集级别。研究人员应该删除包含重复单词和短语的低质量句子，因为它们可能会在语言建模中引入重复模式。在文档层面，现有研究大多依赖于文档之间表面特征的重叠率（如单词和 n-gram 重叠），以检测、删除包含类似内容的重复文档。此外，为了避免数据集污染，删除重复文本可防止训练集和评估集之间的重叠。

（3）隐私补救措施。大多数预训练文本来自网络，其中往往包含网络用户生成的敏感信息，有可能增加隐私泄露的风险。因此，研究人员有必要从预训练语料库中去除个人可识别信息（PII）。一种直接有效的办法是基于规则的处理方法，如关键词识别，以检测、删除姓名、地址和电话号码等 PII。此外，研究人员还发现，LLM 在隐私攻击下的脆弱性可归因于预训练语料库中存在重复的 PII。因此，重复数据消除也可以在一定程度上降低隐私风险。

（4）分词。分词是自然语言处理中的一个基本步骤，即将原始文本分割成标记的序列。在 LLM 研究中，分词指的是将原始文本分割为语元的序列，是大模型数据预处理的关键步骤，对预训练的效果具有重要影响。出现了一些为大模型预训练语料库定制的分词器。例如，BPE（字节对）编码是一种简单的数据压缩形式，其中最常见的一对连续字节数据被替换为该数据中不存在的字节。后期使用数据时，用户需要一个替换表来重建原始数据。GPT-2 和 RoBERTa 均采用此方法，以保证分词不产生信息损失。

案例：ChatGPT 数据集

作为一个案例分析，下面介绍 ChatGPT 训练所用的数据集。

一是 SFT 数据集。有监督精调数据集是用来训练有监督的模型，即使用采集的新数据，按照 GPT-3 的训练方式对 GPT-3 进行精调。因为 GPT-3 是一个基于提示学习的生成模型，因此有监督精调数据集也是由提示-答复对组成的样本。有监督精调数据一部分来自使用 OpenAI 的 PlayGround 的用户，另一部分来自 OpenAI 雇用的、经过训练的 40 名标注工编写的指示。

二是 RM 数据集。RM 数据集用来训练第 2 步的奖励模型。研究人员需要为 InstructGPT/ChatGPT 的训练设置一个奖励目标。研究人员可以通过人工标注的方式来提供这个奖励，给那些涉及偏见的生成内容更低的分，从而鼓励模型不去生成那些人类不喜欢的内容。InstructGPT/ChatGPT 的做法是先让模型生成一批候选文本，然后由人工根据生成数据的质量对这些生成内容进行排序。

三是 PPO 数据集。InstructGPT 的 PPO 数据没有进行标注，它来自 GPT-3 的 API 用户，即由不同用户提供的不同种类的任务，其中占比最高的有生成任务（45.6%）、问答（12.4%）、头脑风暴（11.2%）、对话（8.4%）等。

（三）真实性与合伦理性

由于大模型以关联度预测为底层原理，关联度预测无法保证预测结果的真实性。虽然通过细调等后续加工，大模型的真实性问题得到了一定程度的缓解，我们仍然不保证大模型的输出都是真实的，也无法判断什么情况下的输出是真实的。

大模型的真实性问题包含两种类型，一种是相对于客观世界的真实性，即通常意义下的真实性；另一种是相对于原始数据的一致性，即大模型的输出与其训练语料相符。这两种真实性都是大模型不具备的。所以，一方面，大模型不能判断原始数据是不是真实的，而且即使所有训练数据都是真实的，大模型仍然可能给出不真实的输出。另一方面，大模型的输出通常符合人的语言习惯，所以我们从语言表达上看不出问题。综合上述两方面，真实性挑战的典型表现是大模型的输出可能是语言表达上无懈可击的假话。

大模型也没有是非观念，无法保证输出都是符合伦理和规范的。同样，研究人员通过细调等后续加工，可以让大模型少说“坏话”，即不合伦理的“话”，包括与歧视、亵渎、攻击、泄露隐私等有关的“话”，却无法完全消除这种可能性，因此，大模型的输出可能是语言表达上无懈可击的“坏话”。

这种不辨真假、不明是非，却在语言表达上无懈可击的特性，存在于大模型的所有应用中，用户却往往因为大模型“说话”像人而丧失对潜在风险的警觉，这是十分危险的。如果一个应用领域对大模型输出的真实性或伦理合规性有要求，就需要由具备相关判断力的人审核大模型的输出，审核合格的输出才是可接受的。在上文介绍的典型应用场景中，除了头脑风暴之外，其他场景中的应用原则上都应进行人类审核。

产业界和学术界正在尝试将大模型的真实性、合伦理性与人类“对齐”，以克服大模型不辨真假、不明是非的局限，并取得了一定的进展。但是，如果我们不能彻底澄清大模型存在这些局限的根本原因，就不可能真正解决这些问题。因此，大模型的基础理论研究是一个迫在眉睫的重大课题，对大模型的健康发展和大面积应用具有决定性意义。

四　大模型对产业的影响

大模型的现有技术特点适应服务业的应用，已在软件、教育等行业开始落地。目前看来，有两种可能的落地方式。在第一种可能的落地方式下，大模型仍然是产品（服务）。如果轻量级大模型能够满足某个行业的实用要求，则几乎肯定会以产品形态在该行业中商业化落地。在这种情况下，大模型的应用一方面会大幅提高行业的生产效率，比如以更高的效率和质量产生文本、图像、音频、视频等；另一方面可能导致就业替代，因为大量工作改由大模型等生成式人工智能承担，而员工主要承担审核和提示工程师的职能。

在另一种可能的落地方式下，大模型是一种新型基础设施。这种新型基础设施与传统基础设施具有根本不同的特点，主要表现为介入性和代偿性。传统基础设施不具有介入性。以道路为例，它在服务的过程中不介入服务对象，比如不改变在道路上运输的货物。但是，作为新型基础设施的大模型几乎必然介入服务对象，改变甚至从无到有创建对象，如生成本文、图像等。另外，大模型在服务过程中可以积累大量新的语言痕迹，这些语言痕迹被用于改进大模型的性能，导致大模型的介入能力不断提高。其后果可能是，下游公司的业务逐步转移到效率更高的大模型上，导致下游公司的功能不断减弱，直至下游公司被替代。这就是新型基础设施对其服务对象的代偿作用，可导致对下游业务部门的替代。强大的介入性和代偿性是以往的各类平台不具备的新特性，足以颠覆传统的行业秩序。

无论是替代员工还是取代下游业务部门，都导致就业替代。以往我国的就业替代基本上发生在制造业，由于制造业的一些部门长期持续性工艺改进等，一些地区出现了用工荒，于是被迫用机器替代人，因此这种就业替代得到了社会各界的普遍理解和接受。未来的服务业的大面积就业替代，将是一种前所未有的新情况和新挑战。

五　结语

大模型为人工智能的发展和应用注入了新活力，打开了新局面，带来了新机遇和新挑战，其中一些紧迫课题已经被提上日程。

目前，大模型的研究属于工程技术层面，我们亟须在基础理论层面回答一个基本问题——大模型到底是什么？我们只有解决了这个基本问题，才可以真正解决大模型技术、工程、应用和治理中的各种具体问题。文献[①]给出了大模型底层原理的一种理论描述和 4 个主要性质：语元关联度是体现人类语言习惯的可自动提取的语言痕迹；关联度预测具有语境相关的统计性质；大模型的直观语义具有弱共识性；关联度预测是非概念化的。这些性质正是大模型不辨真假、不明是非的根本原因，并决定了大模型不是完全可控的，也不是完全不可控的。这种不确定性对大模型普遍应用造成的影响值得高度重视和深入研究，并需要通过教育、技术、管理和法规等手段确保应用风险的可控性。这些性质的颠覆性给正确认识大模型带来了极大的困难，大大强化了对人工智能的拟人化想象，这种想象会严重干扰人工智能的合理应用和有效治理。

除了过去存在的用户隐私、算法公平、数据安全等伦理问题之外，大模型应用又产生了一些新的伦理挑战。比如，大模型技术支撑的生成式人工智能可以进行真假难辨的深度伪造，在某些情况下会严重侵犯个人权益、破坏社会秩序。又如，大模型的某些大面积应用可能导致服务业的大面积就业替代，从而对社会产生巨大冲击。为了应对这些新挑战，我们必须树立发展与治理相统一的思想，在这种思想的指导下才可以保证人工智能的健康发展。在当前新的形势下，“要发展就不要考虑风险”和“要管控风险就不要发展”的极端思维都是极其危险和不可取的。

近年来，人工智能取得的新进展并不局限于大模型，过度聚焦大模型而忽视人工智能的其他发展是一个后果极其严重的巨大陷阱。我

---

① 陈小平：《大模型关联度预测的形式化和语义解释研究》，《智能系统学报》2023 年 4 月。

们必须认识到，大模型和生成式人工智能的进展并没有改变实体经济在中国经济、社会发展中的优先地位。针对智能制造、智慧农业和普惠养老等实体经济和民生事业的巨大需求，我们必须加快推进人工智能、机器人、大数据等新技术的应用，而大模型技术能否发挥积极作用也是一个值得探索的新课题。

B.6

从监管合规到卓越驱动

——中国 ESG 高质量发展路径

郭 珊 张 强 马翔宇 陈 鹏 张抒洁*

摘 要： 当前人类世时代面临气候极端变化、地区冲突加剧等多方面的冲击，严重影响了全球可持续发展的进程。在这一过程中，ESG 在可持续发展中发挥着越来越重要的作用，逐渐成为金融投资、企业发展与决策的重要影响因素。随着我国经济进入高质量发展阶段，绿色发展观逐渐深入我国经济发展的各个方面。在“绿色金融”的政策体系中，ESG 所倡导的可持续发展理念逐渐被广泛接受与倡导。本报告将在梳理 ESG 发展历史沿革的基础上，从国家战略和企业自身两个层面理清中国践行 ESG 的重大意义，并结合国内实践进展情况和未来趋势，探讨从监管合规到卓越驱动的中国企业推进 ESG 助力高质量发展的路径。

关键词： ESG 中国企业 高质量发展

---

* 郭珊，向光未来（北京）科技有限公司 ESG 业务合伙人、卓韬咨询合伙人，研究方向为 ESG 与企业治理；张强，北京师范大学社会发展与公共政策学院教授，中国社会企业与影响力投资论坛首席顾问，研究方向为公共政策、可持续发展治理、社会创新；马翔宇，向光未来（北京）科技有限公司、中国社会企业与影响力投资论坛总裁，研究方向为社会企业、影响力投资、社会创新；陈鹏，向光未来（北京）科技有限公司、中国社会企业与影响力投资论坛社会价值创新总监，研究方向为企业社会价值创新；张抒洁，Intel 环境与可持续发展政策总监，研究方向为 ESG 治理创新。

一　ESG发展概述

ESG涉及多项议题（见图1）。该理念的核心之义是：传统的财务绩效已不能成为衡量金融投资及企业发展的单一标准，我们需要从环境、社会及治理角度进行全方位评价，以促进企业实现可持续发展。

ESG是企业社会责任投资决策的重要考量基础，也是关注企业环境、社会、治理绩效的投资理念和评价标准，还是用来衡量企业发展可持续性的关键指标，更是提升企业长期价值的重要工具。[①] 各ESG评价机构在评价原则和具体指标构建方面存在差异，但对ESG内涵的表述具有比较高的一致性，均关注企业在环境、社会和治理等非财务领域的绩效和行为，尤其关注与高质量发展、可持续发展密切相关的核心要素。

- "E"维度包括公司或政府行为对气候变化、废物管理、能源效率提升的影响或贡献。
- "S"维度包括公司与政府、员工、客户、债权人及其他社会利益相关方之间的良性互动。
- "G"维度包括公司治理活动，以及股东结构、董事会构成、高管薪酬、公司行为正当性和企业制度等。

ESG的概念最早由联合国全球契约组织（UN Global Compact，UNGC）提出。该机构是2000年由时任联合国秘书长安南倡导成立，旨在号召全球企业遵守十项国际公认的价值观和原则。在这些价值观

① 全晶晶、李志远：《产权性质、机构投资者持股与企业社会责任投资》，《投资研究》2020年第2期；齐岳、赵晨辉、李晓琳等：《基于责任投资的ESG理念QDII基金的构建及绩效检测研究》，《投资研究》2020年第4期。

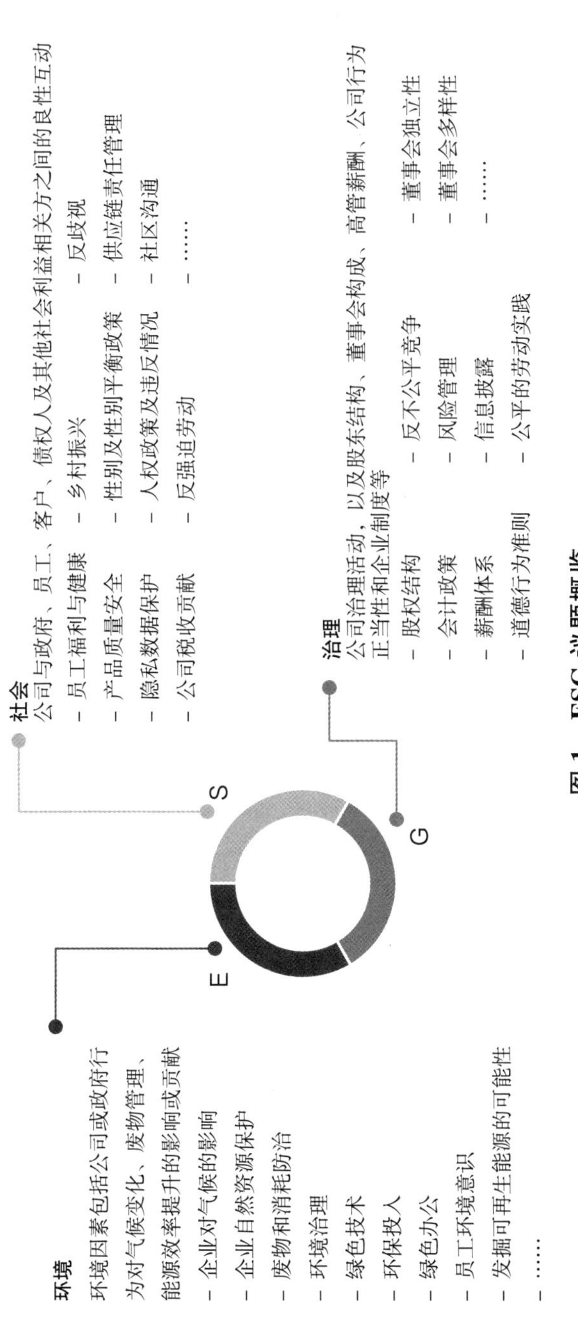

图 1　ESG 议题概览

资料来源：笔者自制。

和原则的基础上，UNGC 在 2004 年发布的报告《谁在乎赢》中进一步把 ESG 提炼为环境、社会和治理 3 项维度，并与多家金融机构共同建议金融业将此概念更好地应用于投资分析、资产管理和证券交易领域。ESG 概念一经提出，就得到了各国监管机构及产业界的广泛认同。[①] 随后，ESG 概念被拓展至其他领域，受到广泛关注。ESG 理论的前身最早可追溯至传统的宗教团体及商业道德观念。随着 20 世纪 60 年代企业社会责任（Corporate Social Responsibility，CSR）理论的兴起以及 90 年代可持续发展目标（Sustainable Development Goals，SDGs）的确立和全球推动，[②] ESG 理论在 21 世纪逐渐发展成形（见图 2）。当前的 ESG 已经成为一个总括性术语，涵盖了许多不同的预先存在的概念，包括企业社会责任、可持续性、环境、健康与安全（EHS）、企业社会绩效（CSP）等。[③]

相较于其他理论，ESG 理论涉及范围更为广泛、内容更为丰富、体系更为庞大，也更强调与企业业务的紧密关联。ESG 并非单纯追求社会价值或商业价值某一端，而是强调商业价值与社会价值的统一。换言之，价值的社会驱动因素与经济驱动因素同样重要。业界也逐步形成共识，不关注 ESG 可能会产生运营风险，削弱董事会和组织领导层的信誉。[④]

---

① 钱龙海：《以资本市场为突破口加快 ESG 生态系统建设助力“双碳”战略》，中国证券业协会编《中国证券业高质量发展论文集（2022）》，中国财政经济出版社，2022。

② 为了方便利益相关方了解有关组织可持续发展的相关信息，全球报告倡议组织（GRI）针对组织如何报告其经济、环境和社会影响构建了一套标准。参见唐晓萌、柳学信《ESG 在中国的发展及建议》，《当代经理人》2020 年第 3 期。

③ Johnson Jr., C. E., Stout, J. H., Walter, A. C. (2020), “Profound Change: The Evolution of ESG,” *Business Lawyer*, 75, 2567-2608.

④ McDonnell, M. -H., Cobb, J. (2020), “Take a Stand or Keep Your Seat: Board Turnover after Social Movement Boycotts,” *Academy of Management Journal*, 63, 1028-1053.

图 2　ESG 理论发展历史

资料来源：笔者自制。

随着 ESG 理论的发展，全球业界的践行主要可划分为 ESG 实践与 ESG 投资两大部分。ESG 实践通常指企业将环境、社会、治理等因素纳入企业日常管理与运营范畴，在注重企业可持续经营与赢利的同时，也关注企业对社会福祉、环境保护等方面可持续发展的促进。ESG 投资则是基于投资角度的一种理念或工具，提倡投资者在投资分析和决策制定过程中将企业环境、社会、治理绩效这三方面因素纳入考量范围。ESG 生态体系相关者范围较广，简要可分为五类：ESG 发展引领者、ESG 投资者、ESG 评价体系构建者、ESG 实践者、ESG 其他参与者，具体见图 3。不同相关者扮演着不同的角色，共同推动 ESG 发展。

图 3　ESG 生态体系相关者

资料来源：笔者自制。

二　中国 ESG 发展的重要意义

与全球 ESG 体系相比，中国 ESG 体系起步较晚，但在近些年广受关注、发展迅速。根植于中国特色社会主义土壤，顺应经济全球化之浪潮，中国 ESG 立足国情，与国家政策、发展目标不谋而合，对于国家战略和企业发展实际都具有重大战略意义。

（一）ESG 理念高度契合国家政策，推动中国可持续发展

ESG 注重环境、社会、治理三个维度的建设与发展，其涵盖的“可持续发展”“绿色低碳”等核心理念与我国国家政策、发展战略高度契合。无论是我国“创新、绿色、协调、开放、共享”的新发展理论，还是“建设生态文明社会”及“3060”“双碳”目标等国家政策，均与 ESG 所倡导的环境可持续、社会价值更大化、公司治理最优化等内涵呈现一致性。

（1）“E”要求企业关注环境议题，与我国低碳减排、绿色发展战略吻合。

ESG的环境议题要求企业重点关注资源消耗、污染防治及气候变化等议题，旨在提升环境保护绩效。作为人口、经济、工业、能耗大国，我国面对全球气候变化，很早就确立了生态环境保护政策，陆续出台“五位一体”总体战略及可持续发展战略，而ESG的“E”议题正与我国低碳减排及绿色发展战略不谋而合。例如，2021年我国发布以《中共中央国务院关于完整准确全面贯彻新发展理念做好碳达峰碳中和工作的意见》《2030年前碳达峰行动方案》为首的各项政策文件，不断完善“碳达峰、碳中和”的“1+N”政策体系，提出实现“双碳”目标的5项原则和10项举措。在低碳减排及绿色发展战略指导下，我国对能源的依赖将从化石能源转向新能源，逐步实现由传统资源型产业向未来制造业的转型，力求成长为制造强国。围绕碳中和目标的行动和举措在各行各业开展，精细化管理及绿色环保成为产业发展的重要方向。ESG要求企业关注环境方面的多个议题，在开展经营活动的同时注重生态保护、绿色发展，使污染治理与节能减排、绿色降碳、循环利用等内容协调推进，从末端治理转向高质量精益运营，从源头上减少污染物产生，提高资产利用效率，降低能耗和排放，实现清洁生产、循环利用。企业自发关注环境，减排增效，这些有助于我国“双碳”目标的实现，助力社会可持续发展。

（2）“S”要求企业关注社会议题，有助于就业和人力资源发展、中国乡村振兴、共同富裕的实现等。

ESG的社会议题指企业在遵守法律法规的基础上，更加主动、自发地承担社会责任，在开展生产经营活动的同时，注重员工权益、产品责任、供应链管理和社会响应等议题。在我国国情下，社会议题更强调共同富裕与乡村振兴，国家对新发展阶段提出重要战略目标，未来将在高质量发展中促进共同富裕，实现可持续增长，为企业践行

ESG 理念指明方向。ESG 理念引导企业主动承担社会责任，立足自身业务及客观条件，在做大、做强主业谋发展的同时将注意力分配到更多方面，关心社会和公众利益、优化资源配置、贡献更多社会价值。而企业在 ESG 实践中关注创新、就业、知识产权保护、乡村振兴、食品药品安全、发展慈善等一系列议题，将在实质上推动我国共同富裕、乡村振兴的发展，带动我国社会的进步，让更广大人民享受社会福祉。

（3）“G”要求企业关注治理议题，从架构和体系上优化公司治理，高度契合我国对经济高质量发展的要求。

ESG 的公司治理议题指企业将环境、社会影响因素映射到企业治理体系之中，并且重点关注治理结构、治理机制和治理效能等议题。中国企业既有独立董事制度和专门委员会制度，也遵循股东大会、董事会、监事会等相应的设定原则，同时制定职工代表大会等形式的“共同治理规则”。面对复杂的治理结构，中国企业不断优化公司治理机制，建立有效管理体系，树立绿色、负责的企业形象，高度契合我国对企业及整个宏观经济体高质量发展的要求。

与此同时，ESG 还是我国参与全球经济治理重构的重要领域和渠道之一。ESG 是我国企业融入国际大循环的通行证，不仅有利于资本市场双向开放，还有利于促进国内国际双循环。在新时代大力发展 ESG，有利于我国企业高标准走向世界，有利于资本市场双向开放，也有利于加快构建国内国际双循环相互促进的新发展格局。

总体而言，ESG 理念与我国“五位一体”的总体布局和“创新、协调、绿色、开放、共享”的新发展理念高度一致、深度契合。同时，我国出台环境相关领域、社会相关领域以及顶层治理相关领域政策以践行 ESG 理念并持续深入推进该理念，从而推动企业创新生态打造、增长方式和发展模式的转变，实现企业可持续发展。

（二）ESG 实践与中国企业自身商业价值的和合共生

在 ESG 理论引领下，传统以经济利益驱动企业发展经营的模式逐渐转变为财务绩效与社会影响二者协调驱动的可持续发展模式。在新的商业要求下和企业实践过程中，ESG 并非单纯要求企业付出与投入的成本项，而是平衡企业绩效与社会绩效的更优解，是推动企业实现综合价值最大化的新工具，也是为企业带来额外商业价值的重要手段。

> ESG 的根本作用在于促进企业的可持续发展，企业关注点落在“增长”和“发展”上。我们强调企业商业机会的增加以及社会价值的提升，实现企业与社会的共享价值。
>
> ——吕建中，全球报告倡议组织董事

ESG 可以帮助企业发展可持续经营及赢利的能力，具体体现在帮助企业应对监管要求、进入新市场、寻找商业创新机会与构建自身竞争壁垒等。

（1）应对监管要求，助力企业进入新市场。

其他国家或组织对企业 ESG 信息披露存在不同标准和监管要求（见图 4 和图 5），中国 ESG 监管体系亦在不断建设。

为应对全球及中国各监管部门对 ESG 信息披露的要求，企业进行 ESG 信息披露势在必行。未来，企业想要拓展“出海”业务或者进入新的海外市场，ESG 评分将成为重要评判标准之一。

（2）驱动商业创新，构建竞争壁垒。

探索 ESG 发展将驱动企业寻找更多发展与创新的机遇，帮助企业提高竞争力并使企业借助 ESG 领域建设构建新的竞争壁垒。部分企业在发展 ESG 的过程中，通过系统性地关注社会和环境重大问题，将企业的核心价值、主打领域、关键技能、综合资源对接到解决这些

区域	ESG监管发展
美国	• 早在2010年，美国证券交易委员会便发布《关于气候变化相关问题的披露指导意见》，要求上市公司披露环境问题对公司财务状况的影响，美国ESG信息披露自此飞速发展
欧盟	• 欧盟于2014年推出《非财务报告指令》，要求有超过500名员工的大型企业对ESG信息进行披露
中国	• 中国香港交易所于2012年发布《环境、社会及管制报告指引》，首次提及港股上市公司的ESG信息披露，当时尚未强制执行这项要求，后续逐渐严格，于2015年开始执行“不遵守就解释”原则。目前所有在港上市公司均被强制要求对ESG信息进行披露
	• 2020年上海证券交易所发布《上海证券交易所科创板股票上市规则》，首次对上市公司对ESG的相关报告进行明确规定，后续政策及文件陆续出台。中国ESG呈现监管密切化与密集化的趋势

图 4　ESG 相关监管政策

资料来源：笔者自制。

问题的方案设想中，发掘新的商机。如中国国际海运集装箱（集团）股份有限公司（简称“中集集团”）依靠其研发和交付的绿色低碳产品获得了实际订单和更多的市场份额，在国际及国内市场广受欢迎；又如隆基绿能科技股份有限公司（简称“隆基绿能”），由于其光伏产品具备的天然绿色属性且效能领先，备受青睐，企业经营业绩持续上涨。ESG 不仅是不断投入的成本项，而且成为为企业带来直接收益、筑造自身竞争力甚至形成竞争壁垒的重要能力。

> 天津所托瑞安汽车科技有限公司（简称“所托瑞安”）是一家智能驾驶领域的初创企业。ESG 是我们的显性基因之一，在过去几年里，我们创造的收入和利润正是源自 ESG 实践的反哺。
>
> ——徐显杰，所托瑞安首席执行官

发布方	政策动态	影响
国际可持续准则理事会（“ISSB”）	• 全球的ESG监管框架与信息披露标准持续快速发展，其中首个国际可持续发展报告标准——《国际财务报告可持续披露准则第1号——可持续相关财务信息披露一般要求》（“一般要求”）及《国际财务报告可持续披露准则第2号——气候相关披露》（“气候准则”）已发布	• 意味着强制性的ESG信息披露将在2024财年的报告周期中开始实行，企业需要建立相应的信息手机系统与流程，以使原有披露框架在未来数月过渡至新的披露框架
欧盟	• 欧盟的首个国际可持续发展报告标准——《企业可持续发展报告指令》（“CSRD”）将敲定和生效	
香港联合交易所(“香港联交所”)	• 于2023年4月14日发布一份咨询文件，就加强现行ESG汇报框架下的气候相关披露的建议询问市场意见（建议强制所有发行人于2024年1月1日起在其ESG报告中强制披露与气候相关的信息，并引入以ISSB气候准则为基础的新气候相关披露标准	• 反映香港联交所致力推动可持续发展的承诺，意味着在港上市企业应开始为即将扩展的气候信息披露做准备

图 5 国际 ESG 监管新动态

资料来源：笔者自制。

（三）企业 ESG 帮助企业多维度降低融资成本

从市场反应来看，企业 ESG 表现的提升已逐渐具备重要的信号传递作用。ESG 表现更好的企业更容易得到 ESG 投资者的关注和信赖，使得企业能够在多个维度降低融资成本。

> 投资者在评估某公司是否值得投资时，会有多个维度的考量。一方面，他们会评估这家公司是否具有可持续经营能力，如果它在 ESG 方面表现不好，可持续经营能力就会受影响，进而可能会受政府处罚，新技术进入后可能会被淘汰；另一方面，很多投资者也希望通过投资行为促进环境改善和社会责任的践行。所以 ESG 投资是投资者努力使企业更好地遵守环保及社会责任等方面的要求，借助市场力量促进世界变得更可持续。
>
> ——宋海良，中国能源建设集团有限公司党委书记、董事长

（1）企业更易获得多方投资者青睐，成为被选择对象。

近年来，ESG 表现较好的企业更容易获得投资者青睐。社会对 ESG 关注度持续提高，ESG 相关投资市场火热、投资基金规模不断增大，企业 ESG 表现成为投资者在投资决策过程中的重要考量因素。其中，国际投资者对企业 ESG 的表现尤为看重，部分国际投资者就企业 ESG 表现设立门槛。企业想要吸引此类投资者的注意力，ESG 便成为关键。中小投资者对国际投资者具有追随效应，同样促使市场对 ESG 表现较好的企业给予更高关注度。因此，建设 ESG 并取得良好表现，是企业获得投资者青睐的重要手段之一。

> 做好 ESG 对于我们扩展融资渠道和降低成本也有明显帮助……ESG 对于安踏集团的回报是什么？首先，2023 年我们很

明显地看到，国内或者国际消费者、投资者对 ESG 的概念越来越关注，企业做好 ESG 更容易吸引投资者……

——黄萃琪，安踏集团投资者关系及 ESG 高级总监

（2）企业信息透明度提升，信息不对称性降低，企业更易获得投资者信赖。

企业良好的 ESG 表现在一定程度上提升了企业信息透明度。企业通过补充企业财务信息以外的其他综合指标来向投资者和利益相关方展示企业对可持续发展的承诺，从而使企业在融资过程中更易获得投资者的信赖。此外，企业 ESG 表现良好说明其 ESG 机制合理有效，在公司决策、管理等方面发挥积极作用且委托代理等问题不突出，企业能够更好地发展主营业务、提升价值。

（3）良好的 ESG 表现反映企业发展的稳健性，融资时被要求的风险溢价降低。

企业良好的 ESG 表现有助于增强企业社会声誉和道德资本，证明其在一定程度上具备相对优秀的可持续发展能力，企业经营发展具备稳健性，起到“类保险”功能。同时，在面对“黑天鹅”事件时，具有良好 ESG 表现的企业被认为更具备应对能力，且 ESG 成果有利于降低企业在负面事件影响下的经营风险。同时企业在融资时可获得更低的风险溢价要求。

（4）帮助企业拓展我国政府及银行等信贷资源，缓解融资约束。

企业良好的 ESG 实践会带给社会及公众更多价值，同时在多个维度顺应我国政策要求，更容易获得政府的支持及帮助。在此背景下，企业可通过自身 ESG 的良好表现赢得更多政府与投资者的信任，增强获取资源的能力，并且能够通过政府、国有银行和债券市场获得更低成本的资金。

（四）帮助企业创造长期价值，增加隐形收益

ESG覆盖企业经营价值链的所有环节。短期内，践行ESG理念需要企业在可承受的范围内付出一定成本或牺牲一定利益；但从更长远的角度来看，ESG实践可拓展企业的可持续发展能力，对企业形成价值观、经营理念、战略举措等大有裨益。企业进行更多ESG信息披露，有利于媒体、公众等社会监督力量帮助企业发现问题并进行改善，同时向市场及投资者表明企业持续自省、保持提升的意愿和能够及时与利益相关方沟通交流的能力，有利于形成企业内部各部门之间、企业与客户之间的协作共赢局面，构筑起企业自身独特的竞争壁垒，[①] 帮助企业获得更多回报及隐形收益。

三　中国企业ESG实践发展趋势

近年来，中国企业不断认识和接受ESG理念，不同程度地开展ESG相关活动。在实践中，企业从战略、组织、举措等多个方面差异化地探索自身ESG的发展，同时部分企业已然认识和感受到ESG信息披露及评价体系对企业ESG实践的重要性，不约而同地致力于推动中国特色ESG评价体系及行业间差异化ESG评价标准的建设。

（一）企业采用差异化举措大力发展ESG

（1）将ESG上升至战略高度，并成立专门的ESG部门。

多家企业称“公司已将ESG上升至战略高度”，将ESG战略与业务战略相结合并共同推进。[②] 据统计，截至2022年7月，已有

① 王琳璘、廉永辉、董捷：《ESG表现对企业价值的影响机制研究》，《证券市场导报》2022年第5期。

② 数据源于GF60（绿色金融60人论坛）协办的宏观形势论坛。

50%的央企上市公司明确设立了 ESG 主管部门，20%的央企上市公司表示近期将设立 ESG 主管部门。此外，超过 6 成的央企上市公司每年都会参与或组织 ESG 专项培训，65%的央企上市公司会发布独立的社会责任/ESG 报告。

阿里巴巴集团（简称阿里巴巴）可持续发展管理委员会主席及战略规划部总裁陈龙曾表示，“ESG 是阿里巴巴集团的战略”。阿里巴巴设专人负责 ESG 战略实施，将 ESG 嵌入各业务单元，并成立风险管理委员会和科技伦理委员会。目前阿里巴巴集团几乎每个业务单元都有 ESG 工作组，将 ESG 作为重要考核目标，最终实现“将 ESG 融入阿里巴巴的整体商业体系”。

联想集团全球质量标准与环境事务总监刘微表示，在 2010 年联想集团发布了由董事长签署的公司级别的可持续发展的策略以及管理体系，把 ESG 纳入董事会的治理。从 2010 年开始，集团自上而下地推动 ESG 发展。

调研表明，中国企业普遍重视 ESG，并且大多将 ESG 作为企业未来五年的战略议题之一。① 部分企业认为，面对宏观环境的不确定性、冲突的加剧，企业在社会和环境方面进行投入的重要性愈加凸显，ESG 的价值与主张能够帮助企业有效管理相关风险。

（2）注重 ESG 利益相关方的诉求，多途径调研并反馈于举措。

多家企业在披露 ESG 报告时提及，“利益相关方的参与对企业 ESG 建设具有重大意义”，认为企业需要倾听利益相关方的意见，了解其期望和需求，并将利益相关方的意见融入企业发展规划中。部分企业通过多种渠道进行实质性议题调查，制订利益相关方沟通计划，开展问卷调查及全面深入的访谈，了解各利益相关方所关注的议题及优先级排序，形成多个范畴的实质性议题矩阵，并且在 ESG 报告中

① 数据源于《放眼长远，激发价值——中国企业 ESG 战略与实践白皮书》。

对与利益相关方沟通的具体方式、频率、沟通反馈机制等进行披露，表现出对利益相关方诉求的高度重视。

ESG 报告中对纳入实质性议题调查的群体、实质性议题识别流程的详细描述以及实质性议题的结果展示都表达出企业对于 ESG 事宜理解的广度与深度；而利益相关方参与实质性议题识别的方式也体现了企业对于 ESG 实质性议题管理方式的主动程度。通过对利益相关方及实质性议题的识别，企业能够更有效地识别自身需要核心关注的社会议题、环境议题，并有机会从中找到未被满足的社会需求，借助企业在产品和服务、价值链上的优势创造社会价值与商业价值。

企业是否重视利益相关方诉求并采取积极举措的几个评估维度：

- 企业是否将董事会及高级管理层纳入实质性议题评估过程？
- 是否在日常运营中就 ESG 事宜与各利益相关方进行沟通？
- 是否在明确 ESG 实质性议题后与各利益相关方展开对议题背景更深入的探讨？
- 是否积极主动地回应利益相关方的期望？

（3）强调 ESG 生态建设，动员内外部利益相关方共同参与。

更多企业注重 ESG 生态建设，在推动自身 ESG 发展的同时，通过赋能帮助、制定规则等方式，动员和促进利益相关方共同促进 ESG 发展。

对内宣传、贯彻 ESG 理念并提高全员认知。企业通过培训、交流等方式，让股东、董事会、管理层、员工等多个利益相关方更加深入了解 ESG 并理解企业的 ESG 目标，进而促进企业 ESG 工作的推动和完成。

对外增加对供应链、产业链生态参与者的帮助，在可行范围内提出一定的 ESG 要求。企业以“赋能”的方式带动更多企业参与 ESG，提供认知、资源等多层次的帮助；基于企业话语权能力，以“要求”的形式督促更多利益相关方开始或推进 ESG 的举措实施。

（4）注重 ESG 报告的披露，以信息披露带动 ESG 实践深化和升级。

中国企业 ESG 信息披露率逐年上升。近年来，A 股上市企业 ESG 信息披露表现逐年增加，截至 2022 年 6 月 30 日，沪深 A 股上市企业中，发布 2021 年 ESG 报告的有 1431 家，占比为 31.34%，较 2021 年上升 4 个百分点。且上市公司更加倾向于单独发布 ESG 报告，多维度介绍 ESG 发展现状。其中，金融行业披露比例高居榜首，碳排放较高的行业整体披露水平高于 A 股上市企业的平均披露水平。①

2023 年 7 月，国务院国有资产监督管理委员会（简称“国资委”）办公厅发布《关于转发〈央企控股上市公司 ESG 专项报告编制研究〉的通知》（简称《通知》），助力央企控股上市公司 ESG 专项报告编制工作。该文件是为落实 2022 年国资委发布的《提高中央企业控股上市公司质量工作方案》要求，央企探索建立健全 ESG 体系，力争到 2023 年央企控股上市公司 ESG 专项报告披露“全覆盖”。

部分企业 ESG 报告披露主体覆盖度不断提升，议题数量及内容愈加丰富。一些企业从“仅在集团层面发布 1 份报告”，走向“要求和帮助子公司同样披露 ESG 报告”，例如宝武集团现已建立起“1+n+m”ESG 报告体系，披露主体覆盖多家子公司。同时，很多企业不断纵深推进 ESG 建设，并以报告形式进行信息传播和理念贯彻，如伊利集团 2017 就已发布第一份可持续报告，至 2022 年，领先行业发

① 数据源于《A 股上市公司 ESG 信息披露情况报告》。

布《伊利可持续发展报告》《伊利零碳未来计划》《伊利集团零碳未来计划路线图》等多份主题报告。

（二）多方合力攻坚，构建 ESG 评价体系的“中国特色”标准

目前整合 ESG 相关法律文件尚未颁布，国内上市公司暂无统一的 ESG 信息披露标准。企业 ESG 数据量化、信息结构化难度大、关键议题的数据可靠性低且披露形式多样，因此 ESG 评价结果差异较大，较难实现推广 ESG 投资策略。同时，各国家和地区发展水平截然不同、国情文化各有差异。在中国特色社会主义现代化建设的国情下，我国亟须建立一套专属的 ESG 评价体系。在此背景下，ESG 相关方纷纷发力，共同推动中国本土 ESG 评价体系的建设。

（1）全球范围内的市场监管和制度建设工作逐步完善。

2023 年 6 月 26 日，具有里程碑意义的《国际财务报告可持续披露准则第 1 号——可持续相关财务信息披露一般要求》（IFRS S1）和《国际财务报告可持续披露准则第 2 号——气候相关披露》（IFRS S2）由国际可持续准则理事会正式发布，这两项标准实施后，将极大地提升全球可持续发展信息披露的透明度、问责制和效率，推动可持续发展信息披露迈入准则新时代。

（2）制定“中国特色”标准，提升我国 ESG 体系话语权。

我国尚未形成统一的 ESG 标准，ESG 标准建设仍需时间，同时在世界范围内尚未形成统一的、极具权威性的 ESG 标准。我国有望积极借鉴国际主流的 ESG 框架和标准，在国家政策指引下，充分结合我国自身发展基础与趋势，构建具有“中国特色”的 ESG 标准，并不断提升我国 ESG 体系在国际社会的话语权。

以我国金融监管发展历程为例：部分领域已形成全球统一的监管标准和规则，我国作为后进入者，更多是遵守已有规则，话语权较

弱；而在金融等领域，在尚未形成全球统一标准的情况下，及时制定中国的标准和规则将大大增强话语权，提升我国监管地位。

ESG 评价标准的权威性、导向性及对经济发展的影响力将是未来各国竞争的重要内容之一。因此，建立“中国特色 ESG 标准”，是我国 ESG 发展的必然趋势。

表 1　中国特色的 ESG 发展过程

时间	进展
2022 年 3 月 16 日	国务院国资委成立社会责任局,重点工作将围绕抓好中央企业推进“双碳”工作、安全环保工作以及践行 ESG 理念等内容
2022 年 12 月 20 日	“中央企业 ESG 联盟”由国务院国资委社会责任局指导成立,首批 11 家央企成员加入,助力构建中国 ESG 评价体系
2022 年 12 月 29 日	国际财务报告准则基金会(IFRS 基金会)宣布已经与中国财政部达成协议,在北京设立 ISSB 办公室,这也成为 ISSB 的亚洲总部。未来,中国监管部门和市场将广泛参与全球 ESG 体系建设,表达发展中国家诉求,并在准则制定、推广以及后续的能力建设工作中提供支持,并推动中国本土的 ESG 标准建设

（3）制定不同团体或行业 ESG 标准，健全我国 ESG 生态体系。

在建立统一“中国特色”ESG 标准的同时，国内各方致力于探索更多的团体或行业标准体系，构成中国 ESG 评价体系的一部分。

我国央企积极探索 ESG，发挥“领头羊”作用。2022 年 7 月 29 日由国务院国资委研究中心主办的“中央企业控股上市公司 ESG 信息披露指引研究”开题会召开，预计将于 2023 年下半年出台“央企控股上市公司 ESG 信息披露指引”，初步形成一套我国的 ESG 信息披露框架和丰富的指标体系。

多个社会组织自发合作，发起制定中国 ESG 相关的团体标准。近年来，《上市公司 ESG 报告编制技术导则》等团体标准不断涌现。

金融机构、研究机构、评级公司等组织也在积极推进 ESG 信息披露和评级方法的研究，这些成果将成为未来制定 ESG 配套政策的重要依据。同时，多个实体行业协会组织以 ESG 标准为核心议题开展公共沟通，以求建立行业范围内的 ESG 标准。

四　中国企业 ESG 高质量发展的路径分析

（一）中国企业 ESG 高质量发展亟待企业家转变思维

传统商业对企业的关注点主要集中于其经营的业务及赢利性，以财务指标为主要参考指标。传统商业活动以使股东利益最大化为核心，偏重利润并以财务绩效为单一考核指标，逐渐形成了传统商业思维的惯性。企业家受传统商业思维影响，无法将社会、环境等非财务绩效融合到企业战略中。在 ESG 理念下，企业经营活动更加注重多重利益相关方的价值创造和共享，除财务状况以外，环保、能源、会计、金融、公益慈善、公司法治等多领域的因素被纳入考量范畴。根据最新的 IBM 调查数据，首席执行官将薪酬激励与 ESG 目标挂钩的比例从 2020 年的 15%，急剧增长至 2022 年的 50%。在激励机制变革驱动下，企业需要结合 ESG 视角重新审视公司业务战略，制定清晰的 ESG 战略，并对商业模式和运营模式做出必要调整，以求将思维从“股东至上”转变为“多方皆好”。

（1）关注利益相关方及社会可持续发展。

传统企业商业理念认为，企业利益和股东利益具有统一性，企业经营应以股东利益最大化为导向，经营管理应以股东为起点，以股东利益最大化为目的，且在股东与非股东利益冲突时，股东利益具有优先性。ESG 理念将引发人类商业文明的又一次革命，相较于以往只谈短期物质回报的商业理念，它体现了商业文明长期理性的一面。

ESG 理论强调企业关注利益相关方，认为企业既具备赢利属性又具备社会服务功能，股东利益最大化并非公司最高的行为准则，为股东创造利润也并非公司运营的唯一目标。ESG 实践可能会要求董事会牺牲部分股东利益，或追求超越监管和商业合同要求的社会责任目标，同时需要扩大董事会的职责，鼓励董事会关注股东利益之外的目标。这会导致企业经营绩效与社会责任绩效之间的矛盾。

我国市场经济体制是由计划经济体制转变而来，而在以公有制为主体的市场经济条件下，国有企业发挥主导作用、国家政策对市场起到重要引导作用等诸多特点深入人心，使国家、政府、公众对企业承担社会责任、为社会增添福祉抱有较高期待。ESG 要求企业从因义而利的角度出发，关注其他利益相关方。为将社会责任真正付诸实践，寻找企业发展与增长的平衡点，利益相关方需要携手企业一起确定理论和实践的有机连接和落地的行动指南。

（2）建立 ESG 建设的成本投入和产出效益分析新机制。

就目前我国企业 ESG 实践发展阶段而言，诸多企业对于 ESG 的内涵及重要性尚未形成统一认识，一些高管在不同程度上了解 ESG 相关概念，但没有深入理解 ESG 内涵并形成共识。尤其在 ESG 理念下，企业商业价值难以在短期凸显，前期以企业的成本投入及费用支出为主，缺乏相应的收益评估、回报度量等量化指标，导致企业较缺乏建设 ESG 的动力及信心。而 ESG 能够得到良好实践的前提是企业做大、做强主业。因此，如果企业难以理清 ESG 与业务之间的关系，不能将业务战略与 ESG 战略有效结合，甚至为商业经营带来损害，则 ESG 实践将很难实现。

（二）创新推动 ESG 实践中的人才培养、管理工具和协同机制

部分企业正在建设 ESG 或准备进行 ESG 建设，但无论是 ESG 建

设颇有成效的头部领先者，还是尚在摸索的追随者，均在 ESG 实践中遭遇诸多困难，主要体现为认知不足、战略欠缺、执行困难等，究其根本，难觅人才、缺乏方法、协同不畅是最直接的三大困难。

（1）为推进 ESG 实践，企业必须重视组织保障、人才储备及培养机制。

缺乏组织保障和人才是很多企业进行 ESG 实践时遭遇的第一大困难。ESG 发展还不成熟，在企业经营过程中做好 ESG 更是前所未有的尝试，该领域缺乏人才，企业内部亦是很难找到知识储备足、经验丰富的人才。一些企业成立 ESG 部门，却招不到合适的人才，岗位空置，还有一些企业并不设置 ESG 部门，负责 ESG 实践的人员负荷沉重，专业能力不足且无法全身心投入 ESG 建设。随着 ESG 行业的蓬勃发展与各项制度的逐步落实，企业在标准编制、理念推广、信息披露等方面将面临大量 ESG 专业人才缺口。ESG 专业人才主要包括 ESG 标准体系构建人才、ESG 理念推广人才、企业 ESG 部门成员、ESG 金融和新技术手段支撑相关人才、ESG 报告撰写及监管人才，且相关人才需要具备跨学科的专业知识，主要涉及金融、社会、法律、环境工程、公司治理等领域。同时，不同类别的人才在专业能力上也存在不同的能力侧重。ESG 专业人才需具备理论思维能力、政策和合规领悟能力、ESG 市场洞察能力、评估分析能力、议题通晓能力。此外，组织和人才的缺乏还会导致企业内部很难对 ESG 理念形成深刻理解并进行传达与贯彻，使 ESG 实践流于表面，成为口号。

（2）创新工具及方法论，实现 ESG 与主营业务的融合。

企业能够进行 ESG 实践的前提是做好主业。在缺乏成熟、系统性理论指导的情况下，企业很难找到参考对象及实践标准，无法理清 ESG 与主营业务之间的关系，也无法将 ESG 实践融入商业运营。将 ESG 从成本中心变为利润中心，对企业而言，更是难上加难。这就需要各方支持企业进一步创新以 ESG 为中心的管理工具和方法论。

（3）要在不同业务部门之间、上下游企业之间形成 ESG 协同发展合力。

理解和推行 ESG 理念需要多个层级、部门、利益相关方的相互配合、共同参与。ESG 要求企业沿供应链方向产生“外溢”效应，企业在内部建设 ESG 的同时，需要在上下游构建 ESG 的影响力或建立其他与 ESG 有关的合作关系。在建立 ESG 战略后，企业在实践过程中可能面临成效不及预期等问题。建立风险管理体系亦是一大挑战。

在 ESG 体系中，母公司与子公司之间的关系也是需要重视的问题。企业社会责任具有传递性，如果子公司不断出现严重问题，母公司将受到影响而产生不同程度的波动。母公司应为子公司规定更严格的 ESG 要求并且进行风险管控，这无疑又增大了 ESG 的实践难度。

（三）全面完善 ESG 实践的中国生态体系

我国“十四五”规划提出，以推动高质量发展为主题，促进经济社会全面绿色低碳转型。这为 ESG 理念在我国落地实践创造了历史机遇。联合国全球契约组织早在 2004 年的报告中就指出，只有当各方参与者达成共识、协同发展，才能构建更为强韧的市场，从而实现全社会的可持续发展。为此，要实现 ESG 的中国实践从监管合规到卓越驱动还需要全面优化生态体系。

政策监管部门应进一步加强顶层规划，建立明确的监管模式和监管机构，完善披露要求和披露框架；完善供给侧政策、可持续金融相关业务规定以及政策性资金引导、财税优惠等激励政策。相关行业协会等应宣传 ESG 自律性倡议和行为规范，在加强舆论倡导和外部监督的同时，要推动相关行业服务机构的发展，并联动有关社会组织共同参与企业 ESG 价值创新。投资机构要进一步推广影响力投资等策略，增加 ESG 资产配置，引导和促进企业的 ESG 实践。高校、科研机构可以通过加强人才培养、动态的实证案例研究来推动中国 ESG 实践。总体上看，为践行 ESG 助力企业的高质量发展，我国需要综合考虑市场各利益相关方的优势特点及定位，构建以企业为核心，监管部门、投资机构、评级机构、行业协会、科研机构、新闻媒体多方合力发展的中国特色“多位一体”ESG 生态体系。[1]

① 陈雪、刘玥婷：《“多位一体”推进我国 ESG 生态体系建设》，《中国质量》2023 年第 2 期。

案 例 篇

Cases

B.7

“持续融合”创新管理模式与应用实践

刘 合 曹 刚 贾德利 杨清海 高 扬*

摘 要： 端稳端牢能源饭碗，保障国家能源安全是中国石油天然气集团有限公司（下称“中国石油”）的责任和使命。我国面对“高含水、高采出程度”（“双高”）老油田与低品位储量规模效益开发难题。创新管理团队（以下简称“团队”）以开发进程与开发目标变化产生的矛盾为导向，提出“持续融合”创新管理模式，以“四个一体化”为手段，推进跨专业、多层级管理，以及技术“长效、整体、协同”创新，在团队建设、技术体系构建、注采整体解决方案制定等方面发挥重要作用。基于应用效果评价，团队

* 刘合，中国石油勘探开发研究院，中国工程院院士，研究方向为油气田开发工程；曹刚，中国石油勘探开发研究院智能控制与装备研究所所长，研究方向为采油采气工程；贾德利，中国石油勘探开发研究院企业技术专家，研究方向为分层注采；杨清海，中国石油勘探开发研究院室主任，研究方向为采油采气装备和自动化；高扬，中国石油勘探开发研究院室主任，研究方向为油气田开发工程。

剖析创新管理过程中的问题、经验和教训，不断丰富和完善“持续融合”创新管理模式，拓展适用范围，提升应用效果，在从顶层设计到技术创新、从生产运行到管理方式的全链条创新发展中发挥了引领作用，促进了油田开发技术能力和管理水平的提升。

关键词： “持续融合” 技术创新 管理创新

一 “持续融合”创新管理模式的创建背景与发展历程

采油工程贯穿油气田开发全生命周期，是复杂的多学科系统工程，其核心任务是建立和维护油气开采通道，构建油气田开发的生命线。采油工程面对具有含油层系多套、储层高温高压、岩性与流体多变、井眼空间有限、井型结构多样等特点的极其复杂的工作环境，因此，这种工作环境对技术精密性、适应性、可靠性等要求极为苛刻。采油工程技术进步在油田增产、稳产中一直发挥着重大作用，然而，在传统技术管理模式下，我国在采油工程技术创新和工程实施过程中面临的最大难题是技术与管理脱节；新技术从研发到应用周期长，难以适应油田快速发展的节奏，制约了创新成果工业化应用。

（一）“双高”老油田与低品位储量规模效益开发难题亟须解决

20 世纪末，我国主力油田历经 40 年高强度开采后，进入“高含水、高采出程度”开发阶段，而新发现资源呈现明显的劣质化趋势，油田稳产和可持续发展面临严峻挑战。“双高”老油田的剩余油高度分散，80%集中在中、低渗透层。原有分层注水技术配水器间距在8米以上，对薄差储层不能有效实施分层注水，而且测试效率低、操作成本高，导致近10亿吨剩余油储量无法动用，稳产形势严峻。同时，我国还面临提高采收率工艺不配套、油水井套管严重损坏等采油工程技术瓶颈，亟待突破新技术，改善开发效果。对于新发现低品位储量，我国面临油层薄而多、渗透性差、单井产量低、开采成本高等系列难题，难以实现规模效益开发，亟须油气储层增产改造核心技术，支撑低品位储量规模效益开发。

（二）创建“持续融合”创新管理模式是推动我国采油工程技术进步和管理方式转变的重要举措

面对“双高”老油田与低品位储量规模效益开发难点，团队以采油工程技术与管理创新为着力点，围绕尾矿资源最大化利用和低品位储量规模效益开发两大目标开展工作。为此，基于工程哲学思想，团队提出“长效、整体、协同”的工程管理理念，创建了“持续融合”创新管理模式，依开发对象不同开展技术创新，主持研发了具有自动化、智能化特点的第三代和第四代分层注水技术，攻克了全可溶桥塞压裂等关键技术，解决了老油田开发后期尾矿资源最大化利用和劣质储量效益开发等技术难题；依开发进程变化实施管理创新，实现工程技术创新与管理创新螺旋式同步发展，推动了我国油气工程技术进步和采油工程管理方式转变，支撑了中国石油主力油田持续稳产。

（三）完善“持续融合”创新管理模式，拓展应用范围，是提升油田开发技术能力和管理水平的重要手段

“持续融合”创新管理模式的内涵在实践中不断丰富。该模式的适用范围不断扩大，该模式拓展应用于“能源与水”项目协同管

理决策、能源资源管理等领域。在能源与水协同管理方面，我国基于中美清洁能源联合研究中心（CERC）平台，组建了中国能源与水合作技术创新联盟，通过中美联合协同攻关，定量解析了能源与水资源开发利用全过程纽带关系，提出了国家、区域和城市等不同尺度能源与水“四化一创”协同发展策略。在能源资源管理方面，我国统筹“双碳”目标与能源安全，探索“双碳”目标下能源转型的基本规律以及能源消费与碳排放趋势，形成多层级能源需求和碳排放计算体系。

二 “持续融合”创新管理模式的内涵

团队基于长期科研生产实践与系统工程的有机结合，以开发进程与开发目标变化产生的矛盾为导向，创建“持续融合”创新管理模式，推进跨专业、多层级管理与技术“长效、整体、协同”创新，提升技术创新的针对性与管理创新的科学性。“持续融合”创新管理模式的技术与管理创新双螺旋结构见图 1。

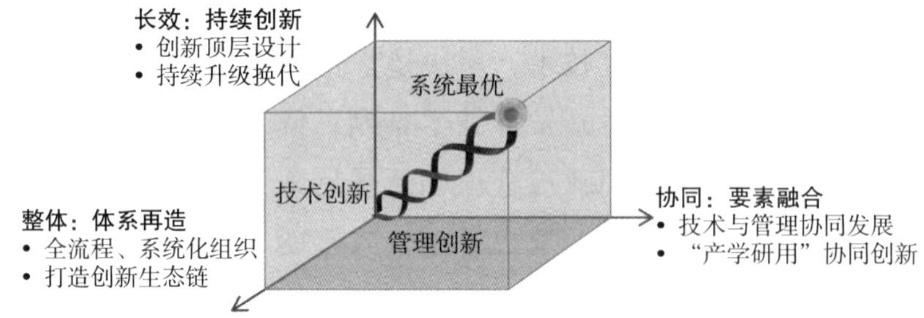

图 1 “持续融合”创新管理模式的技术与管理创新双螺旋结构

资料来源：笔者自制。

“持续融合”创新管理模式主要通过一体化设计、一体化管理、一体化组织、一体化升级“四个一体化”得到应用。

（一）钻完井、油藏、采油、地面工程一体化设计

在传统上游油气工业中，我国有不同的专业工程领域，包括钻完井工程、油藏工程、采油工程、地面工程等。这些专业工程领域分别负责油气开发的不同环节，交叉较少，但这种专业工程领域分工在油气田开发后期已不能适应高质量发展的要求。因此，“持续融合”创新管理模式打破专业壁垒，采油工程向前延伸到钻完井工程和油藏工程，向后延伸到地面工程（见图 2）。根据该模式，团队实行最优化设计、地质工程一体化部署、现场协同化实施，使油田开发由单一环节最优转为整体效果最优。

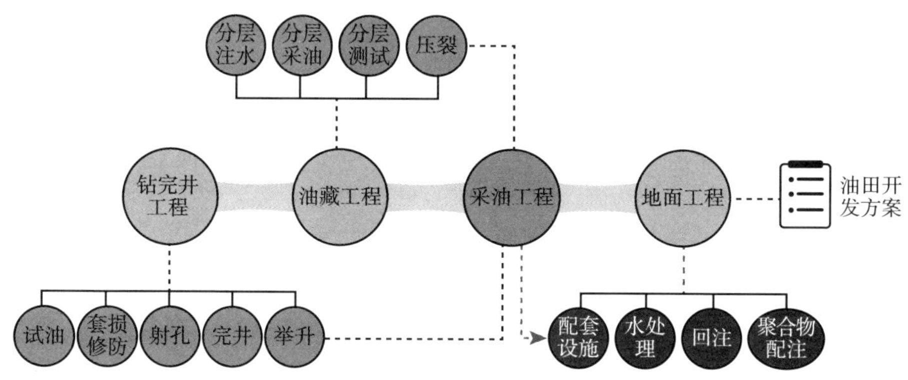

图 2　采油工程方案设计流程

资料来源：笔者自制。

（二）设计、研发、试验、推广一体化管理

传统公司、厂、矿、队的垂向四级技术管理体系主要面向油田生产和日常管理，无法适应新技术应用需求，因此，团队将传统垂向四级生产管理体系与科研体系的设计、研发、试验、推广等关键节点相互融合，建立一体化技术管理体系，有效解决研发与应用脱节问题，

大幅提升科技成果转化率；同时，建立重大工程项目管理体系，形成“职责分，思想合；任务分，目标合；专业分，行动合”的快速反应机制，大幅缩短研发到推广应用周期（见图3）。

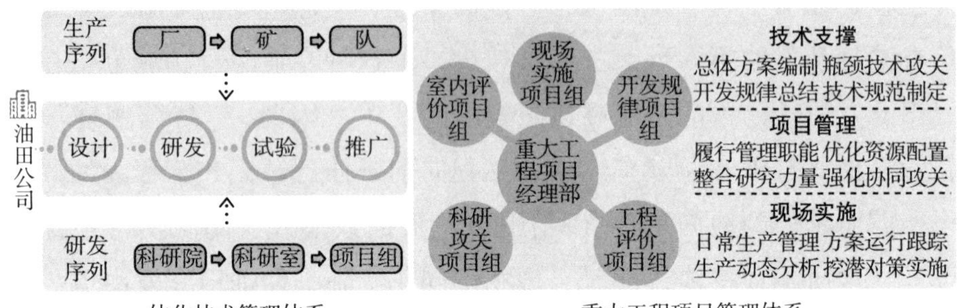

图3　一体化技术管理体系和重大工程项目管理体系

资料来源：笔者自制。

（三）多学科、多专业、多领域、多机构一体化组织

传统采油工程技术多为机械结构，其研发涉及学科专业较少，随着井下工具由机械化向自动化和智能化转型，我国必须转变科研攻关模式。因此，我国应围绕重大项目攻关，建立由油田、科研院所、高校等组成的“产学研用”协同创新联盟，以及多学科、多专业、多领域、多机构一体化组织，围绕产业链布局创新链，有机融合多学科、多领域的前沿技术和最新成果，破解油田开发核心技术难题（见图4）。

（四）新装备、新工艺、新规范、新标准一体化升级

我国应把瓶颈技术突破与传统技术优化相融合，纵向推动采油工程主体技术持续升级换代，横向实现新装备、新工艺、新规范、新标准一体化升级，为日益复杂的开发对象、不断变化的开发进程提供整体解决方案（见图5）。

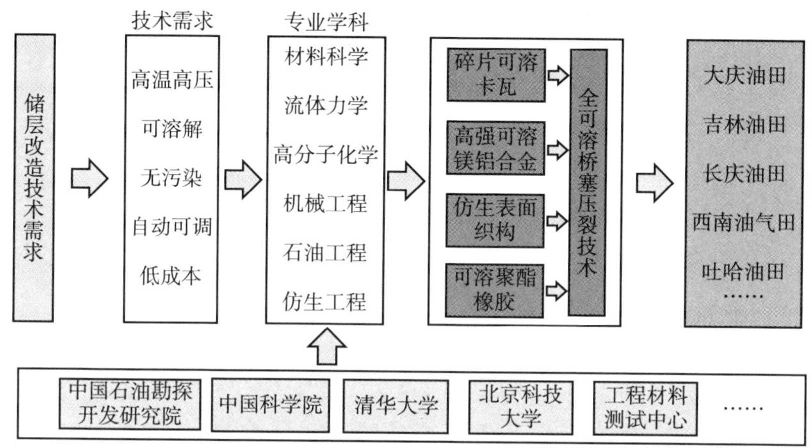

图 4　多学科协同创新

资料来源：笔者自制。

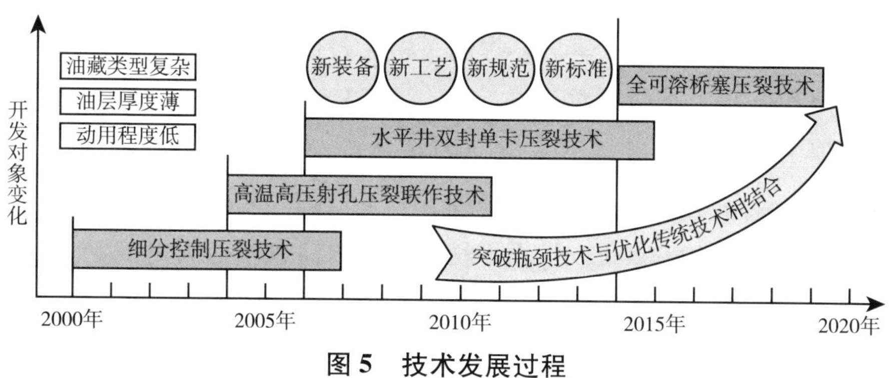

图 5　技术发展过程

资料来源：笔者自制。

三　“持续融合”创新管理模式的成果和意义

在中国石油主力油田进入“高含水、高采出程度”阶段，产量递减加快、新增油气储量劣质化趋势明显的开发背景下，我国应以“持续融合”创新管理模式为指导，以“四个一体化”推进攻关团队建设和技术创新，瞄准分层注采数字化、智能化发展前沿，不断突破基础共性核心技术，形成适应油田生产变化的系列先进注采工艺，提高井下认识和控制水平，实现老油田尾矿资源最大化利用和生产管理模式的转型发展。

（一）一体化组织模式持续推进团队建设，保障较高创新水平和持续创新能力

根据分层采油工作环境极其复杂、技术先进性和可靠性要求高的特点，我国组建了由领军人才、核心成员、组织保障人员组成，专业覆盖油气田开发、油藏工程、采油工程、机械设计、自动控制等多学科的精细化分层注采井筒控制工程关键技术与装备攻关团队，并制定了“全面提升我国采油井筒控制工程关键技术水平，大幅提升我国井筒控制工程的核心竞争力，提高关键装备研制能力，引领井筒控制工程向智能化、高效节能方向发展，经济、有效地利用已发现的资源，促进石油工业可持续发展”的长远目标。团队成员学历高、视野广，专业和年龄结构科学、合理，分工清晰、明确。资深技术专家有丰富的现场实践经验，甘为人梯；青年科研骨干敢为天下先，不断开拓；老中青研发人员集智攻关、团结协作，始终保持较高创新水平和持续创新能力。在核心攻关团队的基础上，我国围绕重大注采项目攻关，外延式建立由油田、科研院所、高校等组成的“产学研用”协同创新联盟；围绕生产需求布局创新链，有机融合多学科、多领域的前沿技术和最新成果，破解智能分层注采的核心技术难题。

（二）一体化设计模式打破原有技术体系和专业壁垒，实现油田技术创新和生产管理的重大转变

在主力油田“双高”阶段，注入端和采出端面临的巨大挑战主要体现为两方面：一方面，层间矛盾和非均质性越来越突出，分注井

数和层段数不断增加，分注工艺测调效率、有限的测试队伍与服务能力、开发生产成本、精准数据需求与开发方案优化分析之间的矛盾日益突出；另一方面，采出液含水率逐渐升高，大量高含水井造成举升、集输和污水处理能耗及基建费用急剧增加，油田生产成本提高、效益变差，大量油井面临关井风险。

面对油田稳产和可持续发展的严峻形势，团队利用“持续融合”创新管理模式的一体化设计方法，明确了注采协同的顶层设计规划，不仅强调注入端、采出端和油藏分析的单一领域创新与技术迭代，而且注重注采协同以及智能注采硬技术与油藏软方法的有机结合。在顶层设计规划和“持续融合”创新管理模式指导下，团队依托国家“863”计划项目“采油井筒控制工程关键技术与装备”、中国石油重大科技专项“第四代分层注水开发技术”等重大项目和中国石油重点实验室，有计划、分步骤地推进单项技术和注采协同研发，取得关键技术、核心装备、注采工艺、油藏分析等多方面重要突破，在注入端、采出端向智能化、精细化方向发展的基础上，创新形成注采结合的同井注采技术，通过智能注采硬技术与油藏软方法的有机结合，实现了油田生产管理由“滞后调控”向“实时优化”的重大转变，使油田生产由注入、采出、油藏单一环节最优向注采协同整体最优发展。

“持续融合”创新管理团队共获得四大创新成果，具体如下。

创新成果 1：攻克了井下流量检测、高压电控调节等关键技术难题，形成了桥式偏心/同心高效、缆控式数字分层注水技术和工艺，实现了注入状态下层段流量、压力、温度参数实时监测以及层段配注量的实时调整，引领了分注技术向井筒数字化、智能化方向发展，创立了中国石油第三代、第四代分层注水技术的主体。

创新成果 2：发明了井下电能与数据一体传输的电磁耦合、基于振动波和抽油杆载荷脉冲的井筒无线通信核心技术，形成了电磁耦合有缆分层采油和无线分层采油系列技术，实现了采油井井下分层产量、含水率、压力等参数的在线实时监测和调控，为注采油藏动态分析、生产优化提供了技术支撑，引领了采油井向精细化开采方向发展。

创新成果3：创新提出了井下旋流器多参数耦合优化设计方法，研发了轴流式水力旋流器，发展了双泵抽吸式旋流式油水分离同井注采工艺及配套技术，通过注采一体、一井多能构建了高含水老油田“井下工厂”水驱开发新模式，实现了井下互注互采，减少了低效无效水循环，完善了注采井网，提高了油藏动用程度。

创新成果4：发明了高含水油田水流优势通道识别、基于注采单元渗流阻力的多层多向产量劈分、智能注水优化等方法，首次形成了以“水驱开发精细分析和实时优化调整”为特色的油藏、工程一体化智能管理技术，研发了水驱智能油藏开发软件IRes，推进了水驱开发由“滞后调控”向“实时优化”的跨越式转变。

（三）一体化升级模式突破技术瓶颈，为日益复杂的注采对象提供整体解决方案

“持续融合”创新管理模式重视注采瓶颈技术突破与油田传统注采工艺的优化融合，使老技术常用常新，新技术引领发展，纵向推动注采主体技术持续升级，横向实现新装备、新工艺、新规范、新标准一体化升级。团队通过多年持续攻关，形成了20多类核心装备、10余种注采工艺以及4项规范、标准，为日益复杂的注采对象提供了整体解决方案。

我国的核心装备有：同心调同心阀/偏心阀桥式同心配水器、非集流测调仪、小水量集流测调仪、缆控式配水器、压力波控制配水器、流量波控制配水器、缆控式注聚器、配产器、油井井下中继单元、井下无线传能通信装置、电控封隔器、电控取样器、单级/两级

串联水力旋流器、油气水三相分离装置、倒置电泵高压回注装置、偏心扭矩传递装置、多层封隔注采系统、井下多参数监测装置、动力电缆载波信号传输系统、地面流量压力控制系统、测调仪/缆控工艺配套主机等。

我国的注采工艺有：桥式同心分注、缆控式分注、无线通信分注、缆控式分层注聚、整体式缆控分采、丢手缆控分采、无线对接分采、井下分层取样与测试、螺杆泵采-螺杆泵注、螺杆泵采-倒置电泵注等。

我国的标准规范有：偏心工作筒、缆控分层注水技术规程、偏心工作筒用流量控制装置、井下油水旋流分离器等。

（四）一体化管理模式畅通研发与应用链条，取得显著生产应用实效

团队将科研体系的设计、研发、试验、推广等关键节点和油田公司、采油厂、采油矿、作业队四级生产管理体系相互融合，畅通研发与应用链条，解决研发与应用脱节问题，使研发到推广周期缩短3~5年，成果转化率达80%以上，实现了创新成果的快速转化应用。

"十三五"期间，第三代分注技术应用于中国石油的3.2万口井，这些井占中国石油分注井总数的53.2%，支撑将水区产量自然递减控制在12%以下，累计减少测试班组380个，创效34亿元；第四代分注技术应用于大庆、长庆、吉林、华北等油田的11个示范区，实现了井下测调自动化、状态监测实时化和数据管理网络化，示范区水驱动用程度提高了1.2个百分点达到21.4个百分点，直接创效3.26亿元。井下油水分离同井注采技术在大庆、大港、吉林和冀东油田累计应用48井次，试验井地面产水平均下降68%，平均水油比值由44.5下降至12.3，累计减少地面产水104万吨，回注驱替增油1.99万吨。团队在大港油田打造了国内首个区块级同井注采示范区，

利用同井注采"井下工厂"开发新理念，构建了立体注采调控井网，不改变井数条件下将5注16采井网改造为13注18采新井网，颠覆了传统采油方法。

目前，创新成果的应用范围还在不断扩大，创新成果取得了显著经济效益和社会效益，为老油田精细水驱开发提高采收率提供了有力工程支撑。

四　"持续融合"创新管理模式的问题及经验

（一）实践过程中应注意的管理问题

一是知识产权保护问题。由于井下严苛的环境、狭小的空间以及未知的状态，井下工具创新一直存在较大的挑战。井下工具创新主要包括机械结构创新及其智能化和数字化创新，而结构和工艺创新就像是一层薄薄的窗户纸，虽巧妙但一捅就破，因此，知识产权保护存在较大困难。井下工具从研发、试制、测试、优化到现场应用需要一个较长的周期，我国为了在创新过程中保护石油科技工作者的原创成果，主要采取三种做法：第一，在井下工具进入协作工厂加工、组装、测试前，布局完成相关知识产权的申报工作，从源头进行保护，为"新装备、新工艺、新规范、新标准一体化升级"奠定知识产权基础；第二，科研工作需要协作加工厂家开展加工试制、室内测试、现场试验等工作，这些环节涉及技术方案的沟通和技术图纸使用，因此团队要与协作加工厂家签署保密协议，保障样机研发试制过程中的技术秘密；第三，加强发明专利创新点的深度挖掘，使专利保护更强调原理性保护和相似结构保护，并保障井下工具产品走向市场后的市场价值。

二是创新成果的工程应用问题。井下工具科研成果要在油田现场进行测试和验证，验证成功后还要进行大规模推广应用，其一旦从实验室、车间走向现场，面临的问题将由科学或技术问题转变为工程问题，特别是井下工具从地面下入井下的过程涉及施工、配套、保护等诸多问题，而井场施工过程远不如室内精细，操作方式较粗放，很容易造成工具的遇阻、卡断等问题，导致现场试验失败，严重的甚至会导致井场事故。

为了保障现场试验的成功率，降低推广应用难度，团队将科研体系的设计、研发、试验、推广等关键节点和油田公司、采油厂、采油矿、作业队四级生产管理体系融合，使生产环节的作业人员和油田生产相关管理办法渗透到科研环节中，与研发过程深度结合。研发与油田生产的融合主要体现在四个方面：第一，在井下工具方案研发阶段，现场生产人员对设计方案进行现场适应性审核，并针对现场实施的粗放式施工方式进行优化改进，从设计源头提高井下工具的可靠性和稳定性；第二，团队强化井下工具出厂测试，在出厂前开展耐温、耐压、密封、振动等多种环境的严格测试，井下工具通过测试才能进入现场；第三，生产环节一线人员通过在科研过程中的深度参与，提高了对先进技术的认识和理解程度，从而在现场施工时积极主动采取预防措施，降低施工风险，提高现场施工成功率，保障工具推广和应用的顺利推进；第四，一线人员在技术研发中的深度参与有利于提高油田生产人员和一线作业人员的积极性，技术研发成功也可提高相关人员的自豪感和使命感，从而激发主人翁精神和意识，提高现场试验的成功率。

（二）推广过程中应注意的问题

“持续融合”创新管理模式已在采油工程技术创新与管理、低品位油气资源效益开发、国际科技合作、能源资源管理理论创新等方面得到成功应用。采油工程具有学科范围广、技术要求高、创新链条长、涉及部门多等特点。低品位油气资源开发强调极限条件下的技术创新、应用和成本管控。国际科技合作注重合作目标和技术创新融合以及国家科技合作的外交规范。能源资源管理理论创新较突出宏观层面的规律和趋势研究。我们可以看出，上述几个应用领域各有侧重、各具特点。在运用“持续融合”创新管理模式时，我们应注意以下几点问题。

一是应分析并明确应用领域中技术与管理方面的主要矛盾和次要矛盾。随着生产需求不断变化，我们应掌握主要矛盾和次要矛盾的发展、转换关系和规律，用“矛盾论”“实践论”的科学方法论，确定不同阶段的技术与管理瓶颈问题，从而制定技术创新与管理方法转变的对策与方案。

二是根据科研实际和生产实际需求，确定“四个一体化”具体措施实施的领域和范围。在一体化设计方面，我们应明确顶层设计目标和规划方案，确定整体创新链条上的参与单位或部门，组建攻关团队，宣贯整体规划，明确各单位或部门的分工和职责；在一体化管理方面，我们应在攻关初期即确定后期应用工艺和方案，形成科研和生产联动的快速反应机制；在一体化组织方面，我们应将内部团队和外部协作创新联盟的人才、技术、资本、信息等创新要素有机整合，实现资源配置的整体优化；在一体化升级方面，我们应根据攻关进度和布局，在不同研究阶段布局知识产权、标准体系的升级。

三是建立动态调整机制。在创新实践过程中，我们应根据问题、环境、制度、人员等的变化，对创新模式和方法进行适当调整，保障技术创新与管理创新螺旋式发展。

总之，在运用“持续融合”创新管理理论、理念和模式时，我们应做好顶层设计、做准攻关方案、做实组织管理、做细现场实施，强化技术与管理交叉创新，形成技术管理合力，使之成为技术与管理创新的坚强助力。

（三）管理实践的经验与理论总结

“持续融合”创新管理模式是在原有技术基础上，以工程哲学思想为指导，以开发进程与开发目标变化产生的矛盾为导向，打破传统专业壁垒，将攻关领域全系统的人才、技术、资本、信息等创新要素有机融合、整体优化，在相对多维的技术管理空间内形成开放、交互的创新体系，凝结成协同有序发展的持续动力。团队提出“持续融合”创新管理模式，注重分析不同发展阶段的主要矛盾、次要矛盾以及主要矛盾与次要矛盾的转换关系和时机，辩证认识技术创新与管理创新的关系及其在创新链条中的地位与作用，并进行持续动态调整，践行“长效、整体、协同”的工程管理理念，从而实现工程技术创新与管理创新螺旋式同步发展。

“持续融合”创新管理模式以先进技术的工业化应用作为创新的评价标准，构建了从顶层设计、基础研究、技术研发、中试扩大到工业化应用完整的创新链。该模式在快速推进工程技术有形化和应用规模化的同时，形成了技术管理模式上的长效、整体和协同，也为其他程技术和管理创新建立了具有长期有效性和作用力的模式范本。

五　“持续融合”创新管理模式的实践成果应用及评价

（一）经济效益和社会效益

在“持续融合”创新管理模式指导下，团队形成了精细分层注水、聚合物驱分层注入、套损井修防等先进采油工程技术与装备，以及细分控制压裂、水平井双封单卡分段压裂、可溶可控桥塞压裂等储层改造关键技术，实现了油田开发技术与生产方式的跨越式发展。

团队针对薄差层动用效果差的难题，发明了“两小一防”和“桥式偏心电缆直读测调联动”等精细分注工具与工艺，分注层厚度下限由8米减小到1.2米，有效动用中低渗透薄差层，水驱动用程度提高了47个百分点；测试精度由80%提高到95%以上，测试时间由4天缩短至1天，精细分注工具与工艺解决了细分后测调工作量急剧增加带来的生产管理难题。团队发明的智能分层注水技术实现了分层注水全过程监控和智能配注，推动了油田生产管理由“滞后调控”向“实时优化”的重大转变，引领了注水技术质的飞跃。精细分层注水技术已推广至国内10余个油田以及哈萨克斯坦、苏丹、印度尼西亚等7个国家，应用于2万多口井，增产原油1550余万吨，创效超42亿元，大力支撑了中国石油国内1亿吨产量。精细分层注水技术实现了分层注水工具的功能由单一向多功能、机械化再向自动化和智能化的重大转变，20多年来始终保持国际领先水平，持续引领国内外分层注水技术发展方向。

聚驱分注技术使聚合物流体在分层管柱中的黏度损失由50%下降至4.8%，支撑聚驱工业化应用，油层动用比例提高15个百分点以上。这项技术与驱油剂研制、油藏优化设计构成聚合物驱核心技术，助推我国三次采油技术达到国际领先水平。针对套损形式复杂、修复周期长、成功率低的难题，团队研发了小通道扩径等10项高效修复技术与装备，并提出“防、管、治”管理方法，修复成功率由40%提高到80%以上。聚驱分注技术工业化应用于8600口井；套损修防技术应用于2.7万口井，年恢复原油产量30万吨、增注水量700万方。采油工程先进技术的工业化应用有效支撑了大庆油田三次采油产量连续16年超过1000万吨，总产量4000万吨以上持续稳产17年，达到国内外同类油田最佳开发效果。这些技术已被推广到长庆、新疆维吾尔自治区、吉林、大港等油田，以及“一带一路”沿线的哈萨克斯坦、伊拉克、蒙古国、苏丹、印度尼西亚等多个国家油气合作项目，为石油工程技术“走出去”提供了重要支撑。

细分控制压裂技术使小层压开率由44.2%提高到96.3%，水平井双封单卡分段压裂技术实现单井产量提高3.5倍以上。团队将新材料与仿生技术有机融合，在全球率先成功研发全可溶可控桥塞压裂技术，作业效率提高50%，成本降低1/3，全可溶可控桥塞压裂技术获中国石油2016年度“中国科学十大进展”。储层改造系列技术在长庆、大庆、吉林、西南等油气田得到工业化应用，支撑国内致密油、页岩气资源规模有效开发。

此外，团队还建立了“持续融合”工程管理示范工程——吉林油田大井丛效益建立示范区。团队立足“重新认识资源潜力、重新构建技术体系、重新定位效益开发”，遵循“四个一体化”的管理做法，整体应用采油工程新技术，将23个常规平台优化为2个大井丛集约式平台，平台占地面积缩小60%，平台管理人员减少90%，产能建设周期缩短50%，颠覆了低品位储量常规开发模式；示范区单井产量提高60%以上，采收率提高8.3个百分点，百万吨产能投资下降21%，增加可采储量2亿吨。总之，团队取得了“节约土地、降本增效、安全环保、绿色低碳、智能管理”五重成效，为我国低品位储量开发利用探索了全新的发展模式。

（二）管理实践成果的鉴定、获奖情况

在“持续融合”创新管理模式指导下，团队完成20余项国家级和省部级重大科技专项、国家自然科学基金以及中国工程院咨询项目，取得了多项重大技术创新和管理创新成果。“持续融合”创新管理团队带头人刘合院士获国家科技进步特等奖1项、二等奖3项，国家技术发明二等奖1项，省部级科技奖励17项；1999年、2006年分别获第12届、第19届石油企业管理现代化优秀成果一等奖，2006年获第13届国家级一等企业管理现代化创新成果；2015年“采油工

程持续融合创新管理与实践”获第 28 届全国石油石化企业管理现代化创新优秀成果一等奖。另外，刘合院士获光华工程科技奖、孙越崎能源大奖、SPE 采油工程技术奖等；获授权发明专利 45 件；出版著作 6 部，其中，以本成果为依托的《采油工程持续融合创新管理与实践》于 2015 年出版；发表论文 179 篇（SCI、EI 期刊分别收录 15 篇和124 篇）。

（三）专家评价与社会反响

在“持续融合”创新管理模式指导下，团队开发了桥式偏心、同心高效测调、缆控式和波码通讯式等四套分层注水工艺技术。胡文瑞院士评价，“在世界范围内中国石油真正的领先技术之一就是分层注水技术，其成果在井下复杂程度以及工艺类型及应用效果方面，均是国际领先的”；李阳院士评价，“该成果为跨越式新一代分层注水技术”；袁士义院士评价，“分层注水的革命技术充分体现了我国近些年水驱开发能力、水平和效果的提升”。国际著名石油期刊 *Journal of Petroleum Technology* 刊文向全球推介分层注水技术，认为“该技术实现了未动用油藏的精确注水开发”。

《采油工程持续融合创新管理与实践》论述了“持续融合”创新管理模式的理念、做法以及低品位油气资源开发中的应用实践，将技术与管理有机结合，成为低品位油气资源开发的有效科学方法，引发了较大的社会反响，并被成功应用于中美“能源与水”双边科技合作中，美国工程院院士阿肖克·加吉尔（Ashok Gadgil）教授评价“持续融合”创新管理模式，他完全理解“持续融合”创新管理模式，“能源与水”项目将在该模式指导下顺利开展，并维系中美科技攻关联盟高效运行。

2020 年，团队参与起草的《关于将“稳油增气”上升为国家油气发展战略的建议》上报中国共产党中央委员会办公厅（简称“中办")、中华人民共和国国务院办公厅(简称"国办");2021 年,团队参与起草的《关于在新疆设立碳中和国家示范区的建议》《积极推动油气新资源"三驾马车",有力支撑我国能源独立》《加快推动国家级页岩气示范区高质量发展的对策建议》《油气管道面临严峻风险 亟待完善安全治理体系》4 份政策建议上报中办、国办;2022 年,团队参与起草的《甲烷控排政策如果失当 恐将危及粮食、能源"双饭碗"》政策建议上报中办、国办。

(四)"持续融合"创新管理模式得到进一步推广应用

"持续融合"创新管理模式实现了采油工程技术升级、生产方式转型、管理方式转变。团队理清了油气田开发过程中的主要矛盾与次要矛盾的转换关系及时机,从而以"四个一体化"为抓手,迅速完成顶层设计规划、技术研发应用、标准体系升级和现场示范推广。随着"持续融合"创新管理模式的不断发展,其内涵更加丰富,适用范围不断扩大。该模式已拓展应用于中美"能源与水"双边科技合作、能源资源管理理论创新等领域。

一是中美"能源与水"双边科技合作。政府间科技合作是双边或多边科技工作者的科技合作,具有学科专业多、领域跨度大、管理体制差异大、文化差异多等特点,不仅注重技术创新与实践,还要遵守外交规范。根据政府间科技合作的要求和特点,团队基于"持续融合"创新管理模式中的"融合"理念,制定内外目标融合、内外管理融合、内外创新融合的国际科技合作目标,进而建立管理架构稳定明确、管理内容动态可调的"目标层"、"管理层"和"技术层"三维矩阵,强调目标的统一性、管理的差异性和创新的应用性,使目标、管理、技术互相支撑、互相融合、互相约束,最终形成矩阵式协同管理创新方法,保障跨国别、跨专业、跨领域双边合作的顺利实施。

团队基于矩阵式协同管理创新方法，以中美合作协议总目标以及中美多轮谈判内容为指导，落实具体合作方向和内容，最大限度追求双边一致目标，达到“内外目标融合”；成立产学研国际科技合作联盟（由中方产学研联盟和外方产学研联盟组成），提出并签署具体合作任务的“十点计划”，实现内外合作内容、研发进度、阶段成果的协调一致，达到“内外管理融合”；充分考虑合作内容的技术特点和各自优势，在具体双边科技合作上灵活采用合作开发、分工协作、平行开发、交叉对比等多种分工明确、各有侧重的研发模式，清晰地明确双方任务、职责和阶段性目标，保障双边合作按计划高质量完成，达到“内外创新融合”。

矩阵式协同管理创新方法保障了中美“能源与水”双边科技合作的顺利实施，定量解析了我国能源与水资源开发利用全过程纽带关系，提出了国家、区域和城市等不同尺度能源与水“四化一创”协同发展策略，构建了水-能耦合的政策模拟模型（WEGE），模拟了水和能源价格变动的相互影响及对经济的作用；开展中、美典型地区水-能纽带关系解析，成果获美国同行的高度认可并且被视为能源与水联盟整体成功的关键部分。此外，在中美“能源与水”双边科技合作基础上，团队形成了我国西北地区化石能源与水协同管理技术方案，主要建议与方案被国家和区域等相关规划与管理决策层采用；提出了能源与水高效绿色利用关键技术体系架构，研发了致密油藏二氧化碳无水压裂驱油技术与现场施工工艺，并形成了配套装备体系。相关技术指标达到国际水平，为我国“能源与水”项目协同管理决策提供了重要支撑，推动了能源与水管理学科交叉融合。

二是能源资源管理理论创新。团队以“持续融合”创新管理模式为指导，理清了碳达峰、碳中和“双碳”目标与我国能源安全之间的关系，掌握“双碳”目标下我国能源转型中的主要矛盾与次要矛盾的转换关系和基本规律，完成“双碳”目标下我国能源消费与碳排放趋势研究，形成自上而下与自下而上相结合的多层级能源需求和碳排放计算体系。团队针对我国能源应急供应方面仍然存在能源消费不合理增长、供需两侧弹性不足、供应体制机制和监测预警体系与高质量发展不适应等短板，利用“持续融合”创新管理模式的“长效、整体、协同”理念，提出了短期措施和长效机制相结合、生产与消费两侧协同、市场与管理两手发力的管控机制，科学合理有序地控制能源消费，强化应急供应能力建设、应急供给机制建设、能源监测预警信息系统建设和国际能源合作建设，深入做好“一个管控”和“四个建设”，大力提升我国能源应急供给能力。

综上，“持续融合”创新管理模式是在采油工程技术创新与管理实践中总结、发展出来的，在采油工程技术创新与管理、低品位油气资源效益开发、“能源与水”项目协同管理决策、能源资源管理等方面取得了技术和管理创新的双重成功。随着“持续融合”创新管理模式的持续发展和扩展应用，其成果将继续在从顶层设计到技术创新、从生产运行到管理方式的全链条创新发展中发挥引领作用，为进一步推动采油工程技术进步，实现油田增产、稳产，并为国家能源安全供给提供支撑和保障。

B.8
基于主数据管理的航天“三位一体”数据治理体系建设实践

李 进　曹 禹　乔 慧　张莹莹*

摘　要： 中国航天科工集团有限公司（下称“航天科工集团”）通过基于主数据管理的航天“三位一体”数据治理体系的构建与实施，实现了集团级各类主数据的集中管理与分发，全面打通了各部门及业务系统之间的数据传输链路，使各类主数据与业务深度融合；建立并完善航天“三位一体”数据治理体系，形成数据资源目录，确保数据的准确性、一致性、时效性和完整性；保证了管理经营和决策支持的数据源的准确性，有效发挥了数据效能，为航天科工集团数据资产化和要素化奠定基础，支撑企业数字化转型，并打造以数据为第二生产力的新型科技服务产业。

* 李进，北京中天鹏宇科技发展有限公司（简称中天鹏宇公司）董事长、党委书记、航天科工集团集团基础数据专业技术分中心主任、二院基础数据与编码管理中心主任，中天鹏宇公司数据技术研究与管理中心主任，研究员，从事基于数据协同的新型供应链模式研究、数据治理体系建设研究、采购供应链体系建设研究；曹禹，现就职于北京中天鹏宇科技发展有限公司，二院基础数据与编码管理中心常务副主任，研究员，从事数据治理体系规划、数据治理、供应链体系建设领域研究；乔慧，现就职于北京中天鹏宇科技发展有限公司，中天鹏宇公司数据技术研究与管理中心副主任，高级工程师，从事主数据深化应用及数据协同共享规划建设研究，以及供应链战略规划研究；张莹莹，现就职于北京中天鹏宇科技发展有限公司，工程师，主要从事主数据标准体系研究、主数据管理与应用研究、主数据管理机制与运维保障体系研究。

关键词： 航天科工集团　数据治理　数据效能

航天科工集团是战略性、高科技、国家级创新型企业，是中国工业信息化发展的领军企业，也是我国航天事业和国防科技工业的中坚力量，专注于防务装备、航天产业、信息技术、装备制造和现代服务业五大产业板块，涉及航天、建筑、医疗、汽车、食品、化工、石油装备、软件开发等多个行业，现有 23 家二级企业，控股 7 家上市公司，有企事业单位 500 余家，拥有包括 10 名“两院”院士、200 余名国家级科技英才在内的一大批知名专家和学者。航天科工集团具有较强核心竞争力和社会影响力，位居全球防务百强企业前列。

当今世界正处于从工业经济向数字经济转型的大变革时代，数据已成为驱动经济社会发展的新要素、新引擎。数据作为新型生产要素，是企业资源的具体表现形式和重要载体。在万物互联的时代，数据将贯穿企业设计、生产、管理、服务和运营的全流程。然而有了数据并不等于有了数据价值。企业只有实施有效的数据治理策略，才能拥有高质量数据资源。自 2015 年党的十八届五中全会首次提出“国家大数据战略”后，国家各有关部门相继出台数据政策，提升数据治理能力成为政府和企业关注的重点。

航天科工集团结合当前国家数字经济发展新形势、新技术，以提升数据质量、保障数据安全为工作目标，构建“三位一体”数据治理体系。航天科工集团以信息化、社会化、市场化、国际化为战略发展导向，按照数字化、网络化、智能化、云联化的发展思路，全面实施数字化工业体系核心能力建设规划和数字化科研生产三年专项行动计划，以智能制造、协同制造、云制造技术推动企业转型升级。

一　基于主数据管理的航天“三位一体”数据治理体系建设背景

（一）建设背景及原因

1. 背景

近几年，航天科工集团的信息化建设与应用的深度和广度在不断拓展。航天科工集团面对集团规模大、经营范围广、管理链条长、层级主体多、数据场景杂等特点，以及海量的工业数据、复杂的数据应用环境、薄弱的数据基础、不健全的数据标准、有缺陷的数据质量、孤立的业务系统、高昂的数据交互成本等问题，把数据治理作为集团信息化建设道路上十分紧迫的核心基础性工作，其目标是实现高质量基础信息跨业务、跨部门、跨系统的流通和共享。

2. 存在的问题

（1）数据管理机制尚未建立

2015 年，航天科工集团提出了“建设智慧企业”的长远发展目标，加快建设三大平台，努力打造“信息互通、资源共享、能力协同、开放合作、互利共赢”的环境。但是在推进平台建设的过程中，其首先面临的问题就是数据管理机制尚未建立，数据（编码、属性）定义不统一，各层级标准自成体系，顶层标准执行不彻底，系统平台不统一等。因此，加快推动航天科工集团的数据规范化、信息代码化、数据资产化以及统一开展数据治理工作，并从根本上提升航天科工集团的主数据管理水平和信息化条件下的管控能力迫在眉睫。

（2）信息系统孤岛众多

近年来，短周期、高质量成为科研生产的典型特征，这对科研生产企业的生产能力提出了更高的要求。

2017年，航天科工集团制定了数字化科研生产体系建设三年专项行动方案，以构建模型、数据、流程驱动的科研生产新体系。但其面临的难题就是信息系统“孤岛”多，数据交互断点多，设计、试验、生产等信息尚未完全贯通。主数据既是信息化建设的重要内容，也是在建设数字化科研生产体系过程中实现信息交换和集成的基础。可以说，没有较强的数据管理能力，数字化、信息化工作将无法有序推进。因此，想要实现对产品全生命周期及各阶段的有效管理，以及对产品各层级信息的有效关联和追溯，提升科研生产的管理能力，航天科工集团必须从数据基础抓起。

（3）数据质量亟待提升

航天科工集团是集团型企业，由于具有企业规模大、经营范围广、管理链条长、层级主体多等特点，其在主数据管理上还存在集中管控难、精益管控难、横向协同弱、管理水平不均衡等问题。为提升全级次经营管控和科研生产管理水平，从2016年至今，航天科工集团大力推进ERP系统的建设及应用。

从2016~2017年集团的ERP系统一期建设经验来看，数据标准化体系不健全、主数据描述缺乏细化的标准、主数据管理系统功能不完善以及主数据管理员责任人体系不健全等问题造成基础数据质量不高、编码利用率低等现象，甚至导致各系统之间不能顺利切换且无法有效运行。

确定适合航天科工集团自身特点的主数据管理体系建设和实施策略，成为尤为重要的一项基础工作。

二　基于主数据管理的航天“三位一体”数据治理方法论

为了解决上述问题，航天科工集团自2009年起统一物资编码，以企业数据中的“黄金数据”（主数据）管理为切入点，逐步推进数据治理工作，以数据资源创造数据价值为长远发展目标，深挖业务和管理需求，从集团层面自上而下统筹规划布局，总体规划数据治理体系，构建“三位一体”主数据治理体系格局（一套统一的主数据管控体系、一套统一的主数据标准体系和一套集中的主数据管理系统），实现对主数据的统一管理。

主数据管控体系是一套以数据治理相关组织和人员为核心，涵盖企业主数据管理组织、制度、流程、考核等方面的执行保障机制，其本质是通过建立高质量的人才队伍和严明的制度体系来确保数据治理各项工作在企业内部得以有序推进。主数据管控体系是数据高质量产生、高效流转和全面应用的重要保障机制，涵盖从数据产生到废止的数据全生命周期。

主数据标准体系是数据治理的主体，是实现标准化的重要手段，也是促进管理要求落地、实现精细化和规范化管理的重要措施。航天科工集团明确了数据治理的对象和目标，规定了数据的属性字段、编码规则、产生源头、申码和审批流程、系统集成接口等内容；按照“业务谁主管、数据谁负责”原则，数据由业务归口部门管理。

主数据管理系统是主数据治理的技术支撑手段，提供主数据管理所需的标准管理、数据模型管理、数据质量管理、数据安全管理等功能模块，实现主数据汇聚、统一编码和分发管理。

三　基于主数据管理的航天“三位一体”数据治理实践

（一）构建统一的主数据标准体系，实现流程驱动和数据管控

航天科工集团建立统一、全面、系统的主数据标准体系。该体系

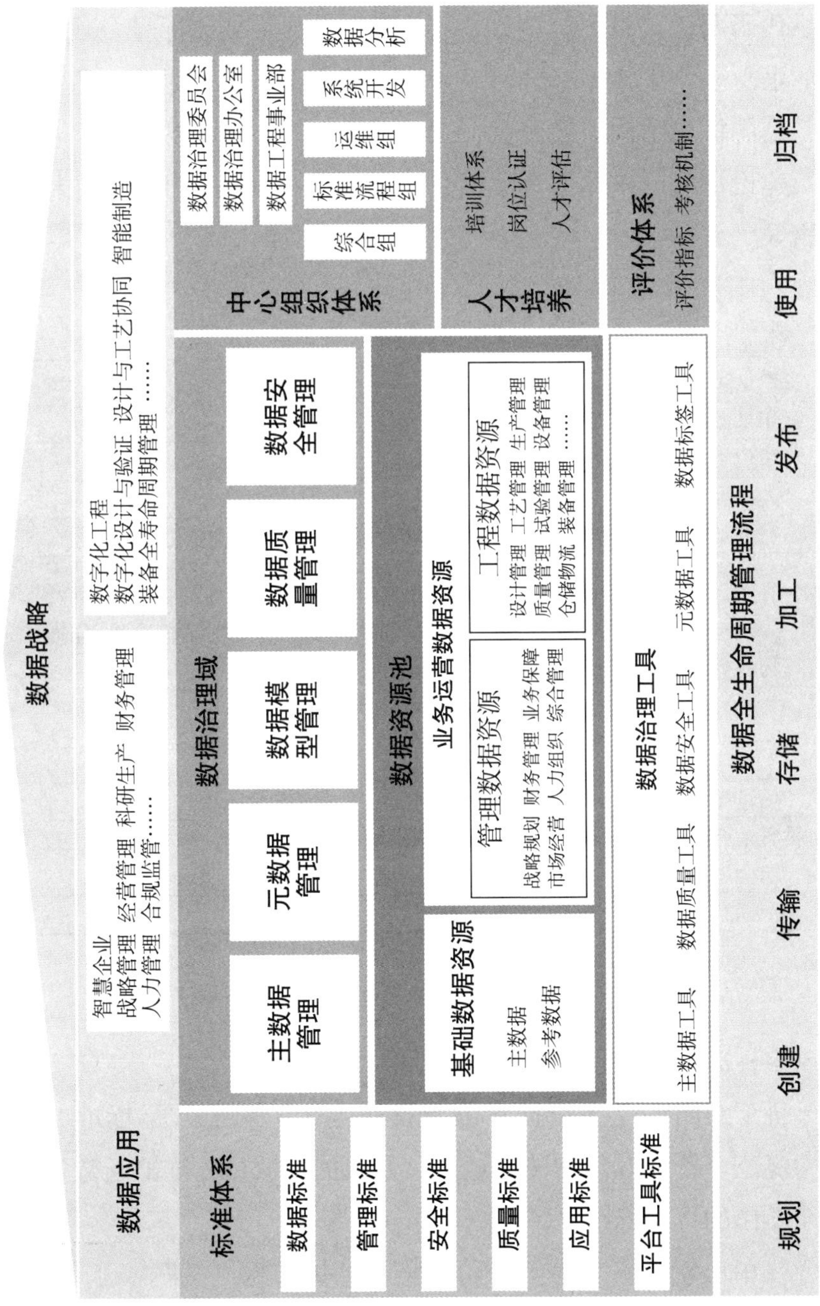

图 1　数据治理整体架构

资料来源：笔者自制。

涉及企业信息化建设过程中所使用的主数据代码种类，各类主数据代码名称，代码属性（分类、明细、规则等），采（参）标号及代码建设情况的汇总表。主数据标准体系主要包括两部分：一是企业主数据代码体系表的框架结构以及分类，二是所有分类下的主数据代码标准明细以及建设情况。该体系为集团公司开展企业数据标准化工作提供全方位指导。

表1　主数据代码体系

序号	主数据类别	主要内容
1	通用基础类	计量单位、币别、行政区域、运输方式等
2	单位类	内部单位、外部单位(客户、供应商)等
3	人事类	人员
4	财务类	预算科目、会计科目、成本中心、银行代码、固定资产等
5	物品类	原材料(各种生产原料、型材、外购工具、辅助材料等)和外购件物料(用于部件、组件或产品装配等配套件、非金属件、标准件等)； 仓库属性信息、储位等； 成品、部件、零件、自制工装、序列号、批次号等
6	项目类	项目分类
7	科研生产类	型号、试验、质量、勤务保障等
8	综合类	合同、文档、党建、审计、科技、信息化、行政、QHSE类
9	指标类	计划指标、财务、人事指标等

资料来源：笔者自制。

1.制定标准，让主数据管理有章可循

航天科工集团建立主数据标准建设规范，明确主数据标准的内容、结构规范、管理规范和技术规范。目前的主数据标准缺乏数据全生命周期操作的技术标准。

结合《中国航天科工集团公司信息化总体架构（V4.0）》对主数据的要求，航天科工集团通过多次专题工作会议、全集团范围内征求意见等方式，制定并发布了机构、供方、客户、项目、物品、会计科目、人员、合同、型号、银行、信息系统、组织机构、信息系统用户 13 类主数据规范以及 46 类代码主数据标准，其中物资数据涵盖元器件、原材料、标准件等各类产品 700 余类，属性特征有 80 余个。主数据规范和标准基本满足航天科工集团各单位科研生产、日常经营管理等业务需求。

2. 清洗数据，保证数据的完整性、准确性和唯一性

航天科工集团根据主数据标准和规范对历史数据进行清洗、编码，保证数据的完整性、准确性和唯一性。集团根据系统所处阶段及重要性的不同，对已上线、在建等业务系统，采用“完全、映射、择机”不同的策略进行标准数据的导入。

例如，集团在统筹规划、分级构建 ERP 业务运营一体化平台时，明确提出 ERP 系统建设与数据治理并行建设，确保系统上线的同时，高质量的标准数据同步上线。

航天科工集团的主数据运维机构梳理了数据准备及数据清理过程中的关键步骤及节点，在全集团范围内对二级单位的数据清理团队开展数据规范、数据清理方法、数据填报模板的培训，确保各数据清理团队对规范要求和数据质量要求的理解一致。

（二）建立高效的主数据管控体系，保障对主数据全生命周期的动态管理

数据治理是一项复杂的系统性工作，要实现“统一领导，职责清晰，制度规范，流程优化”。

1. 建立组织责任体系

按照“业务部门牵头、信息部门统筹、归口管理、分工负责”的原则，集团从公司顶层到二、三、四级单位，逐级明确了主数据管理的归口负责部门，根据业务分工确定各类主数据的业务主责部门。集团

建立了一套独立完整的关于数据治理的组织机构，明确各级角色和职责，划分和确定数据主责部门和人员的职责分工边界，建立数据认责机制。

（1）管理层

集团公司信息化主管部门是主数据归口管理部门，对主数据标准化工作进行统一领导，确定指导思想、目标和任务，协调解决主数据管理中相关的重大问题。

（2）管理执行层

航天科工集团成立了两个专业化机构（二院基础数据与编码管理中心和三院三〇四所大数据产品中心），分别负责主数据管理和主数据系统的技术运维，高效地支撑主数据在各类信息化系统和业务应用系统中的应用，实现了集团主数据的精准、有效、协同、共享。

（3）执行层

执行层由集团总部和下属单位中的专职或兼职主数据管理员组成。他们负责主数据在本单位的贯彻落实、应用检查工作，本单位主数据需求的收集、申请提报、审核工作，本单位主数据的培训、宣传、贯彻和日常维护等工作。

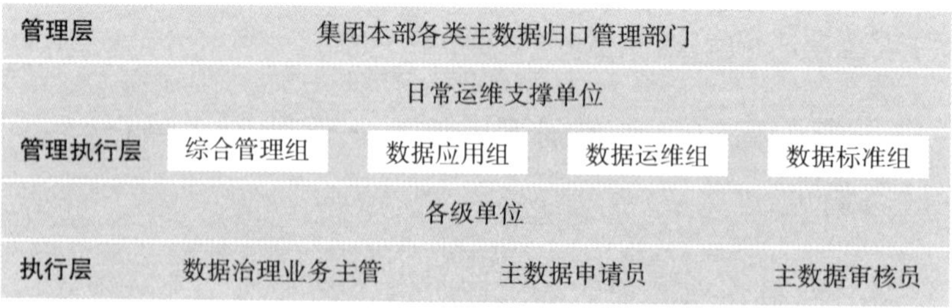

管理层	集团本部各类主数据归口管理部门			
	日常运维支撑单位			
管理执行层	综合管理组	数据应用组	数据运维组	数据标准组
	各级单位			
执行层	数据治理业务主管	主数据申请员	主数据审核员	

图 2　组织责任体系——一个团队

资料来源：笔者自制。

航天科工集团建立主数据责任人体系，使得业务部门与 IT 部门之间合作密切，各业务部门及人员深度参与该体系建设。主数据管理由企业的业务需求驱动，由业务部门的人员推进，每类主数据和数据标准由相关的管理部门牵头制定并发布，实现业务牵引、信息化驱动、协同推进。

为了保证数据质量，航天科工集团建立“持证上岗”机制。集团每年定期举办5~6期“集团级数据资源治理”培训班，通过“理论+考试+上机实操”的培训模式让主数据管理员快速具备数据运维能力，从而培养一支常态化的专业实施和运维团队，指导全级次主数据管理工作的常态化、规范化、流程化。目前，集团累计培训5000余人，建立起一支3000余人的管理队伍。

2. 建立主数据管理制度

航天科工集团通过执行统一的数据标准和管理制度，将规范、流程和技术平台三者有机结合以保证主数据的一致性、完整性、及时性；提出数据治理的“四同步”原则，即主数据规划及贯标与系统建设同步论证、同步立项、同步实施、同步验收，以加强集团主数据贯标应用。

目前，集团已制定了《中国航天科工集团公司主数据管理系统运行管理要求》《中国航天科工集团公司物品编码管理要求》《ERP物资数据上线检查规范》《物品编码提报审核工作规范》等规章制度，明确主数据标准管理、主数据运维管理、主数据应用管理、主数据人员管理、考核评价管理等内容。

3. 建立主数据管理流程

主数据管理流程是提升主数据质量的重要保障。航天科工集团通过梳理数据维护及管理流程，建立符合实际应用的管理流程，保证主数据标准和规范得到有效执行，对主数据应用过程中发生的各类问题进行及时运维处理，实现主数据的持续性长效治理，以保障主数据落地和数据质量。

目前，集团已制定了《主数据管理规范》，规定了集团公司各层级主数据管理岗位的职责、主数据的管理状态、主数据管理流程（各单位申请、修改、传递、使用集团主数据流程），并在主数据系统中予以固化。

4. 建立主数据管理评价体系

主数据管理评价体系用来评估及考核主数据相关责任人职责的履行情况及数据管理标准和数据政策的执行情况。航天科工集团通过制定定性或定量的主数据管理评价考核指标，加强对主数据管理相关责任、标准与政策执行的掌控能力。

集团从数据管控过程、数据质量和数据标准的执行情况 3 个方面梳理 28 项主数据的关键绩效指标（KPI），将指标要求分解落实到二、三级单位及主数据管理人员，强化考核、细化评价，基于评价考核，使各单位逐步加强主数据管理及应用意识，进而加强责任制落实。

（三）搭建集中的主数据管理平台，实现基础数据的统一管理

1. 搭建主数据管理平台

为实现对基础数据的统一管理，航天科工集团需要从数据产生的源头进行管控。结合业务需求，航天科工集团的主数据管理系统是由集团内部单位自行开发、建设及运维的系统。自行研发主数据管理系统包括数据建模、数据整合、数据管理、数据服务、基础管理、标准管理等功能模块，管理各类主数据的增、审、改、停、用、控等全生命周期业务，以实现数据的统一、集中、规范管理，提高数据质量和增强信息共享。

该系统基于微服务架构，支持高可用、高并发、易扩展、易与上下游系统集成。类比行业内产品，该系统有以下技术优势：具有可视化建模、可视化工作流程，可配置丰富的接口类型、支持多种接口协议，提供数据传输监控、数据统计分析报表，可与 BI 工具无缝集成，

内置七大类、共覆盖200万项物资的数据字典库。该系统的数据治理能力更全面，具有更高的易用性。

集团内网主数据管理系统架构采用“二级部署、多级应用的架构模式”，集团本部、各二级单位部署一套主数据管理系统，下级单位应用集团主数据。

集团外网主数据管理系统架构采用“一级部署、多应用实例”的架构模式，集团本部部署一套主数据管理系统，下级单位应用集团主数据。集团主数据商密网系统架构支持多组织机构模式，集团所属单位的应用系统（如MDM系统）可以直接与商密网主数据管理系统集成，贯标应用集团级主数据。

2. 开展全级次贯标应用，实现各业务系统和决策系统的集成应用

（1）制定全级次贯标要求

航天科工集团制订数据应用推广计划，在推行建立全集团ERP系统、财务共享中心、资金管理系统过程中，通过主数据校验手段倒逼实现全集团范围内主数据全面应用和推广。如在做对公支付时，该业务未使用供方主数据，则系统提示定向支付失败。

（2）制定全级次贯标实施方案

航天科工集团梳理用户单位集团主数据贯标情况及系统应用情况，明确各类主数据的数据流向、管理流程、订阅分发流程，制定用户单位MDM系统与业务应用系统的集成路线。各二级单位接收和分发集团级主数据，形成自上而下的数据流转链路，实现主数据的采集、分发等交互操作，保证数据唯一源头。

（3）开展全级次主数据贯标应用工作巡检

航天科工集团制定《集团公司主数据建设及应用情况调研工作方案》，定期走访航天科工集团下属单位，实地调研下属二级单位主数据建设及应用过程中遇到的需要集团协调解决的问题，深入了解并协助各单位做好主数据建设与应用工作。

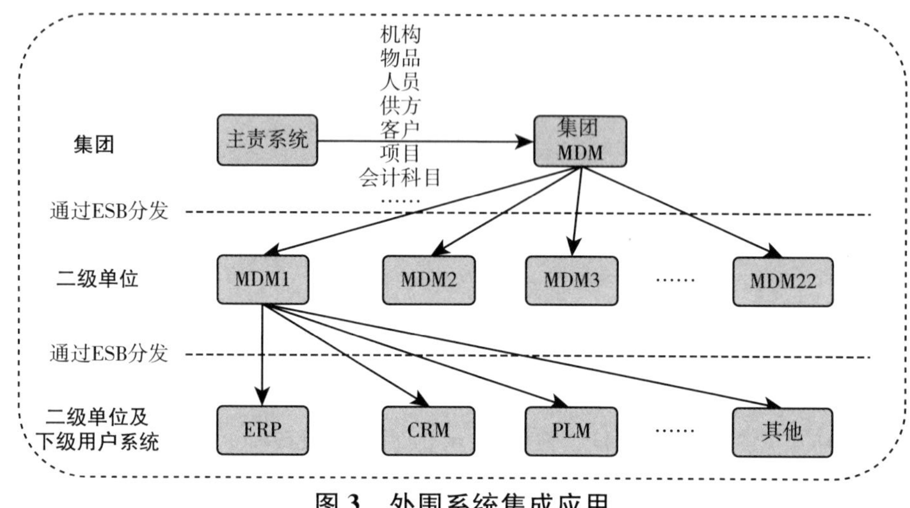

图3　外围系统集成应用

资料来源：笔者自制。

四　基于主数据管理的航天“三位一体”数据治理成效

航天科工集团通过基于主数据管理的航天“三位一体”数据治理体系的构建与实施，实现了各类集团级主数据的集中管理与分发，为所有信息的交互和集成提供了统一的编码数据，节约了各系统之间的交互成本。

集团员工的“数据强基”思想不断增强，各层级人员持续接受培训，在广泛普及基础知识的同时，员工的规范意识也生根发芽；主数据标准体系进入常态化良性循环建设模式并不断完善，确保业务数据管理有据可依；主数据深入科研生产环节，广泛应用于ERP系统、BOM系统、设计基础数据资源等方面，形式多样，为数字化科研生产体系铺建“高速公路”。集团探索实践数据标准化管理的新途径，开展物资标准数据字典库研究，完成7大类、共覆盖约200万项物资的数据字典库内容建设，从源头解决数据标准化问题，确保数据质量的优化及提升。主数据的数据量快速增长，数据资产初具规模，各类数据总量从 2017 年初的 50 万条增长至 140 余万条，增长率约达 180%。

航天科工集团基于主数据驱动开展了各类数据治理工作，全面打通了各职能部门、业务部门及业务系统之间的数据传输链路。各类主数据与业务深度融合，在销售、采购、IT、供应链管理、高层决策、合同与风险管控等多个业务领域发挥作用，保证了管理经营和决策支持的数据源的准确性，有效发挥了数据效能。图 4 是主数据为各管理领域带来的价值全景图。

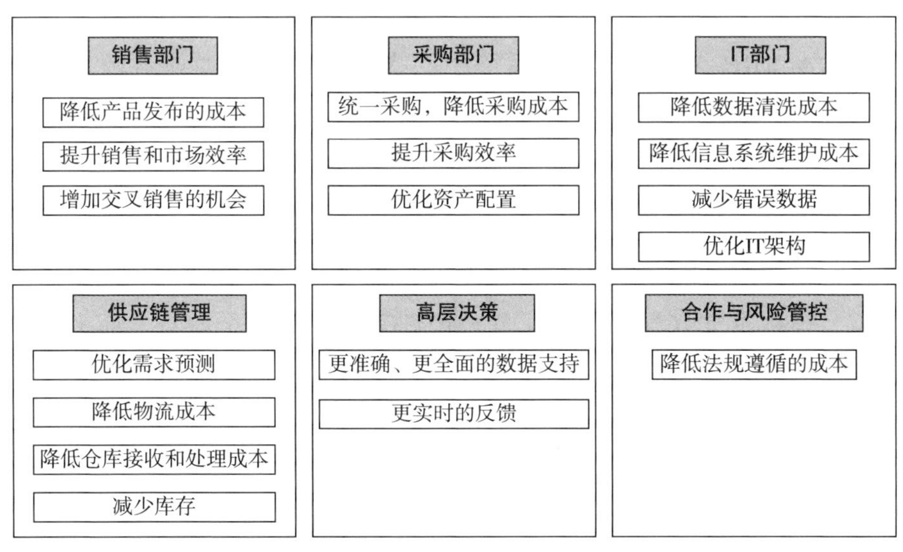

图 4　主数据为各管理领域带来的价值全景

资料来源：笔者自制。

（一）基于数据驱动的智慧企业建设

1. 打通智慧企业业务流程

2015 年集团公司提出建设智慧企业的长远发展目标，努力打造

“信息互通、资源共享、能力协同、开放合作、互利共赢”的环境，这是支撑集团公司转型升级、二次创业的重大战略举措。智慧企业平台需要与企业内部如ERP、MES、财务管理、合同管理等支撑集团公司经营管理的主要信息化平台做深度集成应用，从而获取关键绩效指标或业务数据。智慧企业平台集成的自建应用系统中应用的基础数据以集团主数据管理系统的数据为源头，基于航天智云平台的数据传递机制，发挥智慧企业平台对集团科研生产、综合经营精细化管控的支撑作用。

2. 支撑业务、财务一体化建设

航天科工集团基于机构、供方、客户、物品、项目、会计科目等主数据在ERP、财务共享等系统中的贯标应用，打通业务流程、管理流程、财务流程，实现全级次法人单位业务、财务一体化运行。

3. 支撑业务合规性管控

航天科工集团基于供方、客户、银行等主数据在资金管理、合同管理、风控管理等系统中的贯标应用，实现资金支付监控、黑灰名单管控、合格供方名录管控等业务合规性管控，形成企业自上而下的业务强管控模式，及时反馈企业经营问题，规避潜在风险，提高企业运转效率。

（二）支撑数字化科研生产体系建设

2017年航天科工集团提出数字化科研生产体系建设三年专项行动方案，构建“模型、数据、流程驱动”的科研生产新体系。在型号科研生产管理全周期的信息贯通的基础上，航天科工集团在流程上打通集团与各院科研生产数据集成链路，针对集团科研生产管理过程中规范各级科研生产管理流程，实现对立项、计划、队伍、试验等主要项目管理要素的在线管控，支持科研生产的综合协调、综合调度、综合考核和集团重点型号整体态势的数字化呈现和关键节点的在线管控等业务需求，支撑科研生产管理的宏观分析与精细化决策。主数据应用解决了产品及过程数据在组织内部、组织之间的交互断点，实现了设计、试验、生产、保障等信息贯通。

（三）支撑供应链数字化模式落地

航天科工集团围绕采购供应管理业务领域，依托主数据，实现ERP 系统、工程基础资源管理系统、采购供应链协同平台等数据汇聚，形成物资采购大数据中心，打造物资采购全流程实时更新、动态管控、高效敏捷、辅助决策的数字化管控模式，建立全业务流程、全供应链链条、“三流合一”（“三流”指物流、信息流与业务流）的供应链采选一体化平台，加快提升智能化供应链运行管控水平。

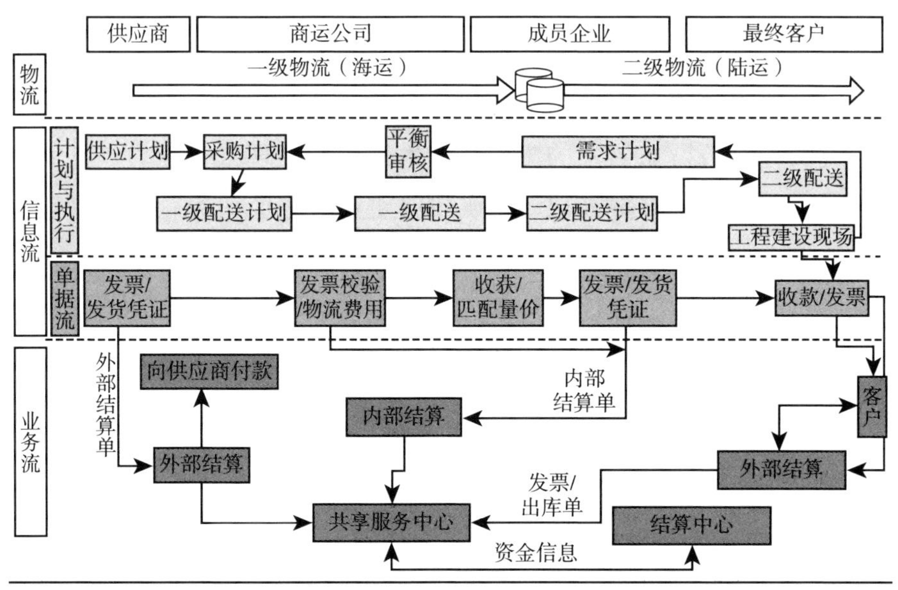

图 5 数据对“三流合一”的支撑

资料来源：笔者自制。

航天科工集团自主研发上线工程基础数据资源管理系统（BDM），形成集系统研发、数据运维、系统运维于一体的专业保障能力，一方面支撑全院军品“采选一体”联动式精细化管控、元器件在线设计选用评审、外协产品物资选用管理等数字化供应链体系建设；另一方面支撑产品“三化”资源管理模式落地，实现基于流程驱动的各类“三化”数据资源共建共用。

（四）取得经济效益和社会效益，创立数据品牌

基于主数据管理的航天“三位一体”数据治理体系和理念已成为集团公司数字化、网络化、智能化的基础，已快速融入生产、分配、流通等各个业务环节，在支撑企业数字化快速协同研发、生产过程精细化、设计制造一体化、产品全生命周期管理、业财一体化、供应链协同等企业数字场景建设中发挥重要作用，为集团下属各级单位、航天产业链相关单位的数字化转型工作提供坚实支撑。

航天科工集团形成“咨询服务+方案设计+系统实施”的系统性解决方案，具备行业领先的主数据全生命周期治理服务能力，先后为中国交通建设集团有限公司、中国华腾工业有限公司等企业定制输出了数据标准体系、数据管理平台构建等综合服务方案。集团首次将航天科工集团物资编码知识成果推广至国家标识解析中进行应用，将自主知识产权的主数据管理系统作为数据服务核心技术产品对外提供服务，实现物资数据管理理念在环保行业的应用拓展，实现了航天“三位一体”数据治理体系在交通运输行业的推广应用。

经过多年发展，航天科工集团现已创出具有实力的数据品牌。中天鹏宇公司获得国防科工局“军工行业数据治理及标准化优秀实践单位”、国防科技工业企业管理创新成果三等奖、中国 DAMA 数据治理实践奖、中国管理科学学会“管理科学奖”等多项荣誉。数据治理团队由多名数据治理领域专家组成，积极参与编写《数据治理：

工业企业数字化转型之道》《工业大数据治理实践指南》《主数据管理实践白皮书 1.0 版》等著作，传播航天“三位一体”数据治理体系和理念，服务于各类企业产业数字化能力提升。

航天科工集团坚持“三分技术、七分管理、十二分数据”，以航天复杂系统工程产品智能制造和智慧企业管控类流程为复杂协同业务主线，围绕经营管理构建了一套覆盖集团公司全业务领域的航天“三位一体”数据治理体系，该体系支撑了跨单位、跨系统、跨网络的协同设计、协同制造、协同采购，助力了集团数字化转型和智能制造升级。

参考文献

［1］祝守宇、蔡春久等:《数据治理：工业企业数字化转型之道》，电子工业出版社，2020。

［2］祝守宇、蔡春久等:《数据标准化：企业数据治理的基石》，电子工业出版社，2022。

B.9 国网山东省电力公司“1233”司库管理体系的创新与实践

于忠杰　崔 锋　李天鹏*

摘　要： 国网山东省电力公司认真贯彻落实国网公司“1233”司库管理体系建设决策部署，凝心聚力、攻坚克难，全力推进资金管理模式转型升级，创新提出打造安全、集约、精益、高效的资金管控新生态，从集团账户、收付款省级集中、智慧审核体系、现金流“按日排程”、资金安全防控等方面入手，强化三位一体协同、营财协同、业财协同，全面深化运行“1233”司库管理体系，高质量运行资金集约中心，持续提升资金保障能力、运作效益、安全水平，走出了一条既符合总部要求，又契合山东省实际的司库管理变革之路。

关键词： “1233”司库管理体系　省级集中　智慧审核

一　“1233”司库管理体系建设业务背景

随着电力市场化改革深入推进以及能源互联网发展战略全面实

* 于忠杰，国网山东省电力公司财务资产部主任、资金集约中心主任，研究方向为企业管理、财务管理；崔锋，国网山东省电力公司资金集约中心副主任，研究方向为企业管理、资金集中管理；李天鹏，国网山东省电力公司资金集约中心处长，研究方向为企业管理、资金集中管理。

施，在外部监管政策日趋严格、金融生态系统深化调整、国资国企（由政府持有的国有企业）改革对资金管控提出更高要求的背景下，国家电网有限公司做出构建“1233”司库管理体系的战略决策，开启了资金管理转型升级的新篇章。

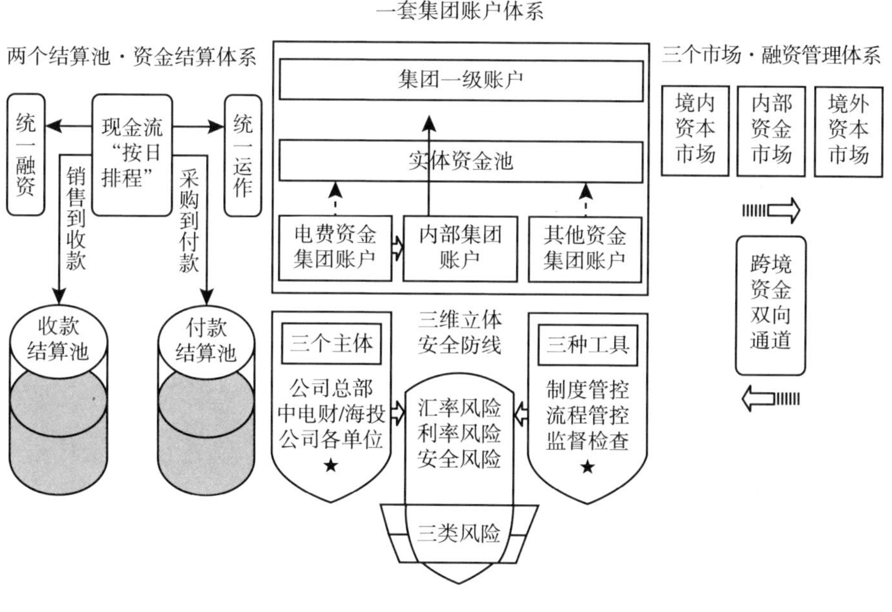

图1 “1233”司库管理体系

注：图中的中电财是中国电力财务有限公司的简称。海投公司为国家电网海外投资有限公司的简称。

资料来源：山东资金安全与调控平台。

国网山东省电力公司（以下简称“公司”）坚决贯彻国网公司的决策部署，公司领导靠前指挥、精准部署，各部门凝心聚力、攻坚克难，坚持需求引领，以目标为导向，紧密结合实际，积极推进“1233”司库管理体系有效落地，以“三个率先”（率先在大型网省公司中完成市级电费账户撤销、率先实现资金集约中心实体化运营、率先建成投运资金安全调控平台）圆满完成建设任务。“1233”司库管理体系的建成投运彻底解决了资金流量和安全隐患“看不清、测不准”的问题，有效减轻了基层单位工作负担，极大提升了资金运作效率、效益和安全管控水平，实现了资金管理体制和机制的重大变革。

二 “1233”司库管理体系建设框架思路

（一）高起点部署，加强组织领导

公司加强组织领导，成立以公司董事长为组长、以分管领导为副组长的资金管控优化提升领导小组，下设业务需求小组和技术保障小组，压紧压实责任，督导协调解决问题。公司健全工作机制，将司库管理体系建设纳入公司的十大重点课题，建立周例会、联席会等工作机制，按日跟进建设实施、按周进行清单管控、按月进行督办处理，协同推进试点落地。在“1233”司库管理体系建设期间，董事长多次听取进度汇报，并且与内外部金融机构会谈，总会计师先后8次主持召开工作部署会议，各项试点工作组织有序、扎实开展。

（二）高标准推进，统筹建设方案

公司统筹建设方案，认真落实国网公司的顶层设计方案，多次集中研讨学习，编制形成司库管理体系建设落地方案及6项配套子方案，制定4个阶段78项具体任务，明确“时间表、任务书、责任单”，既有设计图又有施工图，确保工作部署务期必成。公司加强业财协同，深入基层开展资金优化业务培训和工作宣贯。各单位、各部门“主动参与、主动落实、主动反馈”，推动顶层设计和基层探索良性互动、有机结合，营造了浓厚的资金管控变革氛围。

（三）高质量落地，步骤实施

公司按照试点先行、分批推进的原则，持续跟进试点运行情况，不断升级完善建设方案，对内协调营销、信息化等部门，推进建设任务有序衔接；对外加大银行、税务和客户等各方沟通力度；广泛征求基层单位意见和建议，确保各项工作有序平稳运行。目前，收付款省级集中全面实现，直收、直付比率达到85%以上。现金流“按日排程”深化应用，月度现金预算偏差精准控制在1%以内。公司从事前、事中到事后全流程建立起“线上+线下”检查机制，“3+2”检查模式深化落地，资金安全管控水平有效提升。

三　“1233”司库管理体系建设内容

（一）深度精简账户，资金归集效率全面提升

公司坚持“内外互联、上下互通、实时归集、统筹调度”原则，全面优化集团账户管控体系。

账户数量大幅精减。公司从严控制账户数量，加大账户清理力度。2023年，全省账户468个，较2017年底下降21%；其中，外部账户189个，较2017年底下降35%，各单位账户数量、类型均符合管控标准。

账户管控更加规范。公司严格执行账户线上分级、分类管控，所有账户全部完成监控授权，账户在线监控比率达100%；实行账户开、变、销全过程影像化管控，完成账户属性基础数据治理，账户管控基础进一步夯实。

集团账户体系日臻完善。公司压降集团账户层级，撤销6个二级集团账户，集团账户层级更精简、资金归集路径更优化；规范第三方

收费渠道，构建“7+17”主子账户体系；加大资金归集力度，除政策性账户外，所有账户全部被纳入总部集团账户体系，日均归集资金约90亿元。

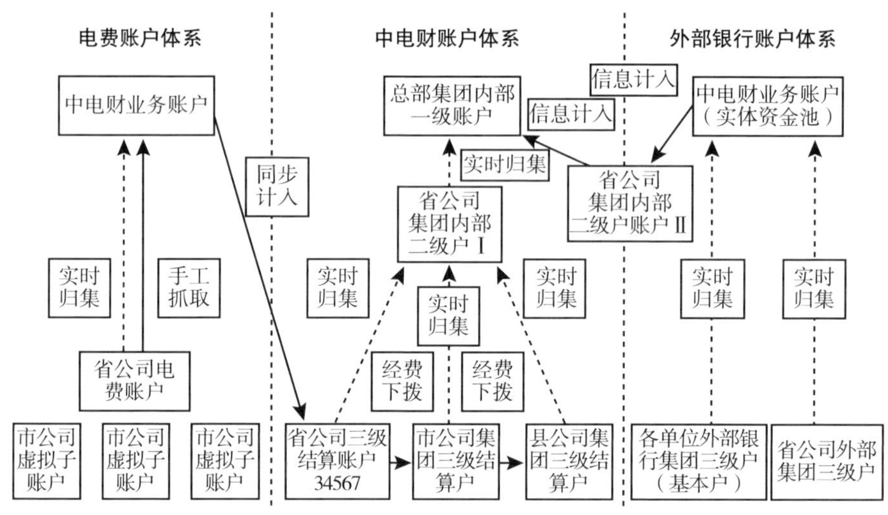

图2 公司账户体系

资料来源：笔者自制。

（二）建立健全机制，省级资金集约中心全面建成

省级资金集约中心定位为全省资金管理“数据处理中心、资金调控中心、安全监控中心”，于2019年11月完成机构组建。

科学配置机构。省级资金集约中心挂靠综合服务中心，由财务部归口管理，内设调控处、收款处、付款处、账务处4个处室。

完善制度建设。公司制定《资金集约中心工作细则》等制度，构建“一套报表、两项清单、三类指标”管理体系，建立“日周月”例会机制。

加强技术支撑。公司优化改造13类38项收支业务流程，开发集

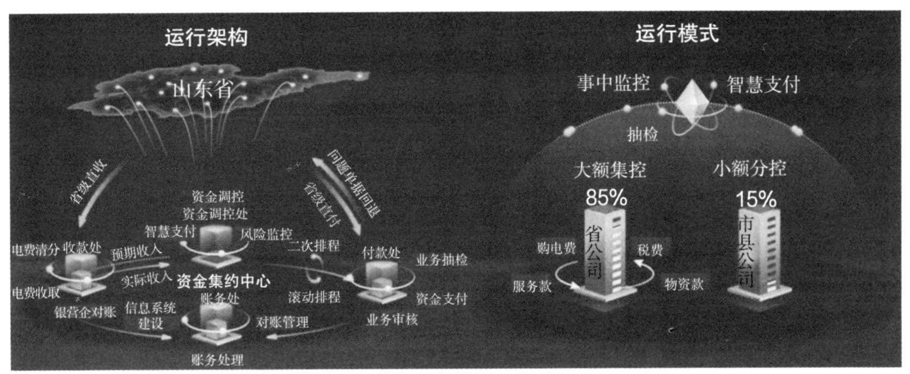

图 3　资金集约中心运行图

资料来源：山东资金安全与调控平台。

成 60 项数据接口，整合贯通财务管控、ERP、营销 MIS 等七大系统 15 个模块。

（三）贯通营财链路，收款省级集中全面上线

公司聚焦电费“收取”“清分”“对账”三大关键环节，营财横向协同，省、市、县纵向联动。公司打造畅通无阻的资金直收通道，月均收款超 20 万笔、金额超 240 亿元。

重构收费渠道。公司搭建 7 大省级“主子账户”及 1 个内部电费结算账户体系，撤销全省 95 个市级 461 个县级电费账户，多渠道宣传推广电 e 宝等 30 种新型缴费方式，开展客户基础信息治理，为集团户跨单位缴费提供便利，实现资金归集“零延时”和省级直收“收得进”。

定制金融产品。公司推动银行流水“三统一”个性化接入，统一摘要格式，实现每笔交易精准定位具体客户；统一归集时限和数据通道，交易数据由次日传输提升至每 15 分钟传输 1 次，数据时效性

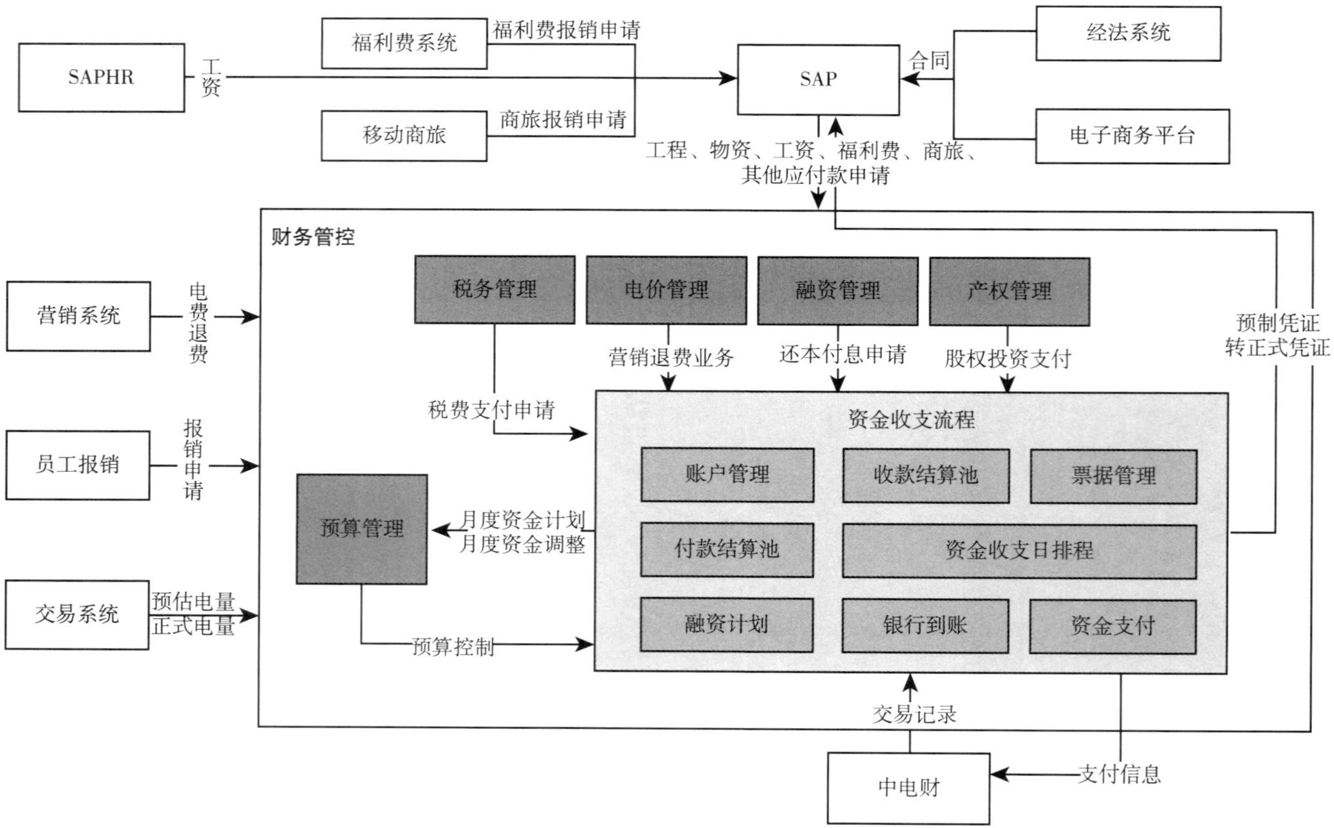

SAPHR
工资
福利费系统
福利费报销申请
移动商旅
商旅报销申请
SAP
合同
经法系统
电子商务平台
工程、物资、工资、福利费、商旅、其他应付款申请
财务管控
营销系统
电费退费
员工报销
报销申请
交易系统
预估电量
正式电量
税务管理
电价管理
融资管理
产权管理
营销退费业务
还本付息申请
股权投资支付
预制凭证
转正式凭证
税费支付申请
资金收支流程
账户管理
收款结算池
票据管理
付款结算池
资金收支日排程
融资计划
银行到账
资金支付
预算管理
月度资金计划
月度资金调整
预算控制
交易记录
中电财
支付信息

图 4　资金收支业务系统集成

资料来源：现金流“按日排程”典设业务方案。

大幅提升，实现电费资金“分得清”。

深化三方对账。公司遵循“规则统一、通道畅通、管理闭环”，推动营财系统统一记账规则，实现自动记账、一次销根，通过“营财银”三方对账平台，实现100%对账比率，账户持续保持零未达，确保电费账目“对得准”。

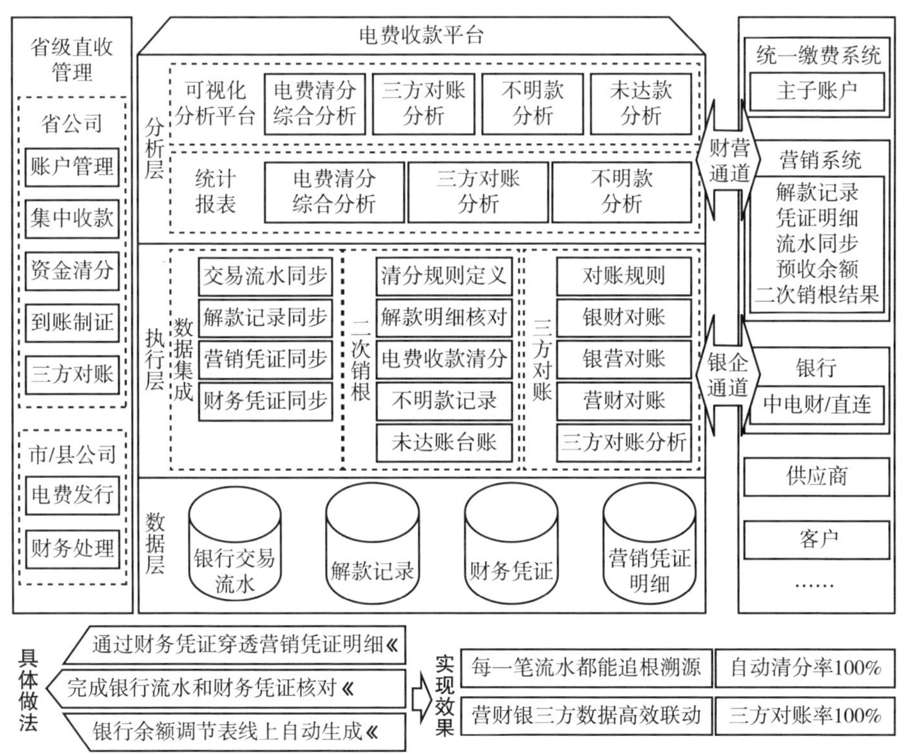

图5 “营财银”三方对账平台

资料来源：山东资金安全与调控平台。

（四）搭建资金支付智慧审核体系，付款省级集中全面落地

公司优化支付流程，统一支付策略，确定“大额集控、小额分

控、升级防控”直付模式。省级直付以来，基层单位会计基础工作逐步规范，资金管理水平大幅提升，公司日均完成支付约3000笔（延长银企通道情况下，公司日均完成支付最高峰达5000笔）。2022年12月直付审核回退率降至最低值0.08%（26笔），单据及时率达99.74%，应直付未直付金额由2.02亿元减至50万元。

直付业务审核。一是关键事项重点审核。公司对事中监控、退回重审、预算调整、疑似重付等风险事项，逐一穿透历史付款记录（月均2000余笔），核查、分析关键信息，确定无风险后放行。二是外部单据影像抽检。针对省级资金集约中心审核人员上传的外部单据影像，公司抽检确保关键要素完整，影像信息合规、合理、有效，影像与线上信息（付款订单、支付申请等）一致，每笔付款含13个人工审核点，实现业务风险精准防控。三是税费清分复核管理。公司组织全省税费扣划业务，审核基层凭证摘要等支付信息（月度400笔、季度700余笔款项的支付信息），确保实现“三流合一”；处理跨市域税费清分时，及时联系税务局协同处理清分异常情况。

密钥全面管理。一是公司保障支付流程人岗匹配。省级资金集约中心将审核职责嵌入支付流程，实行“2N+2”密钥管控模式，升级人脸识别验证。“密钥+刷脸”双审确保不相容岗位分离，避免一人代办多岗位业务风险。二是公司的签名流程智慧管理。基层单位实时发起资金支付签名流程申请。资金集约中心三岗签批后，两系统（管控系统、电财系统）瞬时同步，月均处理流程变更550条，以替代原日均30条线下人工配置，管理效率与准确性大幅提高。

持续推动直付全额集中。在分批、稳妥实现四大类业务集中支付的基础上，省级资金集约中心推动可再生能源国家补贴资金直付上线，打通薪酬、福利、其他应付等业务通道，实现本部业务深度融合，直付比例由上线初的85%提升至93.87%。

供应商黑白名单管理。一是公司强化供应商黑名单管理。公司制

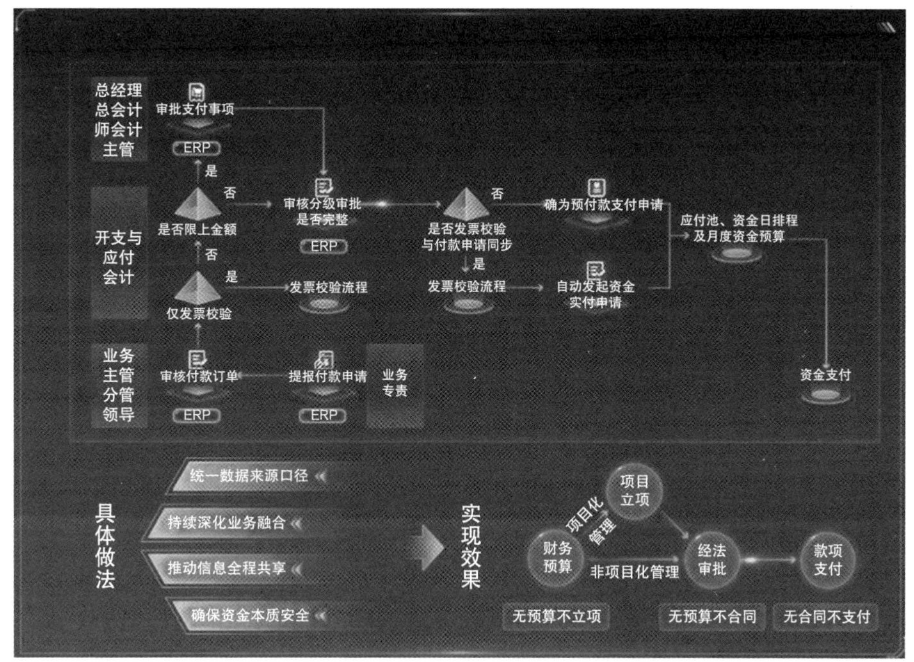

图6　付款订单全寿命周期管理

资料来源：山东资金安全与调控平台。

定管理规范和签批流程，实现对黑名单业务“按单位”精准管控、“按业务”定向放行，严格执行公司决策，维护良好的营商环境，满足政企联动要求。二是公司严控供应商白名单资质。公司细化、量化资质标准，实时审批基层准入申请，年度复核在册白名单上的供应商的资质，2022年累计复核10778条供应商信息，停用不符合资质要求的供应商的信息126条，恢复对其大额支付拦截预警，确保监控规则有效、安全。

事后常态监督。一是公司加强基层监督指导。公司结合审核情况，每月开展市域“回头看”、定向指导等工作，查找原因并“对症下药”，定期更新下发审核要点和典型问题库；结合系统优化情况，细化操作手册；组织年度调研，解决基层“急难愁盼”问题35条。

二是公司开展付款业务检查。公司业务覆盖所有分公司、子公司的省级和本级付款业务。公司全面查找薄弱环节和隐患，强化管理并寻求源端数智化防范手段，进一步健全安全管控长效机制。三是公司建立考核评价机制。公司将直付审核回退、应直付未直付业务等情况纳入资金管理月度通报和企业负责人考核，发挥考评“指挥棒”作用，强化基层争先意识。

（五）自主建设电费收入预测模型，精准预测电费收入

为积极应对电价市场化改革对电费收缴的影响，公司提高电费资金流入预测的科学性和精准度，强化资金精益化管控，借助大数据分析和机器学习手段，综合考虑经济发展指标、社会指标和天气指标等，科学预测各用电类别电量水平和平均电价，汇总得出全省应收电费水平；结合分次结算、预收政策、电费回收规律等，分析得出应收电费和实收电费的对应关系，搭建月度电费流入数学理论预测模型。同时，公司结合电价市场化改革后的每日流入规律，将月度数据科学分解至每日，实现日度电费收入精准预测及调度，促进资金有效利用。

为实现以收定支、平滑资金曲线，公司提出建设“5A”级电费收入预测模型。“5A”指 Advanced（意为“先进的”，公司综合考虑经济发展和社会发展等指标，充分利用大数据分析和机器学习等手段）；Actual（意为“符合实际的”，符合山东省公司购售同期后应收实收情况和电费发行规律）；Automatic（意为“自动的”，公司利用收入预测系统自动生成预测数据）；Adjustable（意为“可调整的”，公司结合线下实际情况，支持对模型参数和预测数据进行一定调整）；Accurate（意为“精准的”，公司最大限度地降低预测偏差率，提高预测精准度），最终实现电费收入数据的科学预测。

1. 全省电量预测

公司根据全省各用电类别的电量数据，搭建不同用电类别的电量模型，基于每日电量实际发生数据，滚动预测当月整体电量水平。公司根据不同用电类别，对电量数据进行获取、还原和修正，分析历史电量数据在购售同期影响下的规律；基于历史数据规律分析，构建加权表决融合模型，选取符合历史电量数据规律的算法，结合电量业务分析进行模型训练。

公司结合具体的电量数据预测业务，利用统计线性回归和环比指数加权算法进行模型训练。在获取两个最优模型的基础上，公司集成两种预测方案的结果输出并形成新颖的加权表决融合模型，实现山东省电量预测结果的精准输出。

公司利用滑动窗口的方法，针对各月分别进行统计线性回归模型的训练和预测。其中，自变量的个数 k（一般设置为 12、24、36 等）即为滑动窗口的长度。对于 m 次独立月份观测，得到 m 组数据样本。

$$
\begin{gathered}
y_1 = \theta_1 x_{11} + \theta_2 x_{12} + \cdots + \theta_k x_{1k} + \varepsilon_1 \\
y_2 = \theta_1 x_{21} + \theta_2 x_{22} + \cdots + \theta_k x_{2k} + \varepsilon_2 \\
\vdots \\
y_m = \theta_1 x_{m1} + \theta_2 x_{m2} + \cdots + \theta_k x_{mk} + \varepsilon_m
\end{gathered}
$$

其中，ε_1、ε_2……ε_m 是相互独立的，且服从 N（0，σ^2）分布。

公司基于以上有监督式的多元统计线性回归模型，设置均方根误差为损失函数：

$$RMSE(y_i, y_i') = \sqrt{\frac{1}{m}\sum_{i}^{m}(y_i - y_i')^2}$$

其中，y_i 为实际的月度总电量，y_i' 为基于统计线性回归模型预测的结果。

模型训练过程通过多组数据迭代最小化损失函数，获取该模型在相应月份对应的滑动窗口中的最佳数据个数。

获取的最新电量数据与近几年的历史电量数据在短期趋势上存在较强的规律性。在此基础上，公司通过历史月度电量数据的环比指数学习，构建环比权重向量 $\alpha=(\alpha_1, \alpha_2, \cdots, \alpha_n)$，其中 n 表示环比期数。公司再将环比权重向量中各环比期数对应的系数进行加权获取预测月的环比指数期望值，进而实现电量预测输出，即预测电量=上月电量×(1+环比指数期望值)。

公司集成多元统计线性回归和环比指数测算结果，以最小化训练数据中预测电量和实际电量偏差为目标，获取加权表决模型中“子学习器”相应的权重系数。

2. 全省电价预测

公司探索电价计算原理与电价规律。电价主要受政策、分时、客户报装情况影响。公司分析电价各组成部分规律，找到合适的算法开展预测；利用电量进行电价测算，搭建电度电价、基本电费和力调电费差价模型；应用电价测算模型，对预测结果进行分析。

电价=电度电价+基本电费电价+力调电费电价+基金及附加电价。另外，总的平均电价=总电费/总电量。公司基于电价来源依据，分析历史数据的规律，搭建符合业务的电价预测模型，主要包括三个部分：(1) 预测每个用户的电度电价、基本电费电价和力调电费电价，获取每个用户的平均电价；(2) 根据已预测的每个用户电价和已预测的各类别的用户电量获取各类用户的电费；(3) 汇总用户电费，同时根据已预测的山东省总电量获取电价预测结果。电价预测的核心部分在于第一部分，即预测各类用户的电度电费、基本电费和力调电费进而获取各类用户的平均电价。另外，针对电量预测部分已在电量预测模型方案中有详细介绍。电价预测模型的测算过程见图 7。

3. 全省“应收/预收-实收”模型

每月电费流入在一定程度上取决于近期全社会售电量，售电量数

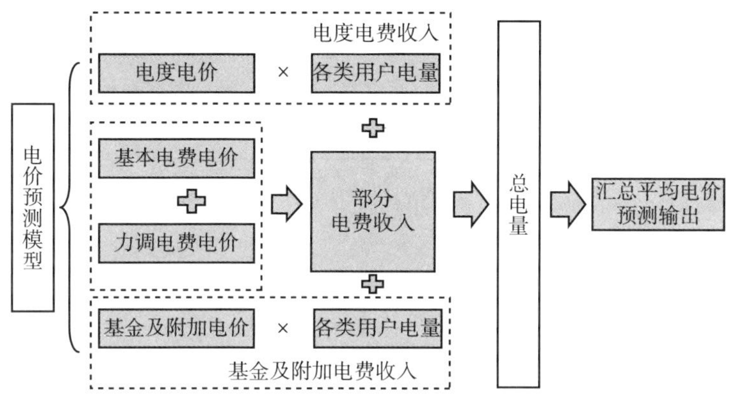

图7　电价预测模型测算过程

资料来源：笔者自制。

据对应应收电费，公司深入分析应收/预收电费和电费实收数据之间的关系，进而搭建基于应收/预收电费的实收电费数据预测模型，可进一步丰富电费收入预测依据，提高电费收入预测的准确性和科学性。

公司通过分析应收/预收电费与实收电费之间的关系，搭建本月收入测算模型为：

$$Z = aX + bY = [B + (A \times C)] \times X + (A \times D) \times Y。$$

其中，Z 为本月的实收电费收入，X 为本月发行的上月的应收电费，Y 为次月发行的本月应收电费。另外，A 为预收结转应收；B 为银行存款结转应收；C 为本月 1~7 号预收收取情况，即本月发行前预收收取金额占当月预收结转比率；D 为发行后本月预收收取金额占当月预收结转比率。其中，$C+D=1$，进一步地可简化为 $Z=aX+bY=[B+(A\times C)]\times X+[A\times(1-C)]\times Y$。$a$ 和 b 为模型系数，由 A、B 和 C 计算所得。

该模型通过获取应收、实收的数据集合，利用数据拟合过程进行模型训练和评估，进而实现模型应用，具体的模型测算过程见图8。

数据集 $S=\{(x_k,z_k)\mid k=1,2,\cdots M,\cdots N\}$，按照如下步骤进行拟合获取基于应收-实收模型 $[z=f(x)=ax_k+bx_{k+1}]$ 系数 a 和 b。

Step0：初始化 $n=1, M=\lambda$（一般 λ 是窗口的长度）；

Step1：取训练集 $S=\{(x_k,z_k)\mid k=1,2,\cdots M\}$（表示输入的窗口数据到 M 的应收和实收数据），输入 X_{M+1}（表示输入的次月的应收）；

Step2：利用对应的数学方法进行应收-实收模型测算，获取模型 $z=f_n(x)$，即获取 a_n 和 b_n；

Step3：预测 z_{M+1} 和 z_{M+2}（预测两个月的实收数），计算预测偏差 E_n 并记录；

Step4：更新 $n=n+1, M=M+1$；

Step5：取训练集 $S=\{(x_{k+1},z_{k+1})\mid k=1,2,\cdots M\}$，输入 x_{M+1}；

Step6：回到 step2 循环，直到 $M=N-2$，输出并保存 $\{a_n,b_n,E_n\mid, n=1,2,\cdots M-\lambda\}$。

图8 “应收/预收-实收”模型

资料来源：《国网山东省电力公司电费收入预测模型业务方案》。

4. 电力用户画像

公司通过对电力用户进行群像性分析，人工设置多个条件参数作为预测模型的动因。在初始结果预测完成后，公司根据当月政策性变化及大用户临时性缴费变化等影响，对数据进行参数调整，从而加强模型的适应能力，提高预测结果的准确性和稳定性。

公司按照电价市场化改革要求，将电力用户分为市场化交易用户、代理购电用户、居民农业用户和其他，再根据电压等级进行细分。首先，公司结合银行流水和营销信息，深入分析用户的用电规模、缴费方式、缴费渠道等数据，结合业务进行标签和数据管理；其次，公司借助聚类、分类算法，完成用户画像，实现自动的用户群分类学习；再次，公司提炼分类属性，制为动态因子，将其上传日排程测算模型，分用户群进行动态调节；最后，日排程测算模型结合用户群数据，经过训练得到更多精准模式，实现更为准确且有依据的“日用户群排程”。日排程测算模型聚焦重点用户，实时管控缴费进度，支撑电费收入预测动态调整，开展欠费预警。

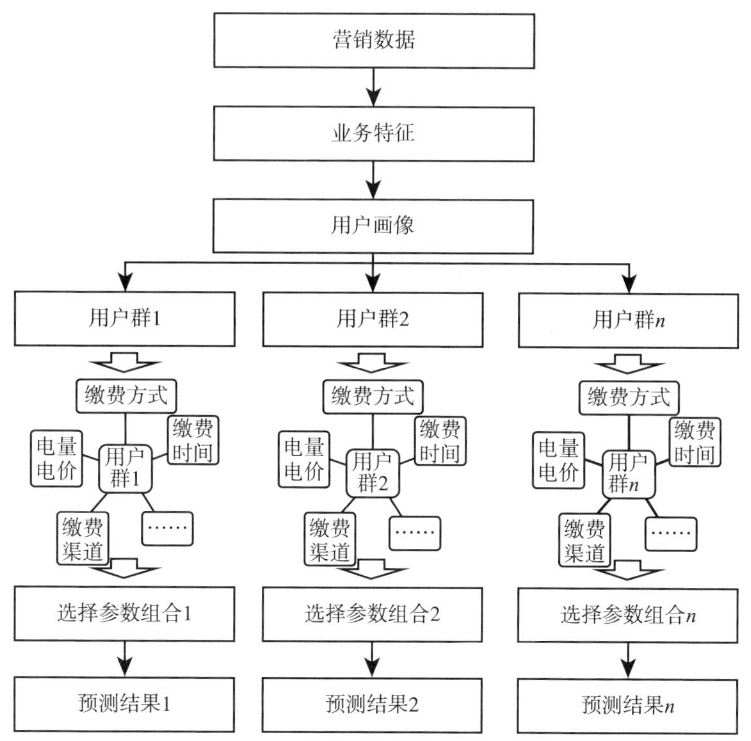

图 9　营销用户画像测算过程

资料来源：《国网山东省电力公司电费收入预测模型业务方案》。

5. 全省电费日度预测、滚动预测

公司利用隐马尔可夫模型（HMM）进行数据的深度学习和训练，

运用数据模式识别原理，替代传统方法中费时且烦琐的历史模式提取和数据挖掘，预测出电费收入历史节点中的隐藏状态和各历史节点之间的转移概率，实现对电费收入进行日度预测。

月度实时预测：隐马尔可夫模型月度预测采用向前迭代滚动预测方式，步长设置为1，推出未来某点情况。该模型首先计算出该点转移概率及相应状态，再通过历史数据回归分析得到月度电费收入变化值，在状态序列中获得最符合转移概率和状态变化的观测值，作为实时预测数输出。

日度实时预测：由于日度电费缴费模式特征较多，隐马尔可夫模型在通过历史数据挖掘与分析之后，得到了能够影响日度预测值的若干计算参数。目前，公司根据山东省历史数据挖掘，固化一些模式特征及对应的计算参数到模型，包括偏差调整 ε、日度系数 α、非工作日预测值总和占比率 θ、缴费峰值个数 N、节假日属性标签 $DateTag$、特殊事件响应权重 W、人工干预参数 ϕ。

公司每月产生实际电费收入后，将月初至滚动节点日的真实和预测的偏差，迭入后期的数据总值，再对未来进行剩余日的预测，实现当月电费收入的滚动预测。

（六）科学精准调度，现金流“按日排程”全面运行

公司坚持“科学预测、精准调控”，完善现金预算管控机制，资金调控有章、有据、有力，现金预算月偏差率控制在1%以内。

健全预算管控机制。公司按照国网公司现金预算“按周”通报要求，优化“日调度、周平衡、月分析”工作机制，定期召开全省资金调度例会，统筹安排资金收支和融资时序。

科学开展收支排程。公司建立收付款结算池，按业务性质划分“刚性支付、月内支付和可延期支付”，结合流入预测、资金存量和安全备付额度，灵活运用拆分、合并等智慧支付策略，合理

安排每日支出计划，实现低存量有预案、高需求有保障、全过程有调控。

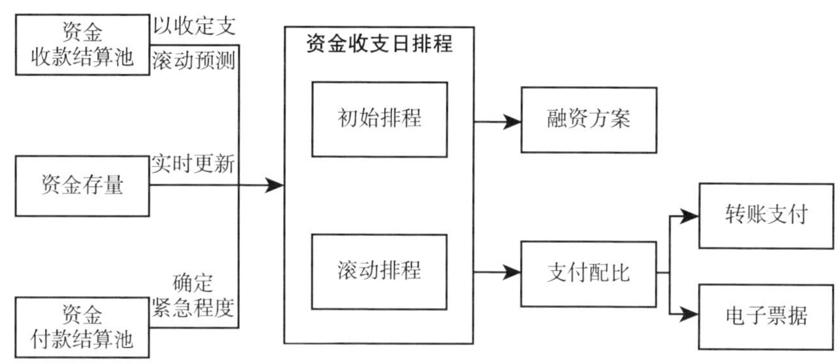

图 10　资金收支日排程

资料来源：现金流“按日排程”典设业务方案。

（七）统筹资金平衡，资金保障能力全面增强

公司综合研判融资环境和利率走势，紧紧围绕电网投资和生产经营，统筹考虑资金存量控制和安全备付额度，科学确定全省融资安排，确保融资“规模最低、时点最优”。

合理安排融资久期结构。新签融资合同到期日多安排在第二、三季度等资金相对宽松时期，公司积极拓宽融资渠道，平衡长短期借款安排，有效缓解资金压力。带息负债平均年利率持续降低，融资成本进一步降低，融资结构进一步优化。

强化自由现金流量管控。公司结合自由现金流量现状，辅以融资租赁、循环贷款等灵活工具，全面应用中电财新一代电票系统有效提高资金应急保障能力，积极应对不可控因素，将资金安排优先向疫情防控、电力保障、农民工和民营企业清欠方向倾斜。

四　运营成效与特色亮点

公司坚持“保障资金供应、提高效率效益、防范安全风险”至上，立足本地、创新引领，聚力打造“安全、集约、精益、高效”的资金管控新生态。

（一）创新驱动，着力打造资金安全智能管控新生态

打造三个平台，织密安全防护网。公司打磨资金安全调控平台，整合贯通业财信息系统（涵盖三大主题、九大场景、8 块大屏），通过全景展示“资金实时监控”“日周月综合看板”“资金安全防控”等场景，保障资金精准调配、收支实时跟踪、资金安全监控。公司部署资金作业视频监控平台、大屏轮播关键岗位资金作业现场和密钥、票据等重要介质保管使用情况，实时督办和整改不规范行为，有效降低人为舞弊、一人代办全流程等风险隐患。公司应用电费资金三方对账平台，自动获取银行收费流水、营销解款记录和财务凭证明细，按日开展三方对账，按月开展营财基础数据核对，实现三方数据高效联动、两两核对，实时晾晒异常数据，保证电费资金安全和颗粒归仓。

强化 3 个环节，筑牢安全防火墙。公司健全事前合规管控，规范电费退费流程，明确省级直付审核要点和常见单据回退原因，严格黑名单冻结、解冻和协助执行流程，严控供应商白名单资质，上线应用资金支付人脸识别、电子签名认证、必备影像强控等多项功能，强化流程规范，前移风控关口。公司完善事中预警监控，结合公司结算特点，优化重复支付拦截预警规则，减少 90% 的无效预警；增加重付风险穿透确认功能，高效复核疑似风险；设置数据传输和系统操作“双唯一”控制，防范数据重复风险；开发大额直付自动监控与提醒功能，节约人工通知时间，实现高风险精准定位、智能预警。公司严

格事后常态监督，深化资金监控系统应用，完善收支监控规则，拓展监控要点和维度，开展资金业务权限数据治理，用专人、专岗实时开展视频监控与线上安全检查，严格落实督办反馈，实现资金安全闭环管理。

（二）科学排程，着力打造资金供应精准保障新生态

搭建模型，精准预测资金流入。公司跟踪用电趋势变化，利用时间序列、线性回归等数学工具，对用户的历史用电行为、交费习惯等进行大数据分析，理清资金流入规律，利用电费收入预测模型，按月预测总收入，每日进行滚动修正，把电费收入月度预算偏差率降至1%以内，为收支科学匹配、流量精益管控奠定基础。

以收定支，精准开展资金调度。公司充分发挥资金集约中心的调度职能，大力治理排程数据质量，以资金安全调控平台为支撑，准确、实时、全面掌握资金收支规律，合理安排每周支出“大盘子”，科学分解每日支出“小盘子”，使得周排程综合偏差率由 2020 年 12 月的 4. 88%降至 2022 年 12 月的 0. 36%，有效平滑资金收支曲线，资金精益管理水平大幅提升。

灵活融资，精准控制规模时序。公司强化融资预算与现金流“按日排程”一体化闭环管理，综合考虑资金缺口和支付需求，把控融资规模及到位时序，动态平衡长短期融资，辅以循环贷款、票据结算等工具，累计开立银行承兑汇票 118. 7 亿元，协助分公司转付票据 2. 07 亿元，节约财务费用约 2 亿元，有效降低资金使用成本、缓解资金支付压力。

（三）多措并举，着力打造资金集约提质增效新生态

三位一体强管控。资金集约中心负责集中收付款以及监督审核，充分发挥专业性与独立性；财务共享中心负责审核市县公司非集中支

付业务；市县公司仍承担原有审核职责。公司构建起三位一体协同高效的司库管控体系；通过压实各级主体责任，强化指标管理效能（“营银财”三方对账、付款单据质量等被纳入企业负责人关键业绩指标考核），使得原市县公司 2217 万元的长期电费不明款实现清零，并将省级直付单据持续控制在 1% 以内。公司基本实现“零回退”，资金管控基础进一步夯实。

流程集约促协同。公司深化产融协同，打通供应链金融合作通道，优化银行集团账户产品；深化营财协同，使 72 条电费收缴通道畅通，逐步取消支票收取，有效减少在途资金，以可视化电费报表立体展示电费收款进度，实现数据有源、管理有序；深化业财协同，打通业财壁垒，上线原始凭据影像，规范付款订单全寿命管理，全程记录并共享从合同签订、业务发起到资金支付等所有重要信息。

资金集约提质效。一是收款省级集中。公司推动集团账户体系全面优化，使电费账户由分层分级管理转变为“一省一行一户”，把电费资金实时归集至省公司层面，实现电费流水自动清分率 100%、人工对账工作量减少 90% 以上；借助单据电子化，实现退款业务线上全流程管理，退款效率大幅提升，有效保障电力客户权益，助力营商环境优化。二是付款省级集中。公司推动资金安全备付由多级多点优化为省级单点，使得资金拨付流程大幅精简，把资金备付存量降至最低水平，使资金支付平均用时减少 40%，年利息支出减少 5000 万元以上，资金结算效率、效益显著提升。

参考资料

《国家电网有限公司司库管理办法》

《国网山东省电力公司现金流“按日排程”典设业务方案》

《国网山东省电力公司付款省级集中典设业务方案》

《国网山东省电力公司收款省级集中典设业务方案》

《收付款省级集中及现金流“按日排程”试点工作验收汇报》

《国网山东省电力公司关于“1233”新型资金管理体系建设总结的报告》

《国网山东省电力公司电费收入预测模型业务方案》

专 题 篇

Special Topic

B.10

新时代*的中国管理

——管理科学奖的视角

管理科学奖案例研究课题组**

摘　要： 中国管理科学学会管理科学奖（下称管理科学奖）是对管理理论与实践方面的杰出贡献进行评选和表彰的我国管

* 2012年11月在北京召开的中国共产党第十八次全国代表大会，是在我国进入全面建成小康社会决定性阶段召开的一次十分重要的大会。这次大会明确把科学发展观作为党的指导思想，确立了“两个一百年”奋斗目标，实现了中央领导集体的新老交替。从党的十八大开始，中国特色社会主义进入新时代。

** 管理科学奖案例研究课题组成员为张晓东、夏凡、张晓波、陆田野、刘轩、强晓洁。张晓东，博士，研究员级高级工程师，江苏敏捷创新经济管理研究院院长，研究方向为数业经济、数据管理与安全、先进制造；夏凡，注册咨询专家，江苏敏捷创新经济管理研究院副院长，研究方向为技术哲学、数字经济、人才国际化；张晓波，中国管理科学学会常务副秘书长，研究方向为科技创新、数字化领域；陆田野，江苏敏捷创新经济管理研究院研究员，研究方向为金融经济；刘轩，中国管理科学学会项目部兼办公室主任，研究方向为企业管理、组织管理；强晓洁，中国管理科学学会项目部主管，研究方向为项目管理、学术出版。

理界重要的社会力量授奖。新时代的中国管理在管理科学奖的视角下呈现丰富内涵与重要特征。本文通过对2008年的第一届至2022年的第八届管理科学奖170份获奖成果的数据分析，总结新时代中国管理的客观情况、现实问题、需求特征，以及新时代中国管理理论与实践成就对它们的回应，并探讨迈向新征程中国管理的新挑战与新机遇。

关键词： 管理科学奖　新时代　新征程

新时代的中国管理是社会主义建设及改革开放40多年管理实践和理论创新的继承、延续和发展，经历了在独立自主、自力更生前提下的对国外管理思想、理论、方法的引进、消化、吸收到自主创新的发展过程，并在企业改革、市场化转型、产业现代化、科技创新和绿色发展等方面取得了显著成就。改革开放以来，中国引进了西方先进管理理念，学习和借鉴了国际管理经验，采取了一系列经济体制、企业经营机制、各类组织变革等改革措施，推动着中国管理模式的转型发展。20世纪80年代，从农村到城镇，以企业改革为重点，中国在探索中引入市场机制，培育企业家精神和商品意识，引导企业向市场化运作转变。中国加入世界贸易组织（WTO）以来，面临更多的机遇与挑战，中国管理着眼于提升核心竞争力和创新能力，注重战略、质量、品牌和组织文化建设。进入新时代，中国企业积极迎接科技浪潮和应对数字化转型的趋势，以“创新驱动”等战略方针促进转型升级。中国管理不断适应变革和需求，推动理论创新和实践发展，为经济社会的高质量发展取得举世瞩目的成就。

一　21世纪的中国管理

（一）注重理论学习，努力在实践中创新

21 世纪，中国管理者学习热情持续高涨，企业等组织纷纷推动学习型组织建设，管理类培训促成颇具规模的产业。在实践层面，中国管理者在应对国内外市场的竞争与挑战中，不断提升企业的竞争力和创新能力。管理学学者通过关注中国管理实践发现问题并不断寻找解决方案。

课题组提取第一届至第八届管理科学奖 170 份获奖成果关键词，共获取 748 个关键词并进行分析，通过展示不同研究主题之间的关联度，找到中国管理研究热点的整体特征。自 2008 年起，“战略管理”“知识管理”“数字化转型”“平台经济”“创新驱动”“数字经济”“智能化”“数字化”“人工智能”“智慧企业”“绩效管理”等相继成为中国管理研究与实践的热点。

1. 战略管理。战略管理强调组织对外部环境的分析和理解，以及利用内部资源和能力来应对挑战和机会。中国在经济转型和发展过程中面临着日益复杂的内外部环境变化，通过战略管理，助力组织在竞争激烈的市场中保持竞争优势。

2. 知识管理。随着科技发展和市场变化速度的加快，知识的时效性和行动性变得越来越重要。在中国的管理实践和学术领域，知识管理具有重要的意义和价值，可以帮助组织建立知识更新和学习的机制，提高组织对新知识的获取和应用能力。

3. 平台经济。中国正面临着经济结构转型和创新驱动的发展阶段，平台经济能够推动创新和创业、促进数字化和智能化进程、实现区域协同和城市发展。对平台经济的深入研究和探索，为中国管理提

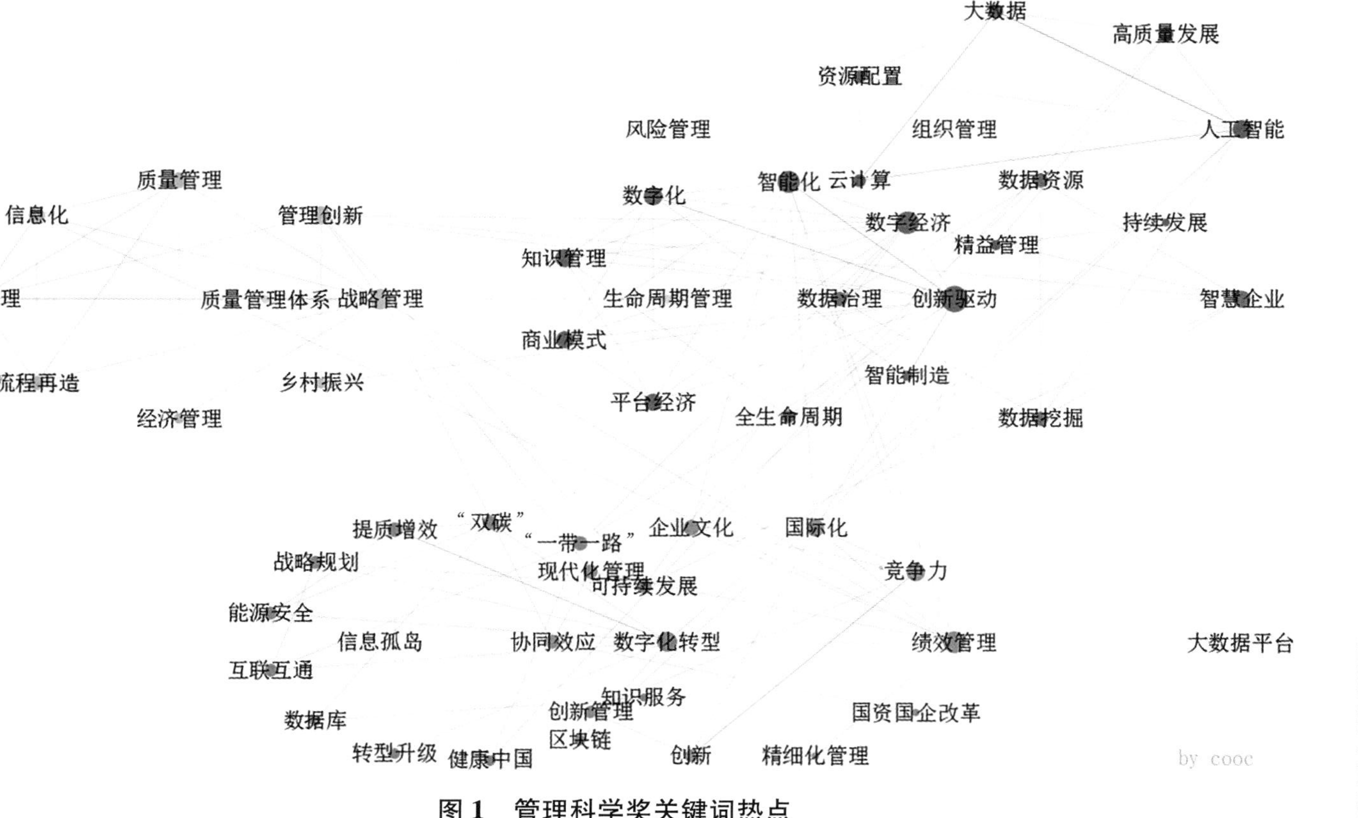

图 1　管理科学奖关键词热点

资料来源：课题组自制。

供理论指导和实践支持。

4. 创新驱动。创新驱动强调以科技创新和提升创新能力为核心，实现经济增长和竞争优势。推动创新驱动的研究和实践对于中国管理发展具有重要意义，能够推动经济转型和产业升级，提升企业竞争力，解决社会问题，促进可持续发展。

5. 数字经济。数字经济作为一种新的经济形态，对于推动经济增长、提高效率和促进创新具有重要作用，成为当前中国管理理论与实践领域关注的热点领域。

6. 智能化。数智化能够提升企业的生产效率和管理水平、推动创新和创业、促进城市和社会治理的智能化。中国管理学界将持续关注并积极研究数智化的应用和发展，为管理实践提供理论指导。

（二）中国管理与我国经济社会发展同频共振

1. 管理实践的热点与经济社会发展方向相耦合

管理实践领域的研究主题与当前社会经济发展的需求和挑战密切相关。对这些问题的研究和解决方案的提出，可以为社会经济的发展提供有益的理论支持和实践指导。

课题组通过对第一届至第八届管理科学奖 170 份获奖成果关键词的提取，与 2006~2021 年政府工作报告重要任务进行文本比对分析，发现中国管理实践领域的研究主题与我国社会经济发展方向具有较高的耦合性。例如 2006 年、2007 年政府工作报告重点提出“实施科教兴国战略和人才强国战略，加强文化建设”“加快推进产业结构升级和自主创新”等重要任务，第一届管理科学奖获奖成果涉及航天事业、绩效管理、创新等热词（见表 1）。

表 1　管理实践领域的热词与政府工作报告重要任务比对分析（2008~2022 年）

管理科学奖(实践类)		政府工作报告	
管理实践领域的热词		重要任务	
第一届 (2008 年)	航天事业 绩效管理 创新	1. 实施科教兴国战略和人才强国战略,加强文化建设 2. 加快推进产业结构升级和自主创新	第十届 全国人民代表大会 第四次会议(2006 年)、 第五次会议(2007 年)
第二届 (2010 年)	应急救援 质量管理 资源优势	1. 加大节能减排和环境保护力度,做好产品质量安全工作 2. 加快转变发展方式,大力推进经济结构战略性调整	第十一届 全国人民代表大会 第一次会议(2008 年)、 第二次会议(2009 年)
第三届 (2012 年)	监管与评价 降本增效 社会效益 知识产权战略 信息化	1. 努力建设人民满意的服务型政府 2. 深入推进重点领域改革	第十一届 全国人民代表大会 第三次会议(2010 年)、 第四次会议(2011 年)
管科学奖 第四届 (2014 年)	文化引领 碳减排 精益管理	1. 促进文化大发展、大繁荣 2. 加快转变经济发展方式,促进经济持续健康发展	第十一届全国人民代表大会 第五次会议(2012 年)和 第十二届全国人民代表大会 第一次会议(2013 年)
第五届 (2016 年)	创新驱动 “双创精神” 环境责任	1. 以创新支撑和引领经济结构优化升级 2. 持续推进民生改善和社会建设	第十二届 全国人民代表大会 第二次会议(2014 年)、 第三次会议(2015 年)
第六届 (2018 年)	新管理模式 生态品牌 智能化	1. 加强供给侧结构性改革,增强持续增长动力 2. 用改革的办法深入推进“三去一降一补”	第十二届 全国人民代表大会 第四次会议(2016 年)、 第五次会议(2017 年)
第七届 (2020 年)	模式创新 数字化转型 智能低碳 可持续发展	1. 加快建设创新型国家 2. 加强污染防治和生态建设,大力推动绿色发展	第十三届 全国人民代表大会 第一次会议(2018 年)、 第二次会议(2019 年)

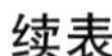

管理科学奖(实践类)		政府工作报告	
管理实践领域的热词		重要任务	
第八届 (2022 年)	实体经济 现代能源体系 智慧化 场景消费	1. 依靠创新推动实体经济高质量发展,培育壮大新动能 2. 实施扩大内需战略,推动经济发展方式加快转变	第十三届 全国人民代表大会 第三次会议(2020 年)、 第四次会议(2021 年)

资料来源：课题组自制。

基于两组文本比对，课题组发现中国管理实践能够紧扣国家战略、发展方针、政策文件，支持国家创新驱动发展、转型升级、生态文明建设等重大战略任务，结合产业领域的创新和协同发展、服务业的提质增效、科技成果转化等方面，服务于国家的发展大局。

2. 管理学术领域的研究主题与国家社会发展规划战略目标一致

实现全面建设社会主义现代化强国是党和政府确立的国家发展目标，同时该目标展开为经济发展、创新驱动、人民福祉和可持续发展等方面的具体要求。管理学术领域的研究主题正是致力于解决与这些具体要求相关的问题，相关研究为实现国家战略提供理论支持。

课题组通过对第一届至第八届管理科学奖 170 份获奖成果关键词的提取，以及对 2006~2025 年国民经济和社会发展五年规划发展目标进行文本比对分析，发现中国管理学术领域的研究主题与国民经济和社会发展五年规划发展目标保持方向上的一致性。例如“十一五”规划（2006~2010 年）提出“产业结构优化升级”、“可持续发展能力增强”和“市场经济体制比较完善”等发展目标。在管理学术领域，第一届管理科学奖获奖成果的热词为经济转型和核心竞争力。第二届管理科学奖获奖成果的热词为循环经济、知识经济和可持续发展。

表 2　管理学术领域的热词与国民经济和社会发展五年规划发展目标内容比对分析（2008~2022 年）

<table>
<tr><td colspan="2">管理科学奖(学术类)</td><td colspan="2">国民经济和社会发展五年规划</td></tr>
<tr><td colspan="2">管理学术领域的热词</td><td colspan="2">发展目标</td></tr>
<tr><td>第一届</td><td>经济转型
核心竞争力</td><td rowspan="2">1. 国内生产总值年均增长 7.5%
2. 宏观经济平稳运行
3. 产业结构优化升级
4. 资源利用效率显著提高
5. 城乡区域发展趋向协调
6. 基本公共服务明显加强
7. 可持续发展能力增强
8. 市场经济体制比较完善
9. 人民生活水平继续提高
10. 民主法制建设和精神文明建设取得新进展</td><td rowspan="2">“十一五”规划
(2006~2010 年)</td></tr>
<tr><td>第二届</td><td>循环经济
知识经济
可持续发展</td></tr>
<tr><td>第三届</td><td>系统性风险
节能降耗</td><td rowspan="2">1. 国内生产总值年均增长 7%
2. 经济平稳较快发展
3. 结构调整取得重大进展
4. 科技教育水平明显提升
5. 资源节约环境保护成效显著
6. 人民生活持续改善
7. 社会建设明显加强
8. 改革开放不断深化</td><td rowspan="2">“十二五”规划
(2011~2015 年)</td></tr>
<tr><td>第四届</td><td>现代管理
商业模式</td></tr>
<tr><td>第五届</td><td>生态环境
转型升级</td><td rowspan="3">1. 国内生产总值年均增长 6.5%
2. 经济保持中高速增长
3. 创新驱动发展成效显著
4. 发展协调性明显增强
5. 人民生活水平和质量普遍提高
6. 国民素质和社会文明程度显著提高
7. 生态环境质量总体改善
8. 各方面制度更加成熟、更加定型</td><td rowspan="3">“十三五”规划
(2016~2020 年)</td></tr>
<tr><td>第六届</td><td>管理创新
能源转型</td></tr>
<tr><td>第七届</td><td>“一带一路”
科学精神</td></tr>
</table>

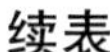
续表

管理科学奖(学术类)		国民经济和社会发展五年规划	
管理学术领域的热词		发展目标	
第八届	“双碳” 智能化 数据要素 竞争与垄断	1. 国内生产总值年均增长率保持在合理区间、各年度视情提出 2. 经济发展取得新成效 3. 改革开放迈出新步伐 4. 社会文明程度得到新提高 5. 生态文明建设实现新进步 6. 民生福祉达到新水平 7. 国家治理效能得到新提升	“十四五”规划 (2021~2025 年)

资料来源：课题组自制。

基于两组文本的比对，课题组发现中国管理学术领域的研究主题与国家社会发展规划战略目标具有内在的一致性。管理学术界关注的问题与国家发展目标息息相关，旨在为实现国家发展战略提供学理上的支持和实践上的指导。这种一致性体现了管理学术领域与国家社会发展的紧密联系，管理学术研究对国家发展具有重要的作用和意义。

（三）中国管理的发展需要反思的问题

1. 管理细分学科领域未形成齐头并进态势，活跃度不均现象明显

管理细分学科领域齐头并进的意义在于推动管理理论和实践的发展，促进各个学科领域的交流和合作，培养全面型管理人才，促进学术研究和实践经验的融合。

课题组根据管理科学奖学术类 38 个获奖成果数据分析发现，管理类二级学科覆盖率为 85.71%，活跃领域主要分布在资源环境管理（21.05%）、创业与创新管理（13.16%）、战略与决策管理（10.53%）、生产与运作管理（7.89%）、管理学理论与方法（7.89%）这五类学

科。其他细分学科获奖成果占比较低，侧面反映研究成果较少、发展相对滞后。

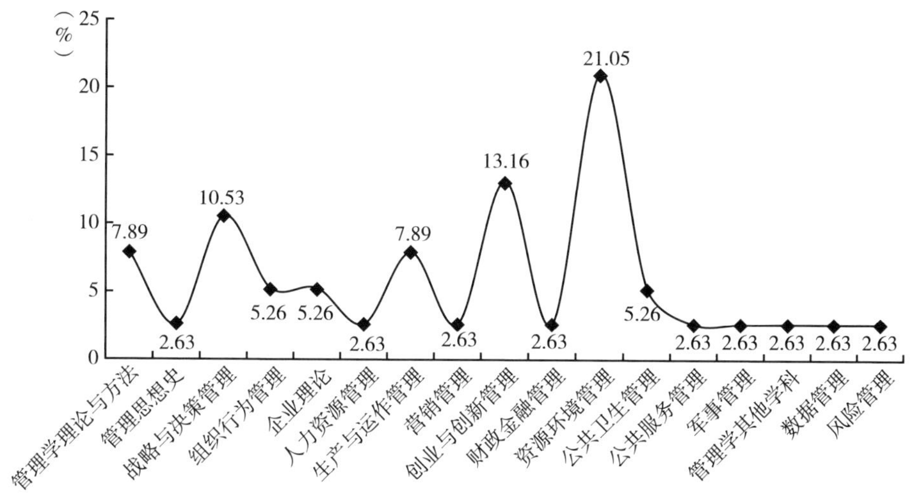

图 2　管理细分学科领域获奖成果分布状况

资料来源：课题组自制。

管理学界需要重视以上情况，否则在马太效应下将会导致活跃度较高的学科领域得到更多的资源和关注，而活跃度较低的学科领域会被忽视，从而造成管理研究领域的倾斜，使某些重要的管理问题得不到充分研究和解决。在进一步推动中国管理细分学科的发展中，管理学界需要更加注重平衡各学科的发展和活跃度。

2. 管理理论的中国化探索浅尝辄止，传统管理文化亟待在传承中创新

21 世纪，中国管理学的发展经历了从起步探索到快速成长再到规范提升的过程。改革开放后，中国管理学界积极吸收和借鉴西方管理理论和成果是正确选择也是必然要求，但在随后几十年的发展中，中国管理学受西方管理学研究范式影响，过度追求研究规范化、推崇复杂定量研究与数理化模型倾向过重，未能在实践的过程中充分结合

中国国情，融合中国古代管理思想与管理智慧，构建中国管理理论思想、范式以及体系。

2006~2022 年管理科学奖总申报数量近 700 项，共计 91 所高校、35 家科研院所、307 家各类型企业单位、68 家政府机关及事业单位、社会团体参加申报。其中，具有中国特色的管理思想史仅有研究成果 4 项。

中国古代管理文化中蕴含着丰富的管理智慧和经验。例如，孔子“仁者爱人”、墨子“兼爱非攻”等思想，都彰显对领导力、组织管理和治理等方面的独到见解。对这些古代管理思想的继承式创新有助于挖掘我国传统文化中的宝贵智慧，为现代管理学提供新的思路和启示。

3. 理论与实践一体两面的协同性不足，管理价值尚未产生融合创新之效

从目前普遍情况来看，中国管理学发展囿于主体所在圈层，管理理论与实践之间“两张皮”现象明显。从第一届至第八届管理科学奖的获奖数据来看，管理理论研究的主力军在高校，但数量庞大的理论人才资源并未过多参与企业的管理实践探索。在管理实践方面，高校获奖率仅约 6.85%，且高校与企业合作申报的项目占比极低，在一定程度上反映了校企融合创新合作平台并未完全建立，这导致学术成果转化率低以及企业实践缺乏专业理论指导等问题普遍存在。

4. 管理人才复合交叉性较弱，学科融合及理论与实践结合培养模式有待形成

管理人才复合交叉机制是一种能够促进管理人员经验积累和视野拓展的机制。然而，在中国的管理实践中，这种机制尚未形成，更谈不上充分地推行。课题组对第一届至第八届管理科学奖 170 份获奖成果的申报人所在单位进行统计分析，发现管理人才大多身处企业，数量占比接近 50%。政府机构及事业单位（21.6%）与高校（25.8%）的数量占比相当，社会团体（1.3%）及科研院所（1.3%）的数量

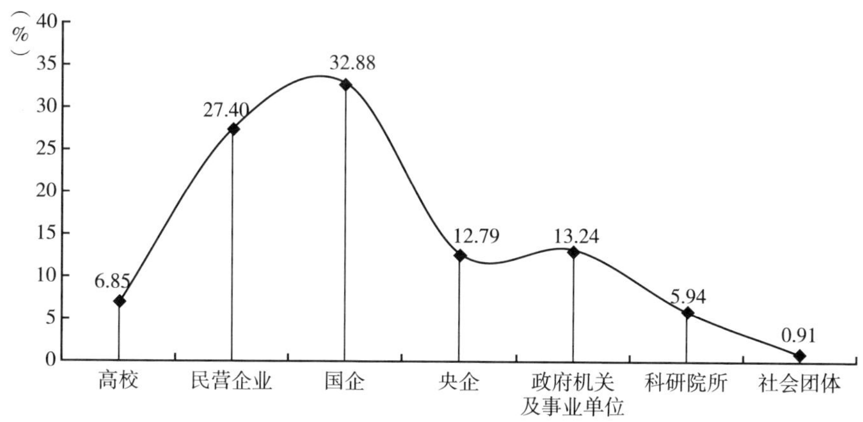

图3　管理实践各类单位获奖率

资料来源：课题组自制。

占比极低（见图4）。高校和企业管理人才合作申报数量不足1%，这在一定程度上反映了校企融合创新合作平台并未完全打通，管理人才复合交叉机制未建立，缺乏跨部门、跨地区和跨专业、跨行业的交流互动。这既限制了管理人才的发展和成长，也限制了他们对不同领域和环境的理解与适应能力。

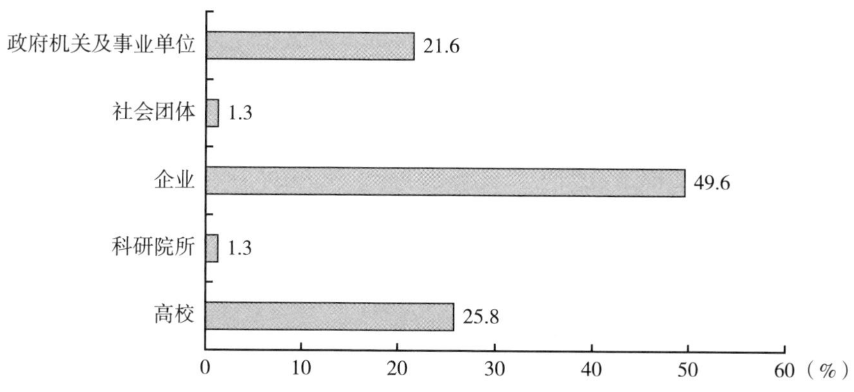

图4　管理科学奖获奖人所在单位属性分布状况

资料来源：课题组自制。

管理本身就具有跨学科的特点，需要综合运用经济学、商学、心理学、社会学等多学科的知识。然而，目前的人才培养模式往往过于注重专业化，缺乏跨学科的培养机制和课程设置。多学科交叉融合培养模式在中国仍待进一步完善和推动。由于社会不断发展以及经济具有复杂性，传统的单一学科培养模式已不再适应现代管理的需求。多学科交叉融合培养模式能够培养具备战略思维和创新能力的管理人才。目前，中国的跨学科教育与培养模式仍处于初级阶段，我们还需要进一步加强学科之间的融合和资源整合。

二　新时代中国管理的实践创新

管理学是一门理论与实践密切联系的学科。党的十八大以来，中国步入新时代，经济总量在全球的排名不断攀升，经济发展的质量在提高和引领性在加强。在一些新兴领域和数字经济中，中国不少领先企业的管理实践在全球具有创新性和引领性。在前沿性的管理领域，实践已经走在了理论之前。

（一）特色管理模式的兴起与典型案例

在新时代中国管理的实践中，特色管理模式的兴起展现了中国企业在管理创新上的探索和突破。特色管理模式的兴起源于中国企业对于自身发展阶段和市场环境的深刻理解，得益于中国企业对于自身文化传统的融合和发扬，还得益于中国企业对社会责任和可持续发展的重视，更得益于中国企业注重与各利益相关方的合作，并在生态链上实现共赢。

1. 中国三峡建设：大型工程智能建造管理的创新与实践

水电是重要的清洁能源，可以节约传统煤炭、石油和天然气等不可再生能源的消耗，减少污染物排放，有助于节能减排和实现可持续发展。水电工程以发电为主，兼顾防洪、灌溉、航运等综合作用，在国家能源战略以及风险防控、精准扶贫、污染防治三大攻坚战中具有不可替代的重要作用。中国三峡建设管理有限公司（简称“中国三峡建设”）获第六届管理科学奖，积极探索大型水电工程智能建造管理创新与实践，在党中央、国务院持续推进信息化和工业化融合战略部署的指引下，探索智能建造管理的实现路径，提出“全面感知、真实分析、实时控制”的智能建造管理理论，将金沙江下游水电站建成世界一流精品工程，实现信息化时代水电建设管理的重大变革。

中国三峡建设创建的“全面感知、真实分析、实时控制”理论是大型水电工程智能建造管理的核心理论，是基于工程控制论和管理控制论的相关思想和方法，体现了集成化、全生命周期以及科学、现代化的管理体系创新；体现了施工全过程的全面精细化控制技术创新；体现了建设过程遵循实时、在线、个性化的行动原则创新。

2. 中国建材：以混合所有制推动供给侧结构性改革

推进供给侧结构性改革，是党中央在全面分析国内经济阶段性特征的基础上，对我国社会主义市场经济理论的重大创新。中国建材集团有限公司（简称“中国建材”）获第六届管理科学奖，以混合所有制推动建材行业的供给侧结构性改革，坚持“大力推进水泥和玻璃产业的结构调整、联合重组和节能减排，大力发展新型建材、新型房屋和新能源材料”的发展战略，遵循市场经济规律和企业发展规律，开展了一系列市场化改革，在推进混合所有制经济发展方面进行了大胆探索，走出了一条国有资本和民营资本交叉持股、相互融合、共同发展的路子。

中国建材以供给侧结构性改革为主线，推动经济发展质量变革、效率变革、动力变革，为中国经济实现从高速增长到高质量发展提供了重要支撑。在发展混合所有制过程中，中国建材展现了“央企的实力+民企的活力=企业的竞争力”的混改公式，“规范运作、互利共赢、互相尊重、长期合作”的“十六字”混改方针，“混得适度、混得规范、混出效果”的混改原则。它走出了一条以“国民共进”方式进行市场化改革和行业结构调整的新路，从一家草根央企发展成为世界最大的综合性建材产业集团。

3. 海尔集团：创建“人单合一”共创共赢生态圈模式

互联网的发展带来了全球经济一体化，加速了企业的全球化进程。海尔集团公司（简称“海尔集团”）获第五届管理科学奖，探索与实践“人单合一 2.0 共创共赢生态圈”模式，打造后电商时代基于用户价值交互的共创共赢生态圈，实现各利益相关方的共赢增值，重点关注建立共创共赢生态圈和颠覆传统模式的中国特色管理模式。

海尔集团的“人单合一”共创共赢生态圈模式不仅是一种企业内部一个或者几个节点的变革，而且实现了全流程全体系的变革，颠覆了制造、营销、物流等全流程，使大规模制造转型为大规模定制。更重要的是，海尔集团搭建了一个开放的生态，让集团从一个封闭的组织变成开放的创业平台。海尔集团中的每个创客都直接对接用户需求，围绕用户需求进行创新，为全球创客提供开放的创业机会。

4. 三花智控：高效低碳的绿色工厂可持续发展

发展智能低碳经济和营造品质绿色环境是可持续发展的重要愿景。浙江三花智能控制股份有限公司（简称“三花智控”）获第七届管理科学奖，长期致力于绿色环保事业，践行低碳节能理念，通过工厂治理模式创新，运用数字化管理技术不断降低单位万元产值能耗，形成了“CDPS”管理模型。“CDPS”中的 C 即 Comprehensive effect，意为“综合统效”，是方法总论；D 即 Digital management，意为“数字化管理”，是方法论的工具化体现；P 即 Performance leadership，意为“绩效引领”；S 即 Sustainable development，意为“可持续发展”。

高效低碳和节能环保是一个高度综合的系统工程。三花智控破除单纯“技术”观念，提出“CDPS”管理模型，强调系统化思维和顶层设计；拓展“全局观”的内涵，提出“全员、全域、全时”的“三全”理念。

（二）创新能力和创业精神的培育与应用

1. 创业与创新管理研究热度持续攀升

党的十八大报告明确提出创新驱动发展战略。2014 年“大众创业，万众创新”在社会各界掀起了第五次创业热潮。随着云计算、大数据、人工智能等技术的普及，新时代的创新能力和创业精神正在随着智能的嵌入、行业的重塑，展现出新业态和新模式。课题组从管理科学奖申报学科占比看出，近几年创业与创新管理研究热度逐年攀升。

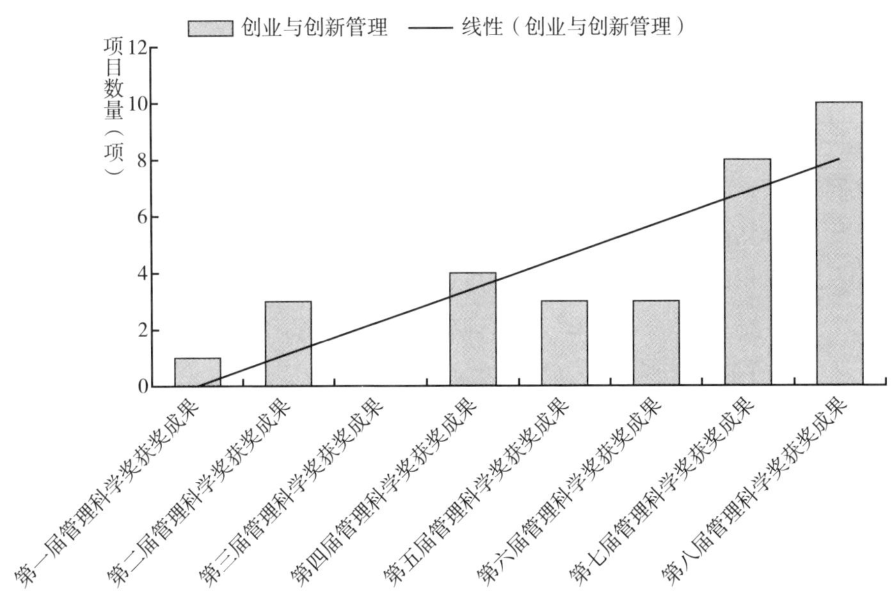

图 5　创业与创新管理研究热度持续攀升

资料来源：课题组自制。

创新能力和创业精神在新时代的中国管理实践中得到重视。各地方政府提出了大力支持创业、创新的相关政策措施，并积极鼓励和支持年轻人创业。中国企业积极鼓励员工践行创新精神，并提供创新机会和资源支持，为员工创造良好的创新环境。在社会层面，创新创业园区和孵化器的建设为创业者提供了平台和资源，促进了创新创业的发展。

2. 企业实践中的创新成果不断涌现

在企业实践中，不断涌现的创新成果涵盖了组织创新、技术创新、方法创新、模式创新和机制创新（见表 3）。组织创新是在组织管理层面上进行的创新，技术创新是在产品或服务的技术方面进行的创新，方法创新关注的是工作方式和操作方法的创新，模式创新强调的是商业模式的创新，机制创新一般指以改革机制为核心进行的创新。这些创新推动了企业的发展与变革，增强了企业的竞争力，并对行业和社会经济的进步产生了积极影响。

表 3　管理创新领域获奖成果（2014~2022 年）

管理科学奖（实践类）	获奖单位	获奖成果	创新要点
第四届	中国建筑第五工程局有限公司	建筑企业“三化融合”的管理升级体系	组织创新
第四届	神华集团有限责任公司（简称神华集团）	神华集团重载铁路技术创新发展模式及实践	技术创新
第四届	北京电影学院	创新方法系统集成及推广应用机制研究	方法创新
第五届	武汉默联股份有限公司	基于医疗场景的支付模式创新与应用	模式创新
第五届	航天云网科技发展有限责任公司	航天云网的工业互联网实践	技术创新

续表

管理科学奖（实践类）	获奖单位	获奖成果	创新要点
第五届	中国大唐集团有限公司（简称“中国大唐”）	中国大唐“项目两优化”管理创新及实践应用	方法创新
第六届	中国三峡建设管理有限公司	大型水电工程智能建造管理创新与实践	方法创新
第六届	中国建材集团有限公司	以混合所有制推动建材行业的供给侧结构性改革	机制创新
第七届	海尔卡奥斯物联生态科技有限公司	基于 COSMOPlat 工业互联网平台的大规模定制管理创新与实践	模式创新
第七届	中国核动力研究设计院	协同创新模式下“华龙一号”反应堆研发管理	组织创新
第七届	中国电力建设股份有限公司（简称“中国电建”）	中国电建供应链“金融+科技”管理创新探索	模式创新
第八届	中国石油天然气股份有限公司勘探开发研究院	“持续融合”创新管理模式与应用实践	模式创新
第八届	江苏省农业科学院	JAAS 管理创新飞轮模型	组织创新

资料来源：课题组自制。

企业实践中的创新成果是保持自身竞争力和创造价值的关键。在追求卓越的道路上，企业唯有通过不断推进科技研发，改进现有产品与服务，开发全新型解决方案，才能满足日益复杂和多样化的市场需求。在这个快节奏的时代，企业要保持领先优势，就必须具备创新的能力。企业只有不断在产品设计、工艺改进和管理模式等方面推陈出新，才能始终紧跟时代步伐，并持续赢得客户的信任与认可。

（三）中国文化与价值观在管理实践中的体现

中国文化与价值观在管理实践中体现出家庭观念与集体主义、尊敬与关心他人、稳健与持久、中庸与和谐等。这些价值观指导着中国管理者在企业运营中的决策和行动中，形成独特的管理风格，助推企业稳健发展，增强竞争优势。

1. 倡导家国情怀的经营观

中国文化注重家庭观念和集体主义。在管理实践中，企业强调员工之间的相互关怀、协作和辅助，追求共同目标的实现。杭州娃哈哈集团有限公司（简称“娃哈哈集团”）获第二届管理科学奖，倡导“三家”经营哲学，奉行“健康你我他，欢乐千万家”的企业宗旨，以“凝聚小家、发展大家、报效国家”作为企业经营哲学，正确处理员工、发展、责任三者的关系。

“小家”，即员工个人。企业要发展，首先要照顾好员工这个“小家”，娃哈哈集团在取得发展的同时，通过提高员工收入、解决员工住房问题、实现全员持股，使“小家”安居乐业；“大家”，即企业，“凝聚小家”的目的是发展企业。在发展“小家”和“大家”的基础上，企业应竭尽全力履行社会责任，报效国家。

在“三家”经营哲学指导下，娃哈哈集团形成了一个员工心心相连、企业和谐发展的生动局面。企业内部员工团结一心，企业像关心家人一样关心员工，员工像爱护家庭一般爱护企业。企业通过承担社会责任，积极奉献爱心，促进社会的和谐发展，提升了企业的美誉度和品牌影响力。

2. 创建“党建统领、战略纲领、文化引领”的治理观

中国文化强调稳定和持久的长远观念。在管理实践中，中国文化体现为企业追求长期发展、行稳致远的经营战略和决策。北京首农食品集团有限公司（简称“首农食品集团”）获第七届管理科学奖，

创建“新时代国有企业‘三位一体’治理模式”，其理论基础是首农食品集团在国有企业治理模式探索中提炼形成的“党建统领、战略纲领、文化引领”的“三位一体”管理理论。

党建统领是坚持党的领导，以党建统领全局工作，这是国有企业的最大优势和鲜明特征；战略纲领就是坚持战略管理，以战略谋定未来发展，这是决定企业发展往哪走、怎么走的重要指南和总体纲略；文化引领就是坚持知行合一，以文化引导行为实践，这是凝聚企业奋斗力量的精神内核和价值导向。

“三位一体”就是融党的建设、发展战略、企业文化于一体，一体谋划、一体部署、一体推进，通过顶层设计，形成国有企业治理模式的总体框架。以首农食品集团为代表的中国企业注重长期发展战略与稳健经营理念，为企业提供稳定的发展环境和深厚的企业文化，形成具有持久性的竞争力。

3. 秉持上善若水、以人为本的用人观

中国文化强调人与人之间的关系，强调关怀、尊重和互助。在管理实践中，这种价值观体现在重视员工的全面发展、关注员工的福祉和充分发挥员工的潜力上。中国建筑第五工程局有限公司（简称“中建五局”）获第三届管理科学奖，打造战略性人力资源管理的“都江堰三角法则”体系。中建五局从世界级的伟大工程——都江堰工程中汲取智慧，破解人的难题。

“都江堰三角法则”的内涵是：借鉴都江堰工程在治水上的智慧，坚持以人为本为核心，把人力资源管理提升到战略高度，系统地将员工和企业整合起来，构建统一性和适应性相结合的人力资源管理体系，通过人力资源核心理念、政策和管理实践等要素的协调运行，实现人与岗位、人与组织、组织与战略的有效契合，进而最终达成企业的战略目标。

“都江堰三角法则”打造中建五局共同的目标和价值观，并通过

图 6 “都江堰三角法则”

资料来源：《战略性人力资源管理的“都江堰三角法则”体系构建》，第三届管理科学奖（实践类），2012。

“共知、共识、共行、共享”，使团队共同目标和价值观“固化在员工思想里，融化在员工血液里，落实在员工行动上”，激励员工更好地协同工作，形成稳定的企业文化，从而推动组织的持续发展和创新。

三 新时代中国管理的理论发展

习近平总书记在哲学社会科学工作座谈会上曾指出，构建中国特色哲学社会科学要体现继承性与民族性、原创性与时代性、系统性与专业性。新时代中国管理的理论创新不是对既有管理体系的全面颠覆，亦不是对西方管理理论与研究范式的全盘否定，而是基于中国情境，以兼容并蓄和文化融合为原则，以管理学既有理论体系为基础，结合中国管理实践现状与发展诉求，进行管理理论体系和研究内容的拓展与创新。

（一）注重中国管理哲学思想的现代价值演绎

中国传统管理哲学以儒家和道家思想为根基，强调人文关怀、和谐共生和以德治国等核心理念。在新时代背景下，将中国传统管理哲学思想与当代管理实践相结合，具有非常重要的现代价值。

课题组根据学术类管理科学奖 38 个获奖样本数据分析发现，基于中国管理哲学研究的获奖成果有 5 个，占比达到 13.16%，处于获奖比例高层级梯队（见表 4）。传统的古代管理哲学思想和当代管理哲学思想在管理学术界均得到充分重视。管理学学者非常注重对于中国管理哲学思想的现代价值演绎，探讨其在现代社会和管理实践中的适用性和价值启示。

表 4　基于中国管理哲学研究的获奖成果（2008~2016 年）

管理科学奖（学术类）	获奖单位	获奖成果	类别
第一届	南开大学	道本管理:精神管理学说与操作模式	古代管理哲学思想
第二届	南开大学	古代管理思想与管理伦理研究	
第四届	武汉通信指挥学院	毛泽东管理思想的现代价值	当代管理哲学思想
第四届	复旦大学	中国管理学术思想史	
第五届	国防大学	中国人民解放军管理史	

资料来源：课题组自制。

新时代中国管理理论研究不应是对西方管理路径的简单复制，也不应是在中国情境下对西方既有管理理论的再检验，而应发掘中国传统管理哲学的价值精神，指引当前现代市场经济条件下的管理实践，在中西融合创新中确立中国管理理论的方位，形成构建中国特色管理理论的内在支撑。

（二）积极回应中国经济和社会发展需求热点

中国作为世界第二大经济体，当前正处于全面建设社会主义现代化国家的关键阶段。在这个过程中，中国的经济和社会发展面临诸多挑战。新时代中国管理的理论创新迅速回应了这些挑战和需求。中国管理学界积极探索适应中国国情的管理策略和路径。

课题组基于大数据监测及文本词频分析等方法，生成从中国共产党第十七次全国代表大会到中国共产党第二十次全国代表大会热词，与第一届到第八届管理科学奖 170 份获奖成果的关键主题进行比对分析（见表 5）。

表 5　管理科学奖的关键主题与中国共产党全国代表大会热词比对分析（2008~2022 年）

<table>
<tr><th colspan="2">管理科学奖的关键主题</th><th colspan="2">中国共产党全国代表大会热词</th><th>耦合性</th></tr>
<tr><td>第一届</td><td>1. 经济转型
2. 深化改革
3. 跨越式发展
4. 国际化</td><td rowspan="2">1. 中国特色社会主义
2. 改革开放
3. 科学发展观
4. 和谐社会
5. 改善民生
6. 全面小康
7. 共建共享
8. 转变经济发展方式</td><td rowspan="2">中国共产党第十七次全国代表大会</td><td rowspan="2">中</td></tr>
<tr><td>第二届</td><td>5. 循环经济
6. 可持续发展
7. 现代化管理
8. 自主创新</td></tr>
<tr><td>第三届</td><td>1. 节能降耗
2. 监管与评价
3. 社会效益
4. 管理创新</td><td rowspan="2">1. 科学发展观
2. 生态文明
3. 文化强国
4. 美丽中国
5. 收入翻番
6. 依法治国
7. 建成小康
8. 核心价值观</td><td rowspan="2">中国共产党第十八次全国代表大会</td><td rowspan="2">高</td></tr>
<tr><td>第四届</td><td>5. 商业模式
6. 碳减排
7. 文化引领
8. 社会治理</td></tr>
<tr><td>第五届</td><td>1. 创新驱动
2. 转型升级
3. 能源安全</td><td rowspan="3">1. 新时代
2. 脱贫攻坚
3. 乡村振兴
4. 国家治理体系
5. 实体经济
6. 现代化经济体系
7. 文化自信
8. 两岸关系</td><td rowspan="3">中国共产党第十九次全国代表大会</td><td rowspan="3">高</td></tr>
<tr><td>第六届</td><td>4. 智能化
5. 个体价值
6. 生态品牌</td></tr>
<tr><td>第七届</td><td>7. 低碳经济
8. 模式创新
9. 数字化转型</td></tr>
</table>

续表

管理科学奖的关键主题		中国共产党全国代表大会热词		耦合性
第八届	1. 智慧化 2. 现代能源体系 3. 社会信任	1. 中国式现代化 2. 新发展格局 3. 高质量发展 4. 全过程人民民主 5. 分配制度 6. 依法治国 7. 社会主义文化 8. 新型能源体系	中国共产党第二十次全国代表大会	中

资料来源：课题组自制。

通过对两组文本的比对，我们可以看出中国管理领域的研究主题与中国共产党全国代表大会热词具有耦合性。新时代中国管理的理论创新体现中国经济和社会发展的特点。通过关注中国特定的经济发展模式、注重社会责任和可持续发展以及探索数字化与智能化对管理的影响，中国管理理论正在为实现中国经济的高质量发展和社会的持续进步做出积极贡献。

（三）主动接轨国际管理学科专业并开拓创新

新时代中国管理理论创新是在主动接轨国际管理学科专业的基础上，以中国国情为背景，在开展独立的研究和创新中不断发展。这种理论创新一方面可以借鉴国际管理学科专业的先进理念和教学方法，另一方面能够基于中国国情进行情景化创新，以提升中国管理学科的建设水平。

课题组根据学术类管理科学奖的 38 个获奖成果数据分析发现，管理类二级学科覆盖率为 85.71%，活跃领域主要分布在资源环境管理、创业与创新管理、战略与决策管理、生产与运作管理、管理学理论与方法、组织行为管理这六类学科。课题组比对分析这六类活跃学科与国际管理类核心学科，分析结果见表 6。

表 6 国内管理类活跃学科与国际管理类核心学科比对

国内管理类活跃学科	国际管理类核心学科	接轨性
创业与创新管理	创新管理	高
战略与决策管理	战略管理	
组织行为管理	组织行为学	
管理学理论与方法	社会心理学	中
生产与运作管理	国际商务	
资源环境管理	人力资源管理	低

资料来源：课题组自制。

通过比对分析，我们可以看出中国管理理论正在积极融入国际管理理论的发展，尤其是在创新管理、战略管理、组织行为学等领域。此外，中国管理也注重在自身实践中开拓创新，特别是在生产与运作管理、资源环境管理等领域积极探索中国方案。中国有着独特的文化背景和市场实践，需要根据中国国情进行理论创新，通过深入研究和分析中国企业的实际情况，提出适合中国国情的管理理论和方法。这些创新不仅可以推动中国企业的发展，还将对国际管理学科的发展起到积极的推动作用。

四 直面挑战的中国管理

（一）国内外市场竞争加剧与全球化环境复杂多变

面向新征程，中国面临的挑战日益凸显。随着中国经济的快速发展，国内市场竞争愈发激烈。来自全球范围的竞争对手与中国企业博弈，加剧了行业内的竞争，同时对中国企业的管理水平提出了更高的要求。根据经济合作与发展组织（OECD）、国际货币基金组织（IMF）和世界银行的最新预测，2023 年的全球贸易量增速分别为 2.9%、

2.4%、1.6%，分别较2022年下滑2.5个百分点、3.0个百分点、2.4个百分点。面对这样的竞争市场，中国管理学界需要不断提升自身的核心竞争力和创新能力，以应对市场变化和挑战。

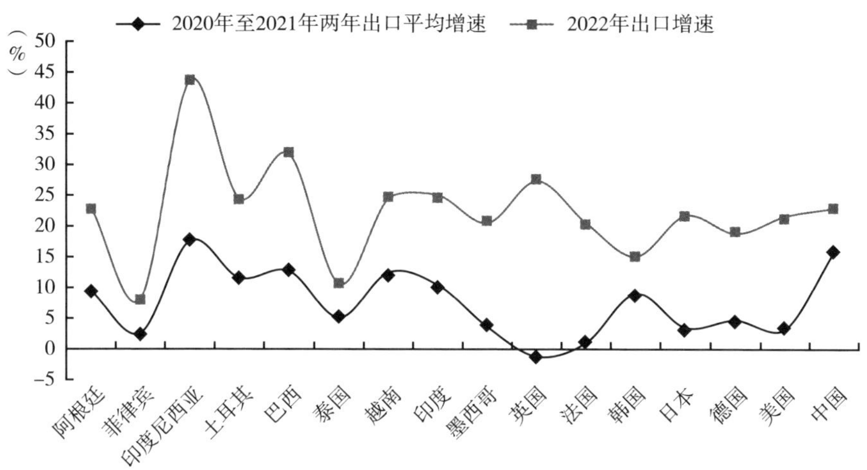

图7　2020年至2022年世界主要国家的出口增长情况

资料来源：课题组自制。

全球化环境下的挑战也是中国管理发展的重要议题。随着国际竞争和合作关系的动态变化，各国的法律和政策也在不断调整和变化，管理者需要及时了解这些变化，依照国际规则，适应国际标准，以确保企业的合规经营。此外，文化差异、语言障碍等因素也加剧了管理的复杂性。中国需要加强国际化人才的培养，提升管理团队的国际视野和跨文化沟通能力，以便更好地融入全球化潮流。

面对这些挑战，中国管理者需要紧密关注市场趋势和国际前沿，加强创新和技术研发，不断提高管理水平和管理能力。中国管理者更要拥有全球化思维，具备开放心态，积极开拓国际市场，加强跨国合作与组织创新，保持学习的动力和转化的能力，在新征程中勇于迎接挑战、把握机遇，推动企业高质量发展。

（二）技术变革与数字化转型对管理体系的解构与重构

随着技术变革和数字化转型的迅猛发展，管理体系面临着前所未有的挑战。技术变革不仅是简单的技术更新，而且需要一种深刻的管理体系重构。传统的管理方法已经无法满足日益复杂和快速变化的市场需求，企业必须思考如何重新构建管理体系，以适应新技术和数字化时代的要求。

技术变革与数字化转型正推动着组织架构的解构和重组。最为突出的是管理者需要关注技术发展带来的人员调整与能力要求变化。一方面，部分传统岗位被自动化取代，管理者需要积极应对职业转型的问题；另一方面，数字化转型也将提高企业管理的复杂性和变革的速度，管理者需要具备敏锐的洞察力和创新精神。

在这个变革的时代，管理者需要拥有更广阔的视野和综合能力以应对不确定性和变化，需要不断学习和更新自己的知识和技能，与时俱进地适应新技术的应用；调整和优化传统的层级式管理结构，建立更加灵活的组织结构和团队合作模式；推行扁平化管理模式，促进信息流通和决策的快速响应；简化冗长的流程，加快决策的速度和灵活性。管理者只有适应时代变化，不断创新与改进，才能实现基业长青。

（三）行业差异性带来的管理适配性路径优化

随着经济的发展和产业结构的调整，中国的各行各业呈现多样化和差异化的特点。不同行业所面临的市场、竞争、技术和法规等方面的情况存在较大的差异，这给管理者带来了管理适配性方面的挑战。科技行业的管理者需要不断适应创新的速度和技术的进步；制造业的管理者更注重生产效率和工艺控制；服务业的管理者关注客户体验和人员管理；金融行业的管理者需要应对市场风险和监管要求。不同行业之间存在巨大的差异，包括市场竞争激烈程度、技术发展速度、消费需求的多元化等差异。这些差异导致了不同行业在管理实践上需要采取不同的策略和方法。例如，在快速发展的科技行业，创新和敏捷性可能是成功的关键；而在传统制造业中，稳定的供应链和成本控制可能更为重要。

面对行业差异性导致的管理适配性挑战，管理者应当积极调研不同行业的特点和趋势，了解行业的管理需求和发展动态，为管理决策提供科学依据。根据不同行业的特点和需求，管理者还应灵活运用适合的管理模式和方法，注重个性化、定制化管理实践；同时，加强不同行业间的合作和协同，形成优势互补、共同发展的局面，提升整体管理水平和适应性。

（四）面向 Z 世代员工的组织文化建设

组织文化建设既是管理发展中的重要环节，又是组织内部重要的价值观念、行为准则和团队精神的体现。良好的组织文化有助于调动员工的积极性和提高团队凝聚力，提高员工的工作效率和满意度，推动组织的发展。

Z 世代是当前和未来的主力军，他们对于组织的高质量发展具有重要影响。面向 Z 世代员工的组织文化建设在当今快速变化的商业环境中显得尤为重要。与以往的员工群体相比，Z 世代员工是在高科技和数字化的环境中成长起来的一代，他们更适应快速变化的商业环境，关注个体价值，注重工作和生活的平衡，将个人价值观融入工作中。建设适应 Z 世代员工的企业文化，可以使企业更加敏捷、灵活地适应市场的变化和竞争的挑战。

在当前快速发展的时代背景下，我们必须认识到 Z 世代员工的独特需求和价值观，以及他们对于组织文化的期待。传统的指令式管理方式已不再适应 Z 世代员工的需求。企业应鼓励他们参与决策过程，提供反馈和发表意见的平台，以及赋予他们更多的自主权。这种参与式的管理风格能够激发他们的创造力和主动性，从而增强整个组织的创新力。面向 Z 世代员工的企业文化建设需要注重开放性、学习型、合作性和多元化。

附录一　为实现管理中国梦而奋斗

——东沙湖论坛十年综述

薛爱莎　王　音*

一　十年努力收获累累果实

2013 年，郭传杰[①]指出："国家现代化开启向物质、政治、精神、社会和生态文明五位一体全面发展新旅程之际，我们面对错综复杂的深层矛盾，出路无非是：如古为新，深化推进改革；启智论策，提升管理水平。"同年，在首届东沙湖论坛上，郭重庆[②]说："我们从学习西方管理思想'先说'起步，现在到了'接着讲'的时候了。"这些话道出了管理者的期盼。

为圆管理领域的中国梦，让世界倾听中国管理学界的心声，2013 年，首届东沙湖论坛拉开帷幕。截至 2022 年底，东沙湖论坛已成功举办九届（2022 年因新冠疫情停办一届）。据统计，2013 年到 2021 年，在东沙湖论坛举办的开放式论坛上，政府官员、专家学者、大企业家所做的大会趋势报告、主旨报告、管理报告共 73 个；2013 年至 2019 年，每届东沙湖论坛举办 2 场平行对话会，加上 2020 年、2021

* 薛爱莎，敏捷智库《东沙湖论坛》主编；王音，江苏敏捷创新经济管理研究院副院长，东沙湖论坛总策划。

① 郭传杰为中国管理科学学会原会长，中国科学院原党组副书记。

② 郭重庆为中国工程院院士，同济大学教授。

年线上各举办 1 场平行对话会，共举办 16 场平行对话会。开放式论坛连续举办 7 年后，因疫情，2020 年第八届开放式论坛和 2021 年第九届开放式论坛在线上举办。

中国管理百人峰会（也称“圆桌会”）为非对外开放的“闭门”会议，7 年共举办 19 场。2013 年举办了首届中国管理百人峰会，2014 年举办了第二届中国管理百人峰会。东沙湖论坛对外影响力不断扩大，参会嘉宾逐年增多，然而与会者很难在有限的时间内发散思维、畅所欲言。为了让所有与会者都能知无不言、言无不尽，东沙湖论坛组委会针对需求定制出多样“套餐”。从 2015 年开始，中国管理百人峰会的闭门会改为每届 3 场分组会。截至 2023 年，东沙湖论坛共举办十多场分组会。为增强研讨效果，从 2016 年第四届东沙湖论坛开始，分组会前东沙湖论坛组委会增加了专题引导性报告会。2018 年第六届东沙湖论坛和 2019 年第七届东沙湖论坛又增加了百人闭门主旨报告会。

二　推动中国管理发展的四大关键点

2013 年至 2023 年，一个个颠覆性变革使世界发生了天翻地覆的变化。我们温故知新，数往知来，从理论与实践层面思考新语境、新维度、新技术、新模式、新业态、新生态，探求中国乃至世界发展的新思路、新思想、新理论、新范式、新方法、新工具。探寻和总结十年来中国管理随时代变革而变的历程，将为推动未来中国管理的发展增添更大动力。

（一）紧扣时代脉搏，应时而变

每届东沙湖论坛召开之前，组委会都会从众多管理论题中精选出贴合时代的主题。每届论坛主题不仅是当年最值得关注的焦点，而且因为紧扣时代脉搏，让与会者了解了中国乃至全球社会、经济、科技飞速发展的趋势，还让他们成为中国管理在摸索前行中成长的见证者。

组委会将首届东沙湖论坛的主题定为“中国 · 管理 · 新十年”的原因是，2013 年，全国两会为中国未来十年描绘了一幅宏伟蓝图。未来中国的管理之路怎么走、管理科学与实践的发展、社会变迁下的宏观管理、资本市场和资源配置、全球化网络化时代的管理变革、新时期企业转型与创新、国企改革方向与路径、中国管理者的责任与历史使命等都是管理者关心的话题。第二届东沙湖论坛的主题为“2014：转型变革中的中国管理”，选定该主题的重要原因是，2014 年被国家确定为全面深化改革的开局之年，转型升级、结构调整、提质增效被提到重要议事议程上。第三届东沙湖论坛的主题为“全球互联时代的中国管理”，确定该主题是因为全球互联时代向中国管理提出如何应对的新要求。第四届东沙湖论坛的主题为“中国管理 2020”，选定该主题的缘由是，展望 2020 年，人类将进入人、机、物、信息泛载物联的工作和生活的新世界，在泛载连接平台和场景下出现新的生产和消费生态，经济社会日益呈现小众自主、动态聚散、公众共享发展的趋势。世界既有规则将被打破，新的全球规则和有效治理方式将逐步建立，如何管理和重构新体系成为亟待解决的问题。第五届东沙湖论坛的主题为“变化的世界，创新的中国”，选定该主题的原因是，在互联时代，世界呈现出全球化、大流通、大融合的趋势。全球化即将进入新阶段，新模式呼之欲出，整个社会将形成全新生态，管理如何应对这个新情况？第六届东沙湖论坛的主题“新时代 · 新思想 · 新科技 · 新管理”确定之时，正值改革开放 40 年。40 年来中国人民实现了从“站起来，富起来，到强起来”的历史性飞跃；中国科技进入自主创新、自控发展阶段；中国管理亟须创新。在百年未有之大变局的紧要关头，全球治理、抉择重构为大势所趋。百年积累的传统管理理论已不足以解决现实问题，需要进行价值重构。第七届东沙湖论坛的主题选为“抉择·重构·直面挑战的中国管理”的原因是，智能时代，国际关系、政治生态、社会组织发生深刻变革。过去的规则、体例被打破，不确定性成可确定常态。面对新挑战，创新中国管理机制，探索中国管理新模式、新生态，已成为当务之急。第八届东沙湖论坛的主题定为“智能时代的管理，管理的智能时代”的缘由是，科技革命引起产业变革，带来管理变革与创新。数时代的经济社会环境正在改变，将促使企业和社会组织深刻变革，管理变革与创新势在必行。

（二）打破旧陈规，树立新规制

从历届东沙湖论坛来看，我们梳理管理问题，发展建议多在论坛开始初期提出。之后，在各抒已见的思想碰撞以及不断理清问题中，管理者的思路逐渐清晰，他们有了明确的研究方向和目标。

计划经济时代的思维惯性使人们习惯行政命令式的管理方式，并且体会不到管理科学与技术同样重要的道理。重发展、轻管理思想根深蒂固，适合中国的管理科学和技术方法缺位、管理人才稀缺，制约了经济社会发展。2013 年，在首届东沙湖论坛中，郭重庆在《直面中国管理实践，跻身管理科学前沿》中指出：“传统管理科学单靠思辨和定性、缺乏数据支撑的研究方法已走到头了，管理科学与信息技术结合是必然趋势。管理需要重新定义。”

吴启迪[①]在 2013 年首届东沙湖论坛致辞中指出：“管理科学研究涉及运筹学、决策科学、自然经济、电子商务、交通运输管理、公共管理和公共政策等。管理学研究仅靠一个学科不行，管理学学者需要运用科学、环境、工程、医学等相关学科知识，深入研究其中的科学

① 吴启迪为国家自然科学基金委员会管理科学部原主任。

问题，提出具有中国特色的管理理论。”

郭传杰在2014年第二届东沙湖论坛的大会致辞中说：“中国经济所取得的历史性发展和面临的挑战，需要中国管理学学者解释现象、发现规律、指导实践、构架大格局、提出大思想，并对中国现代化的探索贡献真知灼见。伟大时代必然产生伟大理论，伟大实践必然需要伟大理论指导。中国有众多管理者、丰富的管理实践，但中国的管理理论和管理大家很少，这说明管理学界对中国管理实践研究总结得不够，提炼升华得不够，传播推介得不够。管理学学者需要学习和借鉴西方管理学的研究成果，但管理科学离不开文化土壤。建立中国现代管理科学体系和理论的重任已落在了当代中国管理学人肩上。”

（三）新科技驱动管理革旧图新

当前，新科技促使社会、经济发生颠覆性变革，给管理带来新挑战、新机遇、新变革，也带来了研究和讨论的新课题。相关主题是与会者关注和热议最多的。

在第六届东沙湖论坛上，郭传杰在《新科技革命与管理科学创新》指出：“新科技革命对管理战略有五大影响。一是企业、社会组织必须高度关注未来发展的趋势。二是管理者应高度重视关键要素重要性的变化。生产方式的变革使生产资源的网络化、共享化特征越来越显著。特别是随着物质资源地位的下降，创新人才、管理智慧等创新要素的决定性作用愈加凸显，人将成为最具活力、潜力和影响力的核心因素。三是新产业、新业态将改变原有产业。管理者必须从高层管理战略高度充分关注产业结构调整、升级。四是管理者只有利用自身能动性和创造性应对客观环境中的不确定性，才能成为赢家。五是在系统至上、万物互联时代，企业面临严峻的设备安全挑战。”

在2021年举办的第九届东沙湖论坛上，郭重庆在《智能时代的科研与创新》中提出："智能化三要素是数据、算力和算法。算法出算力，智慧在云，智能在端。数据、算力、算法一定会成为新科技革命背景下传统生产力三要素的新表征。谁掌握了数据、算力、算法，谁就获得发展领先权。中国正从跟随者向引领者转变。大数据将重新定义管理，人工智能将重新定义决策。在科学研究范式方面，学者应重视计算机模拟仿真和心理行为分析以及虚拟系统的并行研究。"

在第九届东沙湖论坛上，向锦武①在《大数据时代的无人化场景管理》中指出："针对无人化场景，管理者需要把握好'两个端点、两个角度'。从对人的管理角度来看，大数据时代无人化设备的智力主要来自服务器端，互动主要来自节点端。服务器端是由人开发和维护的，节点端是由人操纵和监控的。与其说管好机器，不如说管好人。从对技术管理的角度来看，管理者应管控无人化场景全程的信息流。大数据时代的无人化场景严重依赖数据信息与网络通信。数字形式的信息极有可能被盗取与滥用，这种信息事关国家安全与个人隐私。无人化技术依赖科学与资本。科学无国界，但科学家有祖国。我们必须从管理角度入手，把全程信息流控制在人民手中。"

在第九届东沙湖论坛上，张晓东②在《数业经济背景下管理知识体系重构的思考》中提出："数字化科技是以数据为核心、以软硬件为基础。我们应通过前沿理论研究和数字化技术应用，全面提升行业效能的结构体系。数字化产业以新一代数字技术为支撑，以融合赋能为主线，以数据为关键要素，助力产业链上下游全要素进行数字化转型升级和价值再造。数字化治理依托新一代数字技术和应用，创新社会治理方法手段，优化社会治理模式，推进社会治理的科学化、精细

① 向锦武为中国管理科学学会会长，中国工程院院士，北京航空航天大学教授。

② 张晓东为中国管理科学学会副会长兼秘书长，敏捷智库创始人。

化、高效化，助力社会治理现代化。数字化生活是以互联网和数字技术应用为基础，以提升人们的获得感和幸福感为前提，创造的一种更加丰富多彩和更具有自由度的生活方式。”

郭为[①]在第六届东沙湖论坛上发表的《践行数字中国，赋能数字化转型》中指出：“在大数据时代，管理学具有以下新特点与挑战。一是管理学进入可量化阶段。管理学发展始终以对人的假设为前提，将对基于传统假设的经典管理学带来挑战。二是人的认知能力进化到AI和量子计算阶段。人将用可沟通、可理解的方式构造虚拟世界，以AD/DA转换——数字技术改变世界，用拓扑方式重构现实世界。三是大数据时代将对工业管理模式、共享经济、安全观念、人类健康管理等带来新思路。”

（四）十年沉心研究求新求变

管理需要与时俱进、革故鼎新。管理是治国之策、兴国之道。在新时代，决策手段、工具、方法和过程悄然变化，高质量发展迫切需要新科技、新思想、新管理、新方法破题解局，以及更有效的国家治理方案。尽管具有中国特色的管理思想和理论还不够丰富，但值得欣慰的是，中国管理研究正在不断扩展和深化，其社会影响力越来越大。

1. 新碰撞迸发社会治理新思路

在变革的时代，多元利益冲突，环境急遽恶化，不稳定因素增多，给社会治理带来新的挑战。“天下之势不盛则衰，天下之治不进则退。”国家治理体系的完善程度与治理能力关系到国家综合国力和竞争力。人民幸福安康与社会和谐稳定是国家长治久安的保障。围绕治理现代化的话题，与会者析毫剖厘，提出许多中肯建议。

① 郭为是中国管理科学学会副会长，神州数码集团董事长兼总裁。

在第九届东沙湖论坛中，李扬[①]在《金融科技发展中的管理问题》中提出：“金融科技监管有四项措施。第一，金融科技监管与现行监管框架协调，全面地从机构监管转移到功能监管上来，并对系统重要性重新界定。大机构资产负债流动很广，涉及很多机构和领域，它们是系统重要性机构。由于金融科技公司搭建的平台本身既是基础设施，也是私人投资，因此金融机构在管理上会出现很多协调问题。同时，金融机构必须做金融业务，还必须持牌，目的是始终处于监管视野中。第二，健全监管科学框架。国家要建立平台经济，特别是大型互联网平台反垄断政策框架和长效机制，以反垄断标准对利用平台经济、数字经济建立的金融科技机构进行判别。国家要尊重平台经济，特别是在双边或多边市场特殊时期，创新友好型监管，强化对数据垄断的监管与治理，但这种监管不是强监管、严监管，以避免损害金融科技创新性。第三，建立金融科技平台治理机制。大型互联网平台、金融科技平台本身是商业机构，但由于具有很强的公共服务、公共选择功能，又涉及治理机制问题，这两个平台成为管理学的新研究领域。第四，数字主权、隐私权问题尚不明确，整个社会未意识到该怎么保护个人隐私权和数字主权。数字金融科技发展对社会管理提出新挑战，管理学界需要重点研究数字金融科技。”

在2017年举办的第五届东沙湖论坛上，李维安[②]在《绿色治理：治理发展新趋势》说：“解决生态环境问题是系统工程，需要以多元主体为基础的治理思维。生态环境和自然资源作为特殊的公共池资源，决定了绿色治理是一种由治理主体参与、治理手段实施和治理机制协同的‘公共事务性活动’。我们践行绿色治理，不能仅局限于一

① 李扬为中国管理科学学会学术委员会主任委员，中国社会科学院学部委员，国家金融与发展实验室理事长。

② 李维安为天津财经大学原校长。

国，必须以全世界共享的价值观，建立为各方认同的协同治理机制。因此，绿色治理需要我们从全球化视角，构建全球绿色治理体系。在绿色治理框架中，政府、企业、社会组织和公众是绿色治理主体。政府是绿色治理的政策制定者，承担着顶层制度设计责任，应在制度框架构建、绿色战略规划、协同平台构建、公众行为规范等方面发挥积极作用，以保证绿色治理原则的落实。作为主要资源消耗者和污染物排放者，企业是绿色治理的重要主体和关键行动者；政府应通过建立绿色治理架构，进行绿色经营管理，培育绿色文化，并在社会责任、信息披露、考核与监督、风险控制等方面践行绿色治理理念。社会组织作为独立的第三方，在加强自身规范化、专业化运营和完善绿色治理机制的同时，应通过积极承接政府相关转移职能，发挥自身专业优势，进一步改善绿色治理结构与环境，紧密联系各治理主体，以实现对其他治理主体在绿色治理过程中的监督、评价、协调、教育、培训和引导等作用。公众是最广泛的绿色治理主体，公众参与生态文明建设是基础性绿色治理机制。”

在 2016 年举办的第四届东沙湖论坛上，杜欢政①在《中国城市环境管理漫谈》中指出：“城市治理出现了管理学新问题。第一，以前，我们从产品质量角度考虑城市环境管理问题，现在着重研究废弃物管理，以及消费结束后的产品如何回到原点。第二，以前，我们更关注物质领域的问题，现在更关注非物质领域的问题。第三，以前，我们关注农业问题，现在重点关注城市管理问题。”

2. 新时代需要企业转型升级

如何在高科技引领下，让企业冲破传统产业的藩篱转型升级，一直是论坛热议的话题。2015 年，国家提出将“互联网+中国智造+创业创新”列为重点。在第三届东沙湖论坛的开放式论坛中的 8 篇报

① 杜欢政为中国管理科学学会理事，同济大学循环经济研究所教授。

告中，有5篇内容涉及“互联网+智能制造”。同时，在3个闭门分组会的3个有关“十三五”规划议题中，有2个议题与中国智造、“互联网+”有关。

（1）高科技改变传统规则

一场场数字革命加速来袭，一个个重大颠覆性技术不断出现，一项项科技成果转化层出不穷，力图通过价值重构、能力重构、组织重构、制度重构、流程重构，创造新场景、新应用、新价值，满足用户千变万化的需求。新时代催生出的新的产业链、供应链、价值链、商业模式等已成为产业发展的助推器。

在2020年举办的第八届东沙湖论坛上，陈丽华[①]在《供应链创新应用为双循环经济模式保驾护航》中指出：“供应链创新发展是双循环经济模式的动力源泉，我们需要考虑怎样解决供给侧问题，比如，如何支撑中小企业发展？如何与国外对接？怎么通过整合资源提升供应链管理水平，使企业生产技术、产品技术、产品设计以及供应链上的采购、生产、销售，仓储、物流等各环节，以新的产业组织形式，形成全产业链高效协同？智能时代的管理者需要在一个体系支撑下，开启新产业时代中的新的产业服务体系，建设一个为大量‘走出去’的中国企业和‘走进来’的外国企业服务的双向服务体系，这个体系被称为产业供应链公共服务体系。在打造该体系，并且让中小企业具有国际竞争优势的过程中，我们发现现有供应链体系还存在很多问题。如何对产业组织重塑，怎么用新技术构建新的产业模式，用何种商业模式使该体系具有公平性、公正性、公开性、公益性等，都是亟待解决的问题。”

在2015年举办的第三届东沙湖论坛上，李伯虎[②]在《智慧云制

① 陈丽华为中国管理科学学会供应链与物流管理专委会主任，北京大学光华管理学院教授。

② 李伯虎为中国工程院院士，中国管理科学学会学术委员会主任委员。

造—“互联网+制造业”的一种智造模式和手段》说：“‘互联网+’是泛在互联网，包括互联网、物联网、移动互联网、卫星网、天地一体化网、新一代互联网等；新技术深度融合重要技术包括新互联网、新一代信息、新人工智能、新能源、新材料、新生物、新应用七类。‘互联网+’时代的特征或业态是泛在互联、数据驱动、共享服务、跨界融合、自主智慧、万众创新。‘互联网+’的核心技术正引发应用领域新模式、新手段和新生态系统的重大变革。中国变为强国需要五个转型升级：一是技术跟随战略向自主开发战略转型，再向技术超越战略转型升级；二是传统制造向数字化、网络化、智能化制造转型升级；三是粗放型制造向质量效益型制造转型升级；四是资源消耗型、环境污染型制造向绿色制造转型升级；五是生产型制造向‘生产+服务型’制造转型升级。”

在第四届东沙湖论坛上，杨善林①在《新一代信息技术及其对制造业发展的影响》中强调：“新技术对制造业有以下影响。第一，互联网与大数据资源不断融入传统产品，成为关键零部件，使产品逐步变为互联智能终端，提升了效能价值，拓展了应用范围。第二，互联网与大数据资源深度渗透到产品全生命周期，形成众智设计和智能制造，提高了产品设计创新能力和生产、维护智能化水平，降低了制造过程风险。第三，互联网与大数据资源广泛用于供应商、销售商和协作商协同过程中，形成全球化网络制造，优化价值链和价值网络，有利于企业发现市场需求，更好地在全球组织制造资源，显著提高资源利用效率。第四，互联网与大数据资源能加速制造业服务化进程，促进业务模式创新。有远见的制造商已将各类服务纳入销售范围，用基于产品的服务销售模式取代原有的产品销售模式，使产品与服务的界限越来越模糊。”

① 杨善林为中国工程院院士，中国管理科学学会大数据管理专业委员会主任。

在第五届东沙湖论坛上，吴亚洲[①]在《人工智能与未来管理的嬗变》指出："生态经济时代最核心的是价值重构，创造新场景、新价值，满足用户千变万化需求。企业经营是有边界的，不可能满足成千上万种需求和场景，需要通过演绎、归纳、整理形成主流核心场景，为用户创造新价值。这些新场景和价值不是靠某个单行业的单一场景的单分工的单资源实现的，而是靠大量不同产业的资源整合，以整合式创造或化学反应式的创造才能实现。场景价值重构需要将很多资源改造成公共的共享型资源，进行整个业界的产业能力重构。工业 4.0 把核心产业制造能力不断标准化、单元化。智能制造、按需制造本身也是软件定义世界的一种形式，因为软件就是模块。我们需要重新构思逻辑。"

在第三届东沙湖论坛上，高红冰[②]在《平台经济与全球互联网治理》中指出："工业时代链条是线性的，产销两端信息不对称带来大量库存。在以消费者为中心的时代，政府、市场、平台、个人、公民社会需要平等地在网状环境下共同治理、协作治理。"

在第六届东沙湖论坛上，李永戎[③]在《绿色智造：关联你我》中说："绿色智造有四个实现途径。一是人工智能使加工精细化。人工智能令所有设备更好配合，优化加工过程，记录加工路径，用传感器监控技术过程，再根据反馈信息校正，使更大批量生产产生更大优势。二是制造与绿色智能融合，可降低成本，提高效能。我们用绿色技术保护环境，可降低社会生存成本。三是在智能制造中，我们不能忽视硬件，否则无法获得高精度的设备。四是绿色智造借助现代智能制造技术加强环境保护。企业的责任是完全使用新能源和无毒害材

---

① 吴亚洲为五竹科技有限公司董事长。

② 高红冰为阿里巴巴集团副总裁、阿里研究院院长。

③ 李永戎为敏捷智库特聘研究员，绿色发展首席专家。

料、不对环境造成永久伤害，并带动供应链上的其他企业。企业要考量技术可能性，多应用成熟技术。绿色智造要在基础研究和技术上有所突破。五是我国应建立可操作平台和保障体系，完善社会管理体系，突破环保技术关键点；进行规划总体实施，发挥绿色制造联盟作用；形成类似德国工厂排放管理覆盖全社会的日常运行体系；建立指标考核体系和改进的社会责任制度。”

（2）变不确定性为确定性

在变革时代，不确定性成为我们唯一可确定的。社会变革、经济变革、产业变革、金融变革体现不确定性，但其中蕴含很多机遇。东沙湖论坛的与会者还专门就如何变不确定性为确定性畅所欲言，展开热烈讨论。

在第九届东沙湖论坛上，张晓东在《数业经济背景下管理知识体系重构的思考》中指出：“当今，乌卡现象比比皆是。随着新科技的高速发展，传统机器被复杂的人工智能替代，传统动能受经济发展瓶颈的影响，创新驱动成为提升全要素生产率的新动力。在数业经济背景下，生产力以数字科技、智能制造、数字化产业、数字化为代表。生产关系需要变革。治理现代化就是生产关系的变革。”

在第六届东沙湖论坛上，李新久[①]在《不确定性管理》中指出：“管理者的新使命是，尽可能地提高组织活动的确定性，将不确定性活动转化为确定性活动进行管理。如果把组织活动作为一个企业活动，外部确定性和不确定性的界定就会清晰。如果目标、过程及其方法、步骤与过程资源需求是确定的，那么结果就是确定的。如果组织有非常多的重复性活动，组织就具有强烈的确定性特征。如果企业遇到困难，问题不是出在外部，而是出在企业内部应对不确性上。组织只有处理好确定性，才有可能腾出精力应对不确定性。”

---

① 李新久为格艾（苏州）管理咨询有限公司创始人，《系统管理的力量》作者。

3. 新思维推进组织制度嬗变

我们回顾近年来大国制胜的组织管理经验发现，大国的组织管理理念从“社会控制”跃迁为“社会服务”；组织管理决策从“科学决策”跃迁为“系统决策”；组织管理方式从“封闭式”跃迁为“开放式”。

在第八届东沙湖论坛上，侯光明[①]在《智能时代“呼唤”组织管理系统理论与方法》中说：“在智能时代，我们更需要用系统观念、系统思维，探索组织管理的系统理论与方法。中国传统文化、新时代组织管理实践的成功经验与智慧本身蕴含着丰富的系统观念、系统思维、系统方法，我们需要把这些观念、思维和方法上升为理论。我们倡导依据钱学森系统科学体系，构建面向中国管理实践的组织管理系统理论。为此，我们引入了系统科学‘环境-结构-功能’普遍分析维度，解释了组织管理系统，并将其作为分析、解决组织管理问题的基本分析框架，为运用系统观点、系统思维分析问题提供基本思路。‘环境变化’指存在于系统内外部，通过要素交换影响组织管理系统发展的集合体。比如，国际环境、政治环境、经济环境等。‘目标功能’指基于外部环境变化和内部发展要求，通过激发组织成员活力，实现组织功效与能力。‘结构治理’是指重组各要素在实现目标与功能过程中的排列顺序、聚散状态以及相互联系、相互作用方式，形成一套交互、联系形式。提高组织能动性的关键在于根据环境变化，依据组织定位和基本条件、基本资源，确定组织目标和功能，进而调整完善组织结构和治理方式，最大化地实现组织目标和功能。”

在第五届东沙湖论坛上，张晓东在《数字经济时代的金融与数

① 侯光明为中国管理科学学会原副会长，全国政协委员，北京电影学院教授、博士生导师。

据安全》中指出："数字经济下的组织形态有三种变化。一是组织结构的变化。组织结构正从'正三角'组织中管理者层层下达指令、下级层层上报汇总的传统结构，变为'倒三角'组织中以项目为中心的多级经营体或团队作战结构。二是组织呈现新形态。在大数据支持下，组织通过'倒三角'过滤筛选，使资源配置更优化、信息推送更精准、组织活动更灵活以及目标实施更高效。网络化组织、平台化组织从整体化组织变为动态化组织，新的组织形态能根据项目需求随时设定，是一种优化的组织转型结构。三是组织产生新效益。组织优化转型后，每个人依托的单位逐步动态化、多元化，组织由大变小，甚至每个人都可能成为一个组织。个人根据需要组成群体开展项目或活动。人尽其才、各尽所能、按需分配是促使社会资源分配公平的最佳途径。组织多元化、动态化更能体现'以人为本'的用人之道。"

在第六届东沙湖论坛上，郭传杰在《新科技革命与管理科学创新》中说："新科技革命对管理方法具有如下影响。一是流程再造的根本动力来自管理哲学的变化。流程再造是为满足客户最终需求。我们应思考：组织管理系统如何适应环境变化？管理系统是否足够柔性？模块是否能随意组合？管理者应根据组织实际，以提高组织效率和效益最大化为目标，从体系架构、策略完善等角度重新设计整个管理系统，完善流程再造。二是高新技术的广泛应用将影响管理理念和战略，改变管理方法、手段。人工智能取代许多日常例行工作，能快速提高管理效率，对决策类管理提供有效支撑，有效提高决策质量。区块链技术应用于企业管理，将颠覆企业管理的很多既定模式。将区块链的彻底去中心化、开放性、不可篡改性的特征用于财务、人事、固定资产管理、销售管理等，可大幅降低企业管理成本。"

在第七届东沙湖论坛上，侯光明在《大国博弈与组织管理》中指出："组织系统学视角下的组织管理问题分析与对策建议如下：第一，外部环境的不确定性增强，人的需求更具多元化、个性化。在复杂多变的市场环境中，组织不仅要更关注外部环境变化，及时调整目标及战略，还要积极识别人的多元化、复杂化需求。这就要求我们设置敏捷的决策机制，敢于试错、能够纠错。第二，由于组织目标和功能越来越多元，我们需要重视顶层设计和系统推进工作，以确保组织活动围绕目标开展。我们应关注领导问题，比如领导层、精英团队的选拔、培养、交接班问题等；还应更关注领导层的能力培养问题，比如，领导需要具备快变环境下的战略决策能力，具有大数据分析、研判能力及新产品设计能力等。第三，组织系统的范围越来越大，边界越来越模糊，组织系统之间和系统要素之间的联系越来越频繁，越来越复杂，方式越来越多。我们需要关注多元文化的交融问题，重视组织文化建设，树立成员的共同价值观；利用各种优势要素，提升整合能力，充分利用组织内部及外部资源。此外，我们还应重视组织创新和变革问题，选择合适的组织运行方式，比如以自组织方式激活活力，依靠他组织方式维持稳定等。”

4. 新探究迸射管理璀璨火花

东沙湖论坛从最初梳理管理问题、聚焦时代变革开始，逐步进入解析实践案例、研究管理变革、推敲管理范式和提出独到管理理论和方法阶段。第五届东沙湖论坛之后，针对某一管理问题深入研究的专题报告逐渐增加。与会者不仅能在开放式论坛听到管理研究的专题报告，而且主动带着管理研究成果在闭门会演讲的嘉宾越来越多。在2018 年中国管理百人峰会研讨会上，4 位嘉宾做主旨报告，3 个分组会报告有 20 多个，2019 年的中国管理百人峰会研讨会上的分组报告超过 30 个。

在第七届东沙湖论坛上，张晓东在《直面挑战的中国管理》中指出：“数据带来的科学范式正在发生变化，研究方法也要随需而变。大数据技术为物理与数字两个世界带来很多新进展与变化。数据是物理世界的表示符，是对物理世界进行描述和表示的符号。但在数字世界里，数据是原材料，一切都靠原材料加工才能形成数字世界的生产工具。典型的数据处理流程包括数据获取与记录，数据清洁、抽取、标注，数据整合、聚类、表达，数据分析、建模、解释四阶段。在数据处理过程中，异构性、规模性、及时性、复杂性和隐私性等问题是我们在做数据研究时为创造价值需要解决的问题。对个人来说，数据为群体源信息。对公共部门而言，数据为统计、保健、税收、经费信息和设施数据。对私人部门而言，数据为交易数据、消费和用户信息。我们应快速跟踪与响应突发事件，更好地了解危机性质和变化，准确定位需要服务的地区，对供求关系具有预测能力。”

在第六届东沙湖论坛上，陈劲[①]在《第四代管理学的兴起》中说：“西方认知科学、全脑思维的进步和以中国为代表的新兴经济体的跨越式发展，呼唤和推动着以实现‘人的全面发展’为聚焦点的第四代管理学范式的形成和管理流派的丛林式发展。整合式创新是一种总体创新、大创新的创新思维范式，其精髓在于整体观、系统观和着眼于重大创新。它突破了传统创新范式的原子论思维范式，通过战略引领和战略设计，将创新各要素有机整合，为企业和国家实现重大领域、重大技术突破和创新提供理论支撑。”陈劲还说：“‘C 理论’是一种源于中国管理实践的管理理论。我们提出负责任的科学七项原则：一是服务社会：形成有益于全球的商业、社会知识，助力实现创造更美好世界的终极目标。二是利益相关者参与：在不牺牲学术独立性的前提下，鼓励不同利益相关者参与研究过程。三是影响利益相关者：开展能对不同利益相关者产生影响的研究，尤其是有助于创造商业与社会更美前景的研究。四是基础研究与应用研究并重：鼓励理论

① 陈劲为中国管理科学学会副会长，清华大学技术创新研究中心主任，《清华管理评论》执行主编。

领域基础知识创造与应用领域解决迫切问题的研究。五是注重多元性与跨学科合作：鼓励研究主题、研究方法、学术形式与调研类型的多元性、跨学科合作，以反映商业与社会问题的复杂性与多元性。六是科学方法论：定性与定量研究、理论与实证研究，均采用严谨的科学方法与流程。七是广泛传播：采取各种知识传播形式，共同推动基础知识与实践发展。此外，我们要形成超越追赶的创新战略‘新常态’。现有管理学核心思想是有效分工与协作体系，以及通过管理实现并提升绩效。”

张晓东还在《直面挑战的中国管理》中指出：“显而易见，最好的管理工具是物。实践证明，计算机技术对物的管理比人管物更好。因为，人会受情绪干扰产生偏差，而用计算机最大化地以物管物效率更高。所以，管理要有成效，提高效率，最终目标是‘效’，即有效实现目标。我曾以面向对象的视角研究管理，提出管理是在特定之境（时空条件），围绕经营诸事，规划、配置、组织、协调、控制人、物及其相关关系的学问。管理学学科因事而生，人、物、境都围绕事，有了事我们才需要管理。资源是资产，数据也是资产。大数据本质是数据，我们需要运用数据技术对数据本身和数据对象进行管理，因此大数据管理变得越来越重要。数据价值是通过数据管理实现的，管理对象数据化与管理密切相关。为此，在原有面向对象视角下，以及研究人、事、物、境管理基础上，我又增添了‘数’。未来，人、事、物、境都将围绕数进行。人、事、物、境中的‘人’即数字公民；‘事’即以数字化处理事务；‘物’的数化将使物质实体充满智慧；‘境’将成为去数字化的生产和生活要素，构成未来的生存环境。”

吴晓波[①]在第七届东沙湖论坛发表《构筑中国管理学术体系的话

① 吴晓波为浙江大学社会科学学部主任。

语权体系》，认为："关于构建中国管理学术话语权体系，我有三点建议。第一，大力发展扎根中国管理实践的质性研究。话语权是思想、创新理论体系，是源于实践总结的思想。我们应讲好中国管理故事，凝练标识性新概念，需要通过定量和定性研究，将中国案例用科学方法表述出来。我们大力提倡扎根中国管理实践的自信研究。以定性为基础研究，定性与定量相结合，才能真正产生中国管理思想、管理体系。第二，纠正浮夸风气，既尊重权威，又不迷信权威；既尊重经典，又勇于创新，在学界形成理性批判学风。学界需要一个提供更多自由辩论空间和机会的生态系统，让学者相互争论、思想碰撞，产生好的思想。第三，能提出有价值理论的人需要有较高的人文素养、较强的哲学思辨能力。东沙湖论坛为学界与产业界通过思辨与交流产生更好思想提供了很好的平台。管理学是一门交叉学科，既涉及人文知识，又需要科学修养。构建中国管理学术话语体系需要多方共同努力，学者要充分发挥积极深入实践的作用；政府部门应改革机制，致力于创造生动活泼、百花齐放的良性局面，允许各种大胆创新尝试与探索。"

怀揣管理中国梦的中国管理者在东沙湖论坛播下的一粒粒种子，经过精心培育，已陆续结出果实。我们期待，未来东沙湖论坛能呈现更多丰硕成果，"让世界倾听东沙湖中国管理学界的心声"。

附录二 《管理蓝皮书：中国管理发展报告》2014~2022年度目录

《管理蓝皮书：中国管理发展报告（2014）》

Ⅰ 总报告

Ⅱ 管理科学与展望

Ⅲ 管理模式与创新

Ⅳ　管理教育与人才

Ⅴ　专题：信息安全与管理

《管理蓝皮书：中国管理发展报告（2015）》

Ⅰ　总报告

Ⅱ 管理科技篇

Ⅲ 管理实践篇

Ⅳ 管理教育篇

Ⅴ 管理咨询篇

Ⅵ 管理专题篇

《管理蓝皮书：中国管理发展报告（2016）》

Ⅰ 总报告

Ⅱ 管理科技篇

Ⅲ 管理实践篇

Ⅳ 管理教育篇

Ⅴ 管理咨询篇

《管理蓝皮书：中国管理发展报告（2017）》

Ⅰ 总报告

Ⅱ 趋势篇

Ⅲ 热点篇

Ⅳ 人物篇

Ⅴ 案例篇

Ⅵ 专题篇

Ⅶ 附录

《管理蓝皮书：中国管理发展报告（2018）》

Ⅰ 总报告

Ⅱ 趋势篇

Ⅲ 热点篇

Ⅳ 人物篇

Ⅴ　案例篇

Ⅵ　附录

《管理蓝皮书：中国管理发展报告（2019）》

Ⅰ　总报告

Ⅱ 趋势篇

Ⅲ 热点篇

Ⅳ 人物篇

V　案例篇

VI　附录

《管理蓝皮书：中国管理发展报告（2020）》

I　总报告

II　趋势篇

Ⅲ 热点篇

Ⅳ 人物篇

Ⅴ 案例篇

Ⅵ 附录

《管理蓝皮书：中国管理发展报告（2021）》

Ⅰ 总报告

Ⅱ 趋势篇

Ⅲ 热点篇

Ⅳ 案例篇

Ⅴ 附录

《管理蓝皮书：中国管理发展报告（2022）》

Ⅰ 总报告

Ⅱ 趋势篇

Ⅲ 热点篇

Ⅳ 案例篇

V 附录

Abstract

The Management Blue Book 2023 is a representative annual report on management development in China. Based on the Chinese practice, this book summarizes the hot topics, theories or thoughts of Chinese management, shares management practice, and explores the development trend of management. It consists of five parts: general report, trend, hot spots, cases and special topics.

The general report conducts a comprehensive analysis of China's management development from 2022 to mid - 2023 through expert and entrepreneur interviews, case tracking study, data statistical analysis, professional media monitoring and other research methods, combined with the management value evaluation system. On this basis, the annual character, organizations and cases with Chinese management value are selected respectively. And this report represents the basic trends of management development in China from 2022 to mid-2023.

Looking forward to the future-oriented management trends, Under the cluster of VUCA, we can experience rapid changes in technology. Different from the industry with division of labor and cooperation as the logic, the Shu Ye takes integration and innovation as the essential attribute, and is gradually showing the appearance of new productivity. If industrialization is the cornerstone of traditional modernization, Shu Ye is becoming the material basis of the new Chinese modernization. Shu Ye is the concrete embodiment of the new quality productive forces. Facing the uncertainty, the logic of Shu Ye will help us better understand and move into the future.

Focusing on future-oriented management hot spots, the current Anthropocene era is faced with multiple impacts such as extreme climate change, and intensified regional conflicts, which have seriously affected the process of global sustainable development. In this process, ESG (Environmental, Social and Governance) has become an important investment concept and enterprise action guide for the rise of the financial market in recent years, forming a concrete projection of the concept of sustainable development in the financial market and micro enterprise level. This action not only involves ESG practices (including environmental, social, governance and other factors into the enterprise management and operation process) at the enterprises (especially at the listed companies), but also involves change tools of the investment (an investment philosophy that focuses on enterprise environment, society and governance performance rather than only on financial performance). As China's economy turns to the stage of high-quality development, the green development concept has gradually penetrated into all aspects of China's economic development. In the policy system of "green finance", the concept of sustainable development advocated by ESG has gradually been widely accepted and advocated.

This report finds that "artificial intelligence", "rural revitalization", "digital China", "green transformation", "technological self-reliance" and "institutional innovation" have become the trends and hot spots of current management research. It discusses the future-oriented management mechanism, model, path, countermeasures, etc., which has important value and significance for optimizing economic and social benefits.

Keywords: Management; Chinese-Type Modernization; Management Value; SHU YE

Contents

Ⅰ General Report

Abstract: This paper makes a comprehensive analysis of China's management development from 2022 to Mid-2023 through expert and entrepreneur interviews, case tracking, data statistical analysis professional media monitoring and other research methods combined with the management value evaluation system. On this basis, this report selects the annual figures organization and cases of Chinese management value in order to display the basic situation of Chinese current management development.

Keywords: Management; Chinese-Type Modernization; Management Value; Value Evaluation

Ⅱ Trends

Abstract: Under the cluster of VUCA, we can experience rapid changes in technology. Different from the industry with division of labor and cooperation as the logic, the Shu Ye takes integration and innovation as the essential attribute, and is gradually showing the appearance of new productivity. If industrialization is the cornerstone of traditional modernization, Shu Ye is becoming the material basis of the new Chinese modernization. Shu Ye is the concrete embodiment of the new quality productive forces. Facing the uncertainty, the logic of Shu Ye will help us to better understand and move into the future.

Keywords: SHU YE; Chinese-Type Modernization; Integrated Innovation

Abstract: This article analyzes the insufficient development of independent theory and original methods in China from the perspectives of epistemology, theory and its boundaries, and complex system management. It points out the differences between social sciences and natural sciences, and then proposes that the value boundary and cultural relative truth of management theory determine the existence of characteristic management theories. To break through the limitations of traditional methods in dealing with China's system concept and complex system management issues, this article proposes to develop new management research paradigms and methodology based on the perspective of holism and configuration. The article finally proposes the basic ideas for building a management theory system with Chinese characteristics and innovating methodology.

Keywords: Management Philosophy; Methodology; Chinese Characteristic Theory; Value; Complex System

Ⅲ Hotspots

Abstract: Nowadays the world is in a period of a new round of scientific and technological revolution and rapid development of the knowledge economy, and the deep cross-integration of various disciplines has become an irreversible trend. Agricultural development is also increasingly showing the development characteristics of green, engineering and branding. The demand for technology has also changed from the previous point-like distribution to the "scenario" technology solution of the whole industrial chain. At the same time, it also puts forward higher requirements for the connection of industrial elements, the sharing of scientific and technological resources and the deep integration of innovative subjects. This article first analyses the basic understanding of agricultural technology innovation. On the basis of studying and judging the transformation of agricultural technology innovation, it puts forward the concept of the future agricultural "scene + chain" technological innovation paradigm, and based on this new technological innovation paradigm, from the construction of a diversified agricultural science and technology innovation system and collaborative agricultural scientific research Micro-organisation mode, optimised innovation element allocation mechanism, self-driven innovation ecological organisation and other dimensions, structures the construction path of agricultural scientific research organisation.

Keywords: "Scenes+Chains"; Innovation Paradigm; Scientific Research Organisation Model

B.5 Progresses and Challenges of Large Language Model Research

Chen Xiaoping, Liu Guiquan and Zhao Xi / 097

Abstract: Large language model is an important progress in artificial intelligence research, and it is also the first major social experiment in artificial intelligence, which has attracted great attention from academia, industry and society. This paper introduces the underlying principle of large language model (correlation degree prediction), development history, application progress and trend, the current development challenges and the impact on the industry. The analysis of this paper shows that because of the four types of subversion implied, it brings great difficulties to the correct understanding of large language models, and strengthens the anthropomorphic imagination of artificial intelligence, which will seriously interfere with the reasonable application and effective governance of artificial intelligence.

Keywords: Large Language Model; Correlation Degree Prediction; Technical Ethics; Data Governance

B.6 From Regulatory Compliance to Excellence Drive: China's ESG High-Quality Development Path

Guo Shan, Zhang Qiang, Ma Xiangyu, Chen Peng and Zhang Shujie / 115

Abstract: The current era of the Anthropocene is facing various impacts, such as extreme climate changes, and intensified regional conflicts, which have seriously affected the global process of achieving SDGs. In this process, ESG plays an increasingly important role in sustainable development, and has gradually become an important factor influencing financial investment, enterprise development and decision-making. This action involves ESG practices at the corporate level (especially for companies in the stock market) and tools transforming the investment market that focuses on the corporate environment, social, and governance performance rather than an investment philosophy that only focuses on financial performance. As China's economy turns to a stage of high-quality development, the concept of green development has gradually penetrated all aspects of economic development. In the policy system of "green finance," the idea of sustainable development advocated by ESG has gradually been widely accepted and endorsed. This report will clarify the significance of China's practice of ESG from the two levels of national strategy and the enterprise itself based on combing the history of ESG development and discuss China's progress from regulatory compliance to excellence driven by domestic practice progress and future trends. It will illustrate how enterprises and the whole ecosystem can promote ESG to help high-quality development.

Keywords: ESG; China's Enterprises; High-quality Development

Ⅳ Cases

Abstract: Developing a stable and firm "rice bowl of energy" and safeguarding national energy security is the responsibility and mission of CNPC. Faced with the challenges in developing mature oil fields featuring "high water cuts and high recovered degrees" and poor quality oil reserves with scale efficiency and guided by the contradiction between development process and development target change, the CNPC team proposed the "Continuous Fusion" innovative management mode. By means of "Four Integrations", the inter-discipline multi-tiered management and the "long-acting, overall and synergistic" technological innovation were promoted. The management mode managed to deliver important achievements in numerous aspects, such as team building, technological system construction and development and applications of overall production-injection solutions. Moreover, the "Continuous Fusion" management mode was constantly improved to enrich its content and expand its applicability via the application evaluation of the management mode and analysis of problems, experience and lessons. It plays a leading role in full-chain innovation and development from top-level design to technology innovation and from production operation to management methodology. The "Continuous Fusion" innovative management mode greatly contributes to the growth of the technical capacity for recovery and management excellence in oilfields.

Keywords: "Continuous Fusion"; Management Innovation; Technological Innovation

Abstract: Through the construction and implementation of the aerospace "Trinity" data governance system based on master data management, the centralized management and distribution of various master data at the group level have been achieved in China Aerospace Science and Industry Corporation, and the data transmission links between various departments and business systems have been fully connected, resulting in deep integration of various master data and business. A comprehensive data governance system and a data resource catalog have been established. The accuracy, consistency, timeliness, and completeness of data are ensured. The Corporation ensures the accuracy of data sources for management, operation, and decision-making support, effectively leverages data efficiency, lays the foundation for the asset and element transformation of aerospace science and engineering data, supports enterprise digital transformation, and creates a new technology service industry with data as the second productivity.

Keywords: China Aerospace Science and Industry Corporation; Data Governance; Data Efficiency

Abstract: State Grid Shandong Electric Power Company conscientiously implements the decision-making and deployment of the construction of the "1233" treasury management system of State Grid Corporation of China, focusing on cohesion, overcoming difficulties, and fully promoting the transformation and upgrading of the fund management mode. With the core of "safety, intensification, lean, and efficiency" of funds, it comprehensively deepens the operation of the "1233" treasurer management system, operates the fund intensification center with high quality, and continuously improves the fund guarantee ability, operational efficiency, and safety level . And the company has walked out of a path of reform of treasury management which not only meets the requirements of headquarters, but also conforms to the reality of Shandong.

Keywords: "1233" Treasurer Management System; Provincial Centralization; Intelligent Audit

V Special Topic

Abstract: The Management Science Award of the China Management Science Society is an important social force award in Chinese management community that evaluates and recognizes outstanding contributions to management theory and practice. China management in the new era presents rich connotations and important features from the perspective of the Management Science Award. This article summarizes and extracts the objective presentation, practical problems, and demand characteristics of China management in the 21st century, especially in the decade of the new era, as well as the response of China management theory and practice achievements in the new era to them, through data analysis of 170 award-winning achievements of the first to the eighth Management Science Awards. It also explores new challenges and opportunities for China management towards a new journey.

Keywords: Management Science Award; The New Era; New Journey

皮 书

智库成果出版与传播平台

皮书定义

皮书是对中国与世界发展状况和热点问题进行年度监测，以专业的角度、专家的视野和实证研究方法，针对某一领域或区域现状与发展态势展开分析和预测，具备前沿性、原创性、实证性、连续性、时效性等特点的公开出版物，由一系列权威研究报告组成。

皮书作者

皮书系列报告作者以国内外一流研究机构、知名高校等重点智库的研究人员为主，多为相关领域一流专家学者，他们的观点代表了当下学界对中国与世界的现实和未来最高水平的解读与分析。截至 2022 年底，皮书研创机构逾千家，报告作者累计超过 10 万人。

皮书荣誉

皮书作为中国社会科学院基础理论研究与应用对策研究融合发展的代表性成果，不仅是哲学社会科学工作者服务中国特色社会主义现代化建设的重要成果，更是助力中国特色新型智库建设、构建中国特色哲学社会科学“三大体系”的重要平台。皮书系列先后被列入“十二五”“十三五”“十四五”时期国家重点出版物出版专项规划项目；2013~2023 年，重点皮书列入中国社会科学院国家哲学社会科学创新工程项目。

皮书网

（网址：www.pishu.cn）

发布皮书研创资讯，传播皮书精彩内容
引领皮书出版潮流，打造皮书服务平台

栏目设置

◆ **关于皮书**

何谓皮书、皮书分类、皮书大事记、皮书荣誉、皮书出版第一人、皮书编辑部

◆ **最新资讯**

通知公告、新闻动态、媒体聚焦、网站专题、视频直播、下载专区

◆ **皮书研创**

皮书规范、皮书选题、皮书出版、皮书研究、研创团队

◆ **皮书评奖评价**

指标体系、皮书评价、皮书评奖

◆ **皮书研究院理事会**

理事会章程、理事单位、个人理事、高级研究员、理事会秘书处、入会指南

所获荣誉

◆ 2008 年、2011 年、2014 年，皮书网均在全国新闻出版业网站荣誉评选中获得“最具商业价值网站”称号；

◆ 2012 年，获得“出版业网站百强”称号。

网库合一

2014年，皮书网与皮书数据库端口合一，实现资源共享，搭建智库成果融合创新平台。

皮书网

“皮书说”
微信公众号

皮书微博

权威报告·连续出版·独家资源

皮书数据库

ANNUAL REPORT(YEARBOOK) DATABASE

分析解读当下中国发展变迁的高端智库平台

所获荣誉

- 2020年，入选全国新闻出版深度融合发展创新案例
- 2019年，入选国家新闻出版署数字出版精品遴选推荐计划
- 2016年，入选“十三五”国家重点电子出版物出版规划骨干工程
- 2013年，荣获“中国出版政府奖·网络出版物奖”提名奖
- 连续多年荣获中国数字出版博览会“数字出版·优秀品牌”奖

皮书数据库

“社科数托邦”
微信公众号

成为用户

登录网址www.pishu.com.cn访问皮书数据库网站或下载皮书数据库APP，通过手机号码验证或邮箱验证即可成为皮书数据库用户。

用户福利

- 已注册用户购书后可免费获赠100元皮书数据库充值卡。刮开充值卡涂层获取充值密码，登录并进入“会员中心”—“在线充值”—“充值卡充值”，充值成功即可购买和查看数据库内容。
- 用户福利最终解释权归社会科学文献出版社所有。

数据库服务热线：400-008-6695
数据库服务QQ：2475522410
数据库服务邮箱：database@ssap.cn
图书销售热线：010-59367070/7028
图书服务QQ：1265056568
图书服务邮箱：duzhe@ssap.cn

社会科学文献出版社 皮书系列
SOCIAL SCIENCES ACADEMIC PRESS (CHINA)
卡号：716414867969
密码：

S 基本子库
UB DATABASE

中国社会发展数据库（下设 12 个专题子库）

紧扣人口、政治、外交、法律、教育、医疗卫生、资源环境等 12 个社会发展领域的前沿和热点，全面整合专业著作、智库报告、学术资讯、调研数据等类型资源，帮助用户追踪中国社会发展动态、研究社会发展战略与政策、了解社会热点问题、分析社会发展趋势。

中国经济发展数据库（下设 12 专题子库）

内容涵盖宏观经济、产业经济、工业经济、农业经济、财政金融、房地产经济、城市经济、商业贸易等 12 个重点经济领域，为把握经济运行态势、洞察经济发展规律、研判经济发展趋势、进行经济调控决策提供参考和依据。

中国行业发展数据库（下设 17 个专题子库）

以中国国民经济行业分类为依据，覆盖金融业、旅游业、交通运输业、能源矿产业、制造业等 100 多个行业，跟踪分析国民经济相关行业市场运行状况和政策导向，汇集行业发展前沿资讯，为投资、从业及各种经济决策提供理论支撑和实践指导。

中国区域发展数据库（下设 4 个专题子库）

对中国特定区域内的经济、社会、文化等领域现状与发展情况进行深度分析和预测，涉及省级行政区、城市群、城市、农村等不同维度，研究层级至县及县以下行政区，为学者研究地方经济社会宏观态势、经验模式、发展案例提供支撑，为地方政府决策提供参考。

中国文化传媒数据库（下设 18 个专题子库）

内容覆盖文化产业、新闻传播、电影娱乐、文学艺术、群众文化、图书情报等 18 个重点研究领域，聚焦文化传媒领域发展前沿、热点话题、行业实践，服务用户的教学科研、文化投资、企业规划等需要。

世界经济与国际关系数据库（下设 6 个专题子库）

整合世界经济、国际政治、世界文化与科技、全球性问题、国际组织与国际法、区域研究 6 大领域研究成果，对世界经济形势、国际形势进行连续性深度分析，对年度热点问题进行专题解读，为研判全球发展趋势提供事实和数据支持。

法律声明